主编
翁贞林
陈江华

感悟三农
——乡村振兴之思考

江西科学技术出版社
江西·南昌

图书在版编目(CIP)数据

感悟三农：乡村振兴之思考／翁贞林，陈江华主编. —南昌：江西科学技术出版社，2023.12
ISBN 978-7-5390-8917-1

Ⅰ.①感… Ⅱ.①翁…②陈… Ⅲ.①三农问题-研究-江西 Ⅳ.①F327.56

中国国家版本馆 CIP 数据核字(2023)第 256456 号

国际互联网(Internet)地址：
http://www.jxkjcbs.com
选题序号：ZK2023164
责任编辑：朱　丽
美术编辑：傅思晨

感悟三农——乡村振兴之思考
GANWU SANNONG ——XIANGCUN ZHENXING ZHI SIKAO

翁贞林　陈江华　主编

出版发行	江西科学技术出版社
社址	南昌市蓼洲街2号附1号 邮编：330009　电话：(0791)86623491　86639342(传真)
印刷	江西骁翰科技有限公司
经销	各地新华书店
开本	787 mm×1092 mm　1/16
字数	330 千字
印张	17
版次	2024 年 10 月第 1 版
印次	2024 年 10 月第 1 次印刷
书号	ISBN 978-7-5390-1917-1
定价	98.00 元

赣版权登字-03-2023-362
版权所有，侵权必究
(赣科版图书凡属印装错误，可向承印厂调换)

编委会

主　任　黄季焜
副主任　翁贞林　郭锦墉　胡　凯　廖文梅
主　编　翁贞林　陈江华
副主编　曹大宇　贺亚琴
编　委　张春美　张小有　王火根　郑瑞强　汪兴东
　　　　　　吴文军　刘小春　肖智华　廖　冰　汤　晋
　　　　　　卢立昕　王智鹏　胡　伦　李秋生　李领营
　　　　　　邱海兰　徐　磊　谌　洁　吴丽萍　蔡桂云
　　　　　　李明玉　蔡　波　刘　淼　阮　华　梁志民
　　　　　　吴芝花

序

2019年9月，习近平总书记给全国涉农高校的书记校长和专家代表回信时指出，"希望你们继续以立德树人为根本，以强农兴农为己任，拿出更多科技成果，培养更多知农爱农新型人才"①。2023年五四青年节前夕，习近平总书记在给中国农业大学科技小院的同学们回信中提出殷切期望，希望同学们"厚植爱农情怀，练就兴农本领，在乡村振兴的大舞台上建功立业"②。习近平总书记的两次回信为涉农高校人才培养指明了努力方向，提供了根本遵循。基于农业现代化依然是"四化同步"的短腿、农业农村仍是社会主义现代化建设的短板，党的十九大报告首次提出实施乡村振兴战略，党的二十大报告对农业强国进行部署，要求扎实推进乡村产业、人才、文化、生态、组织振兴。地方农业高校，策应国家和江西省乡村振兴重大战略需求，为全面推进乡村振兴、加快农业农村现代化提供人才保障、技术支撑和智力支持，具有义不容辞的责任。江西农业大学是高校教育教学主体，其下属的经济管理学院坚守立德树人初心、勇担强农兴农使命，主动承担教育部新文科研究与改革实践项目，协同江西省乡村振兴战略研究院，聚焦江西省乡村振兴重大战略问题和涉农经管类的高端人才需求，积极探索"政产学研'四位一体'"协同育人模式，组织师生深入"三农"一线，深入田间地头，下乡进村入户，力求发现真问题，做真学问，把文章写在赣鄱大地上，在社会实践中厚植爱农情怀，提高兴农本领，强化实践能力。

---

① 习近平给全国涉农高校的书记校长和专家代表的回信，https://www.gov.cn/xinwen/2019-09/06/content_5427778.htm。
② 习近平给中国农业大学科技小院的学生回信，http://www.cppcc.gov.cn/zxww/2023/05/04/ARTI1683161724188103.shtml?eqid=ea83d42a000736db000000066458962e。

2018年1月江西农业大学江西省乡村振兴战略研究院（以下简称研究院）成立，江西农业大学经济管理学院联合乡村振兴战略研究院和北京大学新农村发展研究院，组织师生开展多次乡村振兴专题调研，共同构建乡村振兴数据库。研究院在完成数据采集工作的同时，鼓励师生积极撰写调研心得体会，对调研中发现的问题进行思考，以此厚植三农情怀，强化使命担当，还为读者分享调研心得。

本书共分为八部分，共有85篇文章。第一部分是学生基于2019年10月开展的"一村一名大学生"电话调研所撰写的心得体会，共有4篇文章；第二部分是经济管理学院乡村振兴实验班学生2021和2022年暑期开展的驻村调研活动而撰写的心得体会，共有24篇文章；第三部分是师生基于2022年年初在江西开展的"百村千户"调研所撰写的心得体会，共有12篇文章；第四部分是师生基于寒假返乡所撰写的返乡观察，共有10篇文章；第五部分是学生基于2022年3月赴江西绿能农业发展有限公司调研所撰写的心得体会，共有3篇文章；第六部分是学生基于2022年暑假在江西开展的"双百双千"农村调研活动而撰写的心得体会，共有20篇文章；第七部分是学生参加其他学校或本校教师个人课题调研所撰写的心得体会，共有10篇文章；第八部分是学生针对时事热点与社会广泛关注的问题所形成的思考，共有2篇文章。

本书受到教育部首批新文科研究与改革实践项目——"政产学研'四位一体'农林经济管理专业协同育人机制创新与实践研究"（2021090056）、江西省"十四五"期间优势专业（江西农业大学农林经济管理）、国家自然科学基金面上项目"粮食主产区职业粮农优质稻生产决策行为：驱动机理、绿色技术采纳与政策优化研究"（72273058）、国家自然科学基金地区项目"农业社会化服务对农户双季稻种植行为的影响机理与支持政策研究——基于江西的调查"（72263018）、国家自然科学基金地区项目"劳动力老龄化、农业生产性服务与粮食绿色生产行为：影响机制、经验证据及政策优化研究——以江西为例"（72163015）、江西省社会科学基金项目"农业社会化服务对稻农双季稻种植行为的影响机理及政策优化研究"（22YJ47D），以及江西农业大学江西省乡村振兴战略研究院科研专项的资助与支持。

本书顺利出版，离不开各位作者的大力支持与勤奋写作，也要感谢以下同学在书稿整理和校对过程中的辛勤付出,她们是:胡苗苗、钟子晴、陈静、李瑶、杨慧、周嘉嘉、张俐红、熊羽书、裴微婷、谢颖杰、龙怡聪。

2023 年 9 月 26 日

目 录

第一部分 "一村一名大学生"调研

"一村一名大学生工程"项目发展现状、问题和政策建议 / 2

"一村一名大学生工程"调研感想 / 8

一部电话传递信任,一次调研超越自我
  ——"一村一大工程"调研感想系列之二 / 12

保持好奇,探索未知
  ——"一村一大工程"调研感想系列之三 / 14

第二部分 乡村振兴实验班驻村调研

幸福是奋斗出来的
  ——"乡村振兴实验班"生活富裕组紫溪村之行 / 17

授人以鱼,不如授人以渔
  ——芦溪县紫溪村发展的密码解构 / 21

乡村振兴,任重道远
  ——芦溪县紫溪村调研有感 / 25

广阔的农村天地大有可为
  ——芦溪县紫溪村调研有感 / 27

走进杨梅故村小道,探寻乡村致富之路 / 30

实践路上,浅谈拙见 / 33

筑牢乡村振兴战斗堡垒,绘就乡村振兴美丽画卷 / 35

深入推进厕所革命,不断改善农村人居环境 / 38

乡村治理中的文化建设 / 41

无惧炎炎烈日,走在矿山村希望的田野上 / 44
在广袤的矿山大地上,乡村振兴画卷徐徐展开 / 46
实践出真知:行走在乡村土地上 / 50
乡村振兴,我们一直在路上 / 53
走进农村,点亮青春,调研我们在路上 / 57
粮田变良田,良田育良风 / 59
乘着奋斗的风,在希望的田野上 / 61
乡村振兴,矿山之行一路生花 / 64
建设固然重要,管护不可或缺
　　——高安市矿山村高标准农田建设调研有感 / 66
知行合一,强农兴农 / 69
乡村振兴战略稳步推进与农业农村纵深发展
　　——以江西省高安市矿山村为例 / 71
瓷之源、茶之乡,产业融合尤可期
　　——浮梁之行中的所见所想 / 78
政府主导、村民主体、社会参与
　　——浮梁县鹅湖镇人居环境整治扎实有效 / 81
访千年浮梁,听百姓心声 / 85
走进浮梁古镇,探寻乡村振兴之道 / 88
实施乡村振兴战略,建设乡村新天地 / 92

第三部分　"百村千户"调研

纸上得来终觉浅,绝知此事要躬行 / 98
道阻且长,行则将至
　　——"百村千户"资溪县调研心得 / 101
你我都是时代的答卷人 / 104
厚植"三农"情怀,服务希望的田野 / 106
千里之行,始于脚下
　　——参加乡村振兴百村千户调研有感 / 109
小故事,大缩影
　　——参加乡村振兴"百村千户"调研心得 / 112

感受乡村,在振兴的时代奋力前行 / 114
或许前路漫漫　终将光辉灿烂
　　——参加乡村振兴"百村千户"调研心得 / 117
一腔深情系三农　吾以吾足丈乡土 / 119
种耐心之树,方结黄金之果
　　——参加乡村振兴"百村千户"调研总结 / 122
实践长才干,敦本兴农村 / 124
"农"为底色,贡献青春力量 / 126

第四部分　返乡观察

乡村振兴背景下的小农经营现状与未来出路
　　——基于江西农户个案的分析 / 129
此心安处是吾乡 / 134
红色旅游助力大余乡村振兴 / 137
田园综合体发展模式总结与思考 / 140
加强农民培训,促进乡村振兴 / 143
绘振乡之万里河山,却听疏钟忆翠微 / 145
生态引领上犹城乡融合发展 / 148
新时代下的世界橙乡阔步前行 / 151
乡村振兴让家乡更美 / 153
茶香也怕巷子深,茶品牌需要更多新故事 / 155

第五部分　农企感悟

绿能模式科学有效,良种繁育未来可期
　　——参观绿能公司有感 / 159
绿能公司:现代农业的一个缩影 / 162
奋力开创"新三品一标",打响绿能金字品牌 / 164

第六部分　"双百双千"调研

我的农村调研初体验 / 169

青春奋进新征程,高安乡村在振兴
　　——首届"双百双千"赴高安调研有感 / 171
上饶广丰:以产业振兴促进乡村全面振兴 / 174
培育新型农业经营主体,促进乡村产业发展 / 176
以农业特色产业发展促进乡村振兴的"永丰经验" / 178
致知力行赴乡野,踵事增华再出发
　　——"双百双千"新建区调研取得圆满成功 / 181
行而不辍,履践致远
　　——赴新建区调研感想 / 183
青春实践出真知,"自找苦吃"蕴气神
　　——"双百双千"彭泽调研有感 / 186
发展水稻产业,需要多措并举
　　——2023年暑期调研心得 / 188
助力乡村振兴,描绘和美宜居乡村新画卷 / 190
小荷才露尖尖角,乡村振兴尤可期
　　——江西东大门玉山调研有感 / 192
学思想,重实践
　　——乡村振兴"双百双千"之安远县调研心得 / 195
探访百千村户,擘画振兴蓝图
　　——"双百双千"之高安调研感想 / 197
稻花田里说丰年,聆听一片幸福音
　　——"双百双千"高安调研有感 / 199
夏天的风吹向乡村田野 / 202
做永远在学习路上的实践者 / 204
不访农桑,怎知夏景如许 / 206
纸上得来终觉浅,乡村振兴要躬行
　　——赴芦溪县调研有感 / 208
用脚步丈量乡村,用青春助力振兴
　　——赴芦溪县调研有感 / 210

乡村振兴步履铿锵,青年学子任重道远
　　——"双百双千"之芦溪调研心得体会 / 212

第七部分　其他农村调研活动感想

赣粤山水两相依,稻花迤逦一路香 / 216
粮食安全需要粮食增产与粮农增收双重目标兼容
　　——江农华农两课题团队联袂调研优质稻生产有感 / 218
走进农机跨区服务群体,聆听跨区服务的故事 / 220
农业规模经营深入发展,农业保险任重道远 / 223
橘农视角下的南丰蜜橘发展现状、问题与对策建议 / 226
深入蜜橘之乡追踪中国农业农村发展动态 / 230
实践求真知,深处看中国
　　——探访乡土中国,记录乡村变化,助力乡村振兴 / 232
保障粮食安全的挑战与路径 / 237
治理耕地撂荒,促进中国农业高质量发展 / 240
乘大兴调查研究之风,探乡村振兴发展之路
　　——农村普惠金融调研感想 / 242

第八部分　关注热点与思考

数字农业助力乡村振兴 / 247
把握现代农业的发展趋势
　　——赴江西省农科院高安基地考察有感 / 253

第一部分 "一村一名大学生"调研

"一村一名大学生工程"是江西省委省政府在江西省实施的一项农村人才培训工程,遵行"政府出钱、大学出力、农民受益"的原则,这个项目不仅让农民获得免费上大学的机会,助其圆梦大学,提升自身人力资本,还有助于为乡村振兴提供人才支撑。江西农业大学与江西广播电视大学是承担"一村一名大学生工程"培训的两个主要学校,江西农业大学培养模式分为三类:大专普通班、大专高级班、专升本班,而江西广播电视大学主要承担大专普通层次的培养任务,因而很多在江西广播电视大学学习过的学员继续申请到江西农业大学继续教育学院专升本班接受培训。两校均从2012年开始培养承担"一村一名大学生工程"培养任务,截至2019年9月,共培养33147名已毕业学员。其中,江西农业大学培养"一村一名大学生工程"已毕业学员9423人,江西广播电视大学培养"一村一名大学生工程"已毕业学员23724人。

江西省委省政府在江西省范围内长时间投入如此庞大的人力、物力与财力开展农民培训项目——"一村一名大学生工程",是否起到了政策制定之初的预期作用,是否达到了政策预期的目标,参加培训之后的农民在人力资本方面是否得到显著提升?参加培训之后的农民是否愿意继续留在农村服务,为乡村治理与乡村产业发展贡献力量?这些问题都有待在设计结构严谨的调查问卷基础上,通过科学抽样获得大样本数据进行验证,为优化该政策与实施新的农村人才培训项目提供科学依据。"一村一名大学生工程"于江西而言具有独特性,在当前深入推进乡村振兴战略的背景下,对这一政策实施效果展开的研究刻不容缓。因此,研究团队在北京大学中国农业政策研究中心主任、江西农业大学副校长黄季焜教授直接指导下,在江西农业大学继续教育学院的密切配合下,以及在研究团队自身的努力下,我们开展了"一村一名大学生工程"的调查工作,并招募到了97名由研究生和本科生构成的调研员,开始了为期一个月对3000份样本进行电话调研的艰巨工作。

"一村一名大学生工程"项目发展现状、问题和政策建议[①]

陈江华(博士、农经系讲师)

截至2019年10月,江西农业大学(以下简称江西农大)与原江西广播电视大学(以下简称江西电大)分别培养了9423与23724名已毕业的"一村一大"学员,其中江西农大采用线下集中面授的培养方式,而江西电大主要采用远程教育的方式。为把握"一村一名大学生工程"发展现状与亟需提升的方面,我们于2019年10月对两校各随机抽1000名2012级至2016级已毕业学员进行电话调研,问卷总体有效率为72%,其中江西农大问卷有效率为78.2%,江西电大问卷有效率为65.8%。在此基础上,我们对江西12县1080户样本进行了电话调查,询问其有关参与"一村一大"意愿的问题,共获得746份有效问卷,问卷有效率69.1%。

一、"一村一名大学生工程"实施现状与参与意愿

(一)"一村一大"学员特征

1. 学员以男性为主,女性学员占比不断上升。男性学员占比72.44%,女性学员占比27.56%,女性学员占比由2012级的15.84%提高到2016级的30.41%。

2. 学员主体为青年,入学年龄有所提高。入学时,学员平均年龄为34.6岁,年龄最小的学员17岁,最大的学员51岁,35岁及以下青年学员占比50.1%,40岁及以上的中年学员占比29.6%;学员入学平均年龄由2012级的33.5岁增长到2016级的35.1岁。

3. 学员入学前受教育程度以高中或中专为主,大专及以上文化程度的占比持续提升。总体上,学员入学前受教育程度为高中或中专的比例为70.26%,大专及以上文化程度的学员占比24.79%。入学前受教育程度为高中或中专的学员占比由2012级的79.64%下降到2016级的63.73%,而入学前受教育程度为大专及以上的学员占比由2012级的15.84%持

---

① 本研究报告的数据来源于2019年10月份的"一村一名大学生"电话调查。

续上升到 2016 级的 31.32%。

4. 党员学员占比超六成，非党员学员占比快速上升。65.1%的受访学员为党员，非党员学员占比34.9%。2012级已入党学员占比高达82.35%，这一比例到2016级下降到59.34%；非党员学员占比由2012级的17.65%提高到2016级的40.66%。从所属学校来看，样本中江西农大已入党学员占比67.94%，比江西广播电视大学高6.13个百分点，江西农大非党员学员占比32.06%，比江西广播电视大学低6.13%。从入党时间来看，78.29%的党员学员在参加"一村一大"前已入党，21.71%的党员学员在参加"一村一大"后入的党。党员学员在参加"一村一大"后入党的比例有所下降，2012级这一比例为22.78%，2016级为20.28%，比2012年低2.5个百分点。

5. 村干部学员占大多数，非村干部学员占比不断提高。总体上，60.13%的学员为村干部，非村干部学员占比39.87%。村干部学员占比由2012级的78.28%逐渐下降到2016级的51.92%，非村干部学员占比由2012级的21.72%上升到2016级的48.08%。从所属学校来看，江西农大"一村一大"学员中村干部占比61.8%，比江西广播电视大学高3.61%，江西农大"一村一大"学员中非村干部占比38.20%，比江西广播电视大学低3.61%。从成为村干部的时间来看，84.14%的村干部学员在参加"一村一大"前已是村干部，仅有15.86%的村干部学员在参加"一村一大"后跻身村干部行列。

6. 学员以大专普通班学员为主，所学专业多为管理类。从班级类型来看，江西农大学员中，来自大专普通班、大专高级班、专升本班的占比分别为42.48%、23.23%、34.30%，这与不同班级招生人数规模比例一致。从所学专业来看，农业经济管理专业学员首先占比最高，为46.2%，其次为公共事业管理专业学员，占比27.1%，技术类专业（现代农业技术、畜牧兽医、农学、园艺）学员占比18.71%。从学员所属学校来看，江西农大学员中，农业经济管理专业、公共事业管理专业、技术类专业（现代农业技术、畜牧兽医、农学、园艺）学员占比分别为48.19%、22.41%、28.44%，江西电大学员中，农业经济管理专业、公共事业管理专业、技术类专业（现代农业技术、畜牧兽医、农学、园艺）学员占比分别为43.86%、32.58%、12.42%。江西电大技术类专业学员所占比例显著低于江西农大学员。

7. 学习满意度存在校际差异，江西农大学员满意度相对更高。希望增加学习天数的学员占比49.38%，其中50.18%的江西农大学员希望增加学习天数，而希望增加学习天数的江西电大学员比例略低，为48.46%。希望增加学习天数的江西农大学员由2012级的46.67%上升到2016级的53.33%；而希望增加学习天数的江西电大学员由2012级的50.79%下降到2016级的45.52%。96.49%的学员愿意推荐亲朋参与"一村一大"学习，其中，江西农大学员这一比例为97.82%，江西电大这一比例略低，为94.94%。94.14%的学员对"一村一大"学习的总体满意度表示满意,其中97.09%的江西农大学员表示满意,而江西电大学员总体满意度略低,为90.76%,比江西农大低6.33%。纵向来看,江西农大学员对"一村一大"的总体满意度的满意比例稳中有升,从2012级的96.67%提高到2016级的97.76%,而江西电大学员这一比例却从2012级的91.62%微跌到2016级的89.55%。89.72%的学员对授课内容满意,其中,92.47%江西农大学员对授课内容满意,而江西电大只有86.52%的学员对授课内容满意,比江西农大低5.95%。江西农大学员对"一村一大"授课内容的满意度比例持续提升,由2012级的83.33%提高到2016级的93.72%,而江西电大这一比例由2012级的90.05%下降到2016级的84.96%。94.8%的学员对授课教师专业能力表示满意,其中,97.7%的江西农大学员对教师授课能力满意,而江西电大这一比例略低,为91.45%,比江西农大低6.25%。江西农大学员对"一村一大"授课教师专业能力满意的比例由2012级的96.66%上升到2016级的98.21%,江西电大这一比例由2012级的91.1%微降到2016级的90.3%。如果"一村一大"学习要交学费的情况下,仍有78.15%的学员愿意继续参加学习,其中江西农大这一比例为80.12%,江西电大略低,为75.88%。87.27%的学员认为参与"一村一大"学习后自己的生产技能有所提高,92.3%的学员认为参与"一村一大"学习后自己的管理技能有所提高。

8. 半数学员留村工作,但留村工作比例逐渐下降。入学前一年,58.35%的学员在农村工作,而学员留村工作比例在毕业当年与2019年分别降为55.05%、52.23%。入学前一年,22.52%的学员在县城及以上城市工作,而毕业这一年与2019年,学员在县城及以上城市工作比例分别上升到25.97%、27.94%。分所属学校来看,入学前一年在村工作的学员比例,江西农大为56.68%,江西电大为60.29%,而2019年江西农大与江西电大在村工作的学员比例分别为52.14%、52.34%,分别下降4.54%、7.95%,表明江西电大学员在"一村一大"学习毕业后离开农村的可能性更高。从留村工作意愿来看,2019年,92.04%的在村工作学员未来愿意留在农村工作。从返村工作意愿来看,仅有43.02%的在城镇工作的学员未来愿意返村工作。

9. 近半数学员从事农业生产,八成以上学员从事非农工作。53.25%的学员在入学前从事农业生产,毕业当年降为49.87%,2019年继续降为48.28%。其中,入学前从事农业生产的江西农大学员与江西电大学员占比分别为52.82%、53.76%;2019年在从事农业生产的江西农大学员与江西电大学员占比分别为47.99%、48.62%。83.66%的学员在入学前已有非农工作,毕业这一年从事非农就业的学员比例进一步增加到86.64%,2019年这一比例继续提升到86.93%。从所属学校来看,江西农大与江西电大学员在入学前已有非农工作的占比分别为84.88%、82.26%,而江西农大与江西电大已毕业学员在2019年从事非农工作的占比分别为88.26%、85.41%,比入学前分别提高3.38%、3.15%。从事自营工商业的学员不断增加,在入学前,17.25%的从事非农工作的学员有自营工商业,毕业这一年18.84%,2019年增加到19.75%。入学前,江西农大与江西电大非农就业学员中有自营工商业的比例分别为16.64%、18.10%,而在2019年江西农大与江西电大非农就业学员中有自营工商业的比例分别为19.66%、20.17%,分别比入学前提高3.02%、2.07%。

10. 新型农业经营主体的学员增多,致富带动能力增强。入学前,15.12%的学员加入了农民专业合作社,2019年这一比例提高到22.80%,其中,江西农大有25.09%的学员加入了农民专业合作社,江西电大参加农民合作社的比例更低,为20.14%。入学前,注册了家庭农场的学员占比4.57%,2019年这一比例上升到7.66%。学员利用互联网销售农产品的比例稳步提升。4.05%的学员在入学前一年通过网络销售农产品,毕业这一年为7.39%,2019年为8.46%。其中,江西农大学员网络营销比例由毕业前一年的3.84%提高到2019年的8.82%,而江西电大学员网络营销比例由毕业前一年的4.31%提高到2019年的8.04%。

(二)"一村一名大学生工程"参与意愿

1. 26.01%的受访农户有意愿参加"一村一大"学习,并且9.7%的受访者表示其家庭其他成员愿意参与"一村一大",而不愿意参与的受访者比例高达73.99%。愿意参与"一村一大"的农户平均年龄为54.9岁,不愿意参与的受访者平均年龄更大,为57.2岁。愿意参与"一村一大"的受访者家庭土地经营规模平均为4.8亩(1亩≈666.7平方米),不愿意参与的受访者家庭土地经营规模平均为3.6亩。50.52%的愿意参与"一村一大"受访者有非农工作,而不愿意参与的受访者有非农工作的比例为40.55%。如果参与"一村一大"要由自己承担学费,愿意参与的比例降为15.01%。

2. 对于愿意参与"一村一大"的受访者而言,80.67%的调查者倾向于选择江西农业大学,10.67%的调查者更愿意选择江西广播电视大学;而愿意到江西农大参加"一村一大"学习的样本中,67.83%的受访者倾向于选择就读大专普通班,选择大专高级班的比例为14.78%,选择专升本班的比例为17.39%;67.99%的受访者希望就读农科类专业(现代农业技术、畜牧兽医、农学、园艺等),而选择经济管理类专业的占比24.68%。

二、"一村一名大学生工程"实施中需要给予关注的问题

1. "一村一大"宣传工作力度不足。68.9%的受访者表示未听说过"一村一大",76.14%的受访者反映未有任何组织和个人向他宣传过"一村一大"项目,83.38%的受访者不了解"一村一大"项目内容。

2. "一村一大"招生可能存在精英俘获现象。学员中具有党员与村干部身份的成员占比

分别为 65.1%、60.13%，非党员与村干部的学员占比较低，且学员参与一村一大前 10 年内有亲戚朋友当村干部的比例由 2012 级的 36.65% 持续上升到 2015 级的 49.85%，反映出"一村一大"学习机会更多地被具有信息优势与丰富人脉的人获取。

3. 农业适度规模经营主体参与比例不高。农地经营规模在 50 亩及以上的学员占比仅为 8.1%，从事农业生产的学员，其家庭农地平均经营面积为 32.7 亩。所有受访学员农业收入占家庭总收入比重平均为 19.4%，而家庭有农业生产的学员，其家庭农业收入占比平均为 34.3%。

4. "一村一大"招生面临学员年龄持续偏大的挑战。"一村一大"招生要求考生年龄在 50 以下，而愿意报名参与"一村一大"学习的受访者平均年龄达到 54.9 岁，且在农村劳动力持续非农转移的推动下，农村劳动力呈现明显的老龄化趋势，一方面可能导致"一村一大"招到符合条件的学员难度加大，另一方面促使学员入学年龄持续升高，对"一村一大"学习效果可能产生不利影响。

5. 远程教育方式满意度相对不高。江西省"一村一大"主要采用远程教育与线下集中面授的方式，由江西农业大学与江西广播电视大学来承担培养任务，江西农业大学主要采用线下集中面授的教学方式，而江西广播电视大学主要采用远程教育的教学方式。江西电大学员对总体满意的比例比江西农大低 6.33%，对授课内容满意的比例比江西农大低 5.95%，对授课教师专业能力满意的比例比江西农大低 6.25%；从 2012 级到 2016 级，江西农大学员在这方面的满意程度均在稳步提升，而江西电大却均出现下降的状况。

6. 课程内容建设需要加强。在学员对"一村一大"总体学习、课程内容实用性、授课教师专业能力等三方面的满意度测评中发现，学员对课程内容满意的占比最低，为 89.72%。

7. 学员带领农民致富能力有待提升。一方面，学习农业技术类专业的学员占比较低，仅为 18.71%，而学习经济管理类专业的学员占比高达 76.35%，这与为促进农业现代化发展提供大量技术人才支撑的要求还有较大差距；另一方面，2019 年，学员参与合作社或主导合作社发展的比例为 22.80%，从事农业生产且注册了家庭农场的学员也仅有 10.7%，突出表明学员带领农民致富的能力亟待加强。此外，2019 年，所有学员中利用互联网销售农产品的比例较低，为 8.46%，从事农业生产的学员通过互联网销售农产品的比例也只有 13.94%。

8. 学员服务农村的意愿在减弱。58.35% 的学员在入学前已扎根农村，而学员在村工作比例在毕业当年与 2019 年分别降为 55.05%、52.23%。在城镇工作的学员由入学前一年的 22.52% 上升到毕业这一年的 25.97%，以及 2019 年的 27.94%，并且未来愿意返村工作的城镇学员仅有 43.02%。从事农业生产的学员由入学前的 53.25% 下降到毕业这一年的

49.87%,且在2019年继续降为48.28%。突出表明学员毕业后服务农村的意愿在减弱,呈现离农化倾向。

9. 学员发展支撑平台建设滞后。随着"一村一大"工程的推进,"一村一大"学员群体在不断扩大,有力地提高了农村人力资本水平,但缺乏针对"一村一大"学员干事创业的平台与扶持政策,没能较好地解决人才"留得住"与"用得上"的问题。

三、政策建议

针对当前"一村一大"工程实施过程中需给予关注的问题,我们提出如下几条政策建议:

1. 加大政策宣传力度,提高信息传播效率。要重视"一村一大"工程宣传工作,加大政策宣传力度,通过广播、电视、报纸、网络、短信等方式向社会各界发布"一村一大"招生信息,尤其是要重点利用微信群、微信公众号等新媒体传播平台,强化宣传效果。同时,也可采用在乡镇农贸市场、行政村等人流量相对较大的地方张贴招生海报的方式,提高政策宣传的覆盖面。

2. 优化生源结构,向新型农业经营主体倾斜。目前学员以村干部和党员为主,要着力推进学员结构转型,实现学员来源多样化,加大新型农业经营主体支持力度,让更多的新型农业经营主体参与进来,使其有机会走进大学课堂,进一步发挥其在实施乡村振兴战略中引领产业发展的作用。

3. 强化课程建设,改进培养方式。要加强课程建设,掌握学员生产过程中遇到的主要难题,摸清学员的实际需求,开设与学员需求相匹配的实用课程,在帮助学员掌握理论知识的同时,更加注重学员实践能力的培养,将课堂搬进田间地头,通过观摩、示范等形式增强学员的农业生产技术水平。此外,还要强化经费支持,吸引各学科优秀的教师来承担"一村一大"各专业的授课任务。

4. 加大扶持力度,发挥学员服务农业农村的作用。参与"一村一大"的学员作为乡村的精英群体,是促进农村经济社会发展与提高乡村治理水平的关键力量。针对"一村一大"学员构建创新创业平台,在农地流转、附属设施用地、信贷、营销、物流、社会化服务等方面加大支持力度,进一步增强学员在农业农村现代化进程中的支撑作用。

"一村一名大学生工程"调研感想

邹煜恒(农林经济管理1702)

非常荣幸我能成为乡村振兴战略研究院"一村一名大学生工程"绩效评估课题调研中的一员。从2019年10月24日调研培训开始,到11月3日完成"10+20"的有效问卷量的调查任务,到11月5日完成问卷两遍互查,可以说,每天聚在一起打电话分析问卷的日子暂告一段落。不过,若就此草草收尾回归正常的学习生活,却不思考和总结收获了什么,对于我参与"一村一大工程"绩效评估课题和拥有第一次弥足珍贵的"电话调研"经历而言总归是太过"潦草"。采用电话调查的方式对"一村一大"学员的生产生活情况进行问卷访谈,我想谈谈我对电话调查的理解和方式技巧的总结,以及在问卷调查中对农村经济/政治能人现象以及农村能人经济的一些思考。

虽然我在参加此次调研前已经积累了一些进村入户问卷调查的经验,调研正式开始前也随陈江华老师赴都昌县对部分学员做了问卷预调研,肖智华老师和陈江华老师在厚德楼506对调研员进行了调研前集中培训,但到真正要开始拨出电话做问卷调查,我心里还是非常忐忑,担心准备不足忧心发生未知情况,直到现在仍记得第一个电话拨出前:"话术"看了好几遍,深呼吸了好几次,问卷翻了许多遍,学员信息默记了好几次……不过,"熬"过了一个星期,以后再有电话调研需要一定驾驭感更好。而基于此,就电话调查方式我也有了一些总结和思考。

电话问卷调查相比面对面问卷调查有其特殊性。这体现在访问成功率上,同以往深入每家每户或是到村委会召集村民问卷调查不同,电话调查首先面临着访问者和受访者之间的空间分离,在电话诈骗频发的社会大环境下,虽然有提前短信通知,互不能视的情况下建立信任有许多困难,加之电话调查过程中环境稳定性较差(时间冲突、其他来电、信号问题、嘈杂环境等)受访者主动权更大(严格来说受访者可随时挂断电话中断调查、拒绝部分或整个调查、掩盖真实情况等)因而也就造成了访问成功率低的情况;另外还体现在问卷的有效率上,受调查者对问卷的了解、理解程度以及调研态度的影响,以及被调查者突然中断调查可能性较大、粉饰真实信息较易的影响,加之电话交流本身的不便,问卷有效率往往较低,出现废问卷的概率更大。电话调查方式在国内市场调查领域已有广泛应用,但如何保证数据质量、提高访问成功率、问卷有效率、工作效率值得思考,在此次"一村一大"绩效评估调研实践,我初步的总结了一些技巧。

提前做好准备工作及重视问卷开始前的介绍。良好的开端,便成功了一半。通常被访者是义务接受我们的访问,对我们想要调查的内容事先也不了解,因此提高电话访问成功率的关键在于充足的提前准备和良好的开头介绍。拨出电话前尽量提前半天或一天编辑短信提前告知,短信内容应包括:我们是谁(应为正式官方的群体,且为受访者有一定了解和信任的群体);缘由(具体项目名称及为什么选择该受访者,可以适当美化和"升华");意义(造福社会、帮助政府决策等);时间及形式(大致约定时间、明确告知调查形式),最后注意短信用语的礼貌和官方。而问卷开始前的介绍则是真正开始访谈的关键一步,通常应有一个可套用的"话术",以便提醒自己不遗漏,但不能拘泥于此,切不可照搬念。成功的关键在于充足的自信、良好的礼貌、轻松聊天式的口语。

根据访谈进度和题目关联灵活访问而不过分拘泥于问卷题目顺序的设置,抓住一切可供预判受访者情况的信息。当我们的访谈问卷题量较多用时较长时,机械的根据问卷题目顺序进行询问,当遇到时间充足且有耐心的受访者时我们能完成问卷,但受制于电话调查的方式,采用这种生硬的方式进行效果往往不尽人意,让受访者有被盘查和被动的感觉,相对应的反应通常表现为受访者表示另约时间以后便无音信,或是直接挂断,对时间和精力都造成浪费。实际上,电话问卷调查对许多题量大耗时长的问卷调查灵活访谈效果都是不错的。以"一村一大"绩效评估问卷举例:当问及"您是否担任村干部时",若得到肯定答复,我们可以顺带询问:"现在村干部工资不高事情还比较忙累,您平时还发展其他产业做一些其他事情吗?"若受访者说有"搞养殖""搞种植""务工开店",我们可以进一步询问:"事情这么多平时肯定需要跑来跑去的,现在买车了吗?何时买的"。通过这样的方式,一来可以提前预知后面哪些内容需要关注可以预填,二来可以节省时间让访谈的问题衔接更加自如轻松。

适当帮助受访者理解问题理清思路。题量大的复杂长问卷往往涉及问题多样、时间跨度较大、细节较多、内涵较丰富,因此在电话调查中需要适当帮助受访者理解以防止受访者感受到过分的压力而产生厌倦抵触心理。通过这样的方式,能够缩短受访时间、提高工作效率、进一步建立信任。

注重与受访者快速建立良好信任关系。在问卷调查正式开始之后,虽然受访者愿意配合调查,但如果想完成、完善、完备问卷调查,我们还需要借助各类微小的信息循序渐进的与受访者建立起愉快、轻松、信任的关系。例如某受访者所处县与自己相近甚至同县,则可以充分利用老乡关系,某受访者所处县在以前曾经去过且对该县一些特殊情况有所了解则可以适当展示。这样可以大大降低受访者不配合、厌倦、抵触情形的发生概率,同时有助于访问到更加真实的信息。

对于电话调查中一般和特殊情况的处理。"不知道"回答的处理:可以软化提问的语气,也可以进一步重复并解释问,可用"就你而言?""无对错之分"等话语追问;笼统回答的处理:对于态度题,首先注意不能意外诱导,在了解笼统的态度后应该用中性追问。如:"你刚才指的是好、一般、还是比较好呢?"中途访问终止的处理:若被访者有事则立马表示理解表示感谢并预约下一次时间,若受访者不耐烦不愿意则进行劝解"政策很有可能根据您的意见进行改进,您的意见非常重要,就剩一点问题了,希望您再坚持一下,非常感谢您!"但如果被访者态度强硬且不在乎,则换人重访。

问卷调查应当学会在短时间内通过了解的各种信息在脑海中构建并完善受访者的"三维立体形象"。如果想要不遗漏、灵活、高质量地完成问卷调查,应当在电话访谈中根据受访者的个体特征(性别、年龄、受教育程度、工作状况、谈吐)、家庭特征(家庭成员的年龄、工作)、发展产业特征(种养水产工商业)来描摹受访者"形象",这样便可以以一个"老朋友"的身份来交流。

以上是通过7天电话调研总结的一些技巧以及对电话调查方式的理解,在日后还有待通过更多调研来进一步总结提升。另外,此次"一村一名大学生"绩效评估调研收获的不仅是电话调研经验,还加深了以往在调研过程和与老师交流中早就有的对农村经济和农村能人的认知与思考。

在我观察中,许多发展较好的村庄都有"能人"的带领,而其中最普遍的应当是经济能人和政治能人,而又以经济最为普遍、作用最大。在现在的中国农村有不少孙少安式的人物,他们具有远见卓识、懂经营、善管理、信息灵、会理财、善决策。在村庄经济能人的带动下,不仅村庄农业产业得到带动发展,还会促进农村出现其他新业态的出现,能在带动农户增收和加快农村建设方面起到很大作用。

在此次"一村一名大学生"绩效评估调研中,所访问的对象就往往是农村中的"精英"或是"能人",他们有的人现在已成为乡镇领导,有的人在村中经营着有一定规模的产业,有的人拥有着规模不小的工商企业。观察这些能人们的资源禀赋条件可以发现:他们多是处于40~50岁,受教育程度在高中及以上的男性党员,社会资源丰富。

值得注意的是,与农村政治能人扎根乡土不同,农村经济能人外流情况较为严重,脱离农村趋势明显但有回流迹象,这还是归功于其"文化乡愁"和"落叶归根"的传统观念。这也提醒我们"农村户籍"的经济能人如何回流成为真正的"农村经济能人"还需要下功夫。仅就调研的受访者情况统计,大多数经济能人目前工作并居住在乡镇、县城及以上城市,所发展的产业或自营工商业往往和村庄经济无关联,对村庄带动作用并不明显。但问及他们是否愿意返村工作时,回答是肯定的。

在农村环境背景下,农村经济能人如何形成和培养,分析其影响因素的同时,研究如何制定积极有效的引导扶持政策促进"农村籍经济能人"回流发展好"农村能人经济"是十分重要的。由于这些经济能人已经有较为充足雄厚的资本积累、较高的经营管理能力、较强的回村创业动机,对村庄经济和建设方方面面的带动且更具直接现实性,在此举我所接触到的例子加以说明:

第一位是江西省瑞昌市的"新农人"沈瑞华,男,生于1976年4月,高中学历,中共党员,瑞昌市十大杰出青年,2009年回乡创业,投身于新农业的广阔天地。他从事粮食的现代化生产和加工,担任华宝裕农农机专业合作社理事长、横港粮油生产合作社联合社副理事长、华瑞天农粮油家庭农场董事长经理,推动当地的粮食现代化生产和加工的发展、提高当地社会化服务程度,减轻农民生产负担并带动当地就业。他曾获得江西省和全国种粮大户称号,领办的合作社分别获得江西省和全国农民合作社示范社称号。他大力关注社会公益,向老年协会组织捐助资金、资助贫困儿童、捐助赤岗村体育活动经费、范镇长春村大桥修建等等,是新时代新农村从事新农业的新农人①。

第二位是江西农业大学乡村振兴实践服务团定点社会实践的村庄——江西省宜春市万载县赤兴乡皂下村的原村支书陈仕林。他2012年回村担任村支书,皂下村的改观非常大:扶贫产业办得如火如荼,发展乡村旅游方兴未艾,皂下村从一个贫困村变成了优秀典型村。在交流交往中于我而言感触最深的是陈仕林的魄力能力和眼界思想,主要表现在村庄推行"丧葬改革"过程中处理移风易俗与传统风俗的关系,解决邻里纠纷和引导建设村风民风,以及因地制宜向上级争取资金发展旅游业、种植业、林果业;在对外来大学生进村社会实践给予大力支持和帮助,引入捐赠建成村庄小学和成立村庄教育基金鼓励本村学子考取大学等,种种事例表明,陈仕林是新时代农村的新农人。

由以上例子可见,农村能人的回流能直接推动村庄发展,他们是乡村建设中的一股重要力量。因此,在关注"农村能人"培养的同时,我们更应当用"文化乡愁""反哺故土"的思想去引领农村能人"惦记"村庄,完善制度安排和提供政策支持以保障农村能人"想回来"能"留得住"更"不想走"!

---

① 喜报:我院学子邹煜恒荣获"首届新时代·新农人·新风采——走近新农人征文大赛"全国二等奖,https://jingmao.jxau.edu.cn/fe/df/c10487a65247/page.htm。

一部电话传递信任,一次调研超越自我
——"一村一大工程"调研感想系列之二

陈艳(农林经济管理1602)

"政府出钱、大学出力、农民受益"——这是对一村一名大学生学习工程的最精辟的概括,直到现在这几个简单的字眼还让我记忆犹新,也是出于对这个项目的好奇,我参加了此次调研活动。这是我第一次参加电话调研活动,在这短短的几十天时间里,从刚开始对于问卷的陌生到后来独立完成调研的得心应手,于我而言这是一次成长,在这一过程中收获到许多终身受用的东西。

执着和毅力能化解调研过程中的困难。让我印象最深刻的是一位农业大学的学员,前期的调研他都十分配合,但当被问到关于个体与家庭特征的问题时,他非常的敏感,和我说这涉及到他的个人隐私,砰的一下直接挂掉了电话。我有些沮丧,觉得不被尊重,但我很快又打起精神,再次拨通他的电话,意料之中他没有接听。当时我不愿意就这样放弃这个调查对象,在接下来的两天里,我每次进行问卷调查都会先拨一下他的电话,想说服他协助我完成这一份问卷。终于有一次他接了,但是接通的第一句话就是"怎么又是你!"紧接着就把电话挂断了,当时我告诉自己不能认输。在经过一番心理斗争后,我再一次拨通了他的电话,他还没来得及开口我抢先一步说:"您先不要挂断,可以先听我说完吗?我不会耽误您很久的,拜托了!"他突然笑了,说道:"小姑娘你可真执着啊!"接下来他终于配合地完成了所有的问题,在调研结束后他又一次说我真的是一个很执着的人!他的这句话萦绕在耳边良久,给了我莫大的鼓舞,也让我变得更有信心。经过这一小插曲,我深深领悟到了坚持和真诚的重要性,同时也增强了我农村调查工作的能力,提高了我服务"三农"工作的本领。

此次调研进一步拓宽了我对于农村工作的认识,加深了我对农村基层工作者的敬佩之情。大部分村镇推选出来参加"一村一大"学习工程的学员都是在村里或镇上表现比较突出的干部和农民,他们之中的许多人将自己的大半生贡献给基层建设事业。在调研问卷中有一个关于农村工作的学员的问题,问其留村工作的意愿,有好几个学员在接受调查时都告诉我,他们这一生都在农村,现在的一切都是农村给的,他们离不开农村,即使有机会也不愿意

离开脚下的这一方土地。这些朴实、无私的基层工作者的奉献精神让我深受感动。艰苦的环境下,他们坚守自己的岗位,日复一日年复一年,有的干部在农村基层一干就是几十年,为农村大大小小的事情操劳着,这些没被人们看见的农村基层干部同样伟大,这样的奉献精神值得我们当代大学生终身学习。

在调研过程中,我将自己本科所学的知识运用到调研过程中,体会到社会实践的重要性,真正做到学以致用。我本科所学专业是农林经济管理,与"三农"息息相关,而此次调研的对象也都是农民以及农村基层工作者。我们在学校学习的都是一些理论层面的知识,没有真正运用到实际中。在调研的时候,有几个学员称由于自己所在的村庄处于山地地区,无法推进高标准农田建设,他们的良田数量较少,可以种植粮食作物的耕地面积很低,林地较多,农业收入中林业收入占比较大。一些农民在转入工地的同时发展稻鱼共作,稻虾养殖,促进了家庭增收。在课堂上,老师给我们讲授了许许多多的发展农村经济的方法,但归根到底还是要深入农村基层,根据当地的情况,因地制宜,才能更好将理论与实际联系起来,促进农村建设。

"能做到十分就别只做八分",调研过程中我一直用这句话激励自己。于我而言,在一次次的历练中,能够看到自己的成长,语言表达能力、随机应变能力、自己的耐心等都得到了明显的进步。在本次调研中,我担任调研小组的组长,这是一个双重"身份"的考验,让我的抗压能力与管理能力都得到了较大的提升。指导老师在调研中注入了许多心血,每一位调研员都在用尽全力做到最好。我们追求问卷的高质量的同时又保证问卷的数量,大家一起为着同一个目标,夜以继日奋力前行。这次调研大家虽然很累但好在一直坚持,又让我看到了一个不一样的自己,这样的一段日子在日后回忆起来都是闪闪发光的!

保持好奇,探索未知
——"一村一大工程"调研感想系列之三

徐文燕(农林经济管理1702)

在刚得知"一村一大"调研项目的时候,我便很想报名,因为我身边就有这个项目的参与者,所以想要多了解这个项目一点。但是,在了解到它是电话调研时我犹豫了,并非是因为它不能去实地调研,而是因为自己并不是一个喜欢打电话的人,能够发消息解决的问题一概不打电话,更别提给一群陌生人打电话。当代人的防骗意识日益增强,对陌生人打来的电话警惕性很高。将心比心,假如我的手机显示陌生号码来电,我也会选择拒绝,害怕遇到诈骗团伙。然而,我在克服一切困难完成此次调研后,不仅自己解决问题的能力增强,而且通过与基层"一村一大"已毕业学员的访谈中对农业农村有了更深刻的认识。

在进行"一村一名大学生工程"项目参与意愿的调查时,我所调研的受访者对"一村一大"项目的了解程度都不高。由于受访者年龄比较大,参与意愿也不高。年龄较小的几个受访者对于"一村一大"的参与热情还比较高。让我印象深刻的是其中有一位农民对此非常感兴趣,向我了解关于报名方面的较多信息。尽管这只是一次简单的电话调研,但是能够让更多的人了解到这一个项目,让真正有意愿的人想要参与进来我还是很开心的。

参与学习动机的差异使学员对"一村一名大学生工程"效果反馈截然不同,但绝大多数学员对该项目持肯定性评价。有少部分受访者表示自己参加学习仅仅是为了拿到文凭,并没有认真学习也没有什么收获,因而拒绝接受调研。但是有大部分受访者在接受了学习之后有明显的提高,不仅通过提高机械应用水平来扩大家庭经营规模,带领农户成立农民合作社,还开辟农产品新的销售渠道,在网上销售自家农产品。有一位在村里面任村干部的学员,她表示"一村一大工程"学习对她确实有很大的帮助,自己各方面技能也提升了不少,让她能够更好地管理村集体,但是她也表示希望上课内容也能够与时俱进,增加一些简单的计算机技术教学。我们处于信息化时代,日常生活离不开互联网,开设一些简单的计算机教学不仅能够方便他们的日常生活,对于一些农民而言,实现网上销售不再停留在理论知识部分,而是要有途径、有方法去实践。

实现乡村振兴的决定性因素是让城市与农村的土地建立一体化的市场,通过市场配置,使资源要素按照价值导向进行流动。而这其中的关键在于农村土地制度改革,我国农村承包地按中央政策,实行"三权"分置,即所有权归集体,承包权归农民,经营权放开搞活,农民也因此通过经营权的流转获得土地租金收益。在电话调查时,我发现大部分的农民都存在土地流转现象,但只有少部分农民获得流转收入,大多数的农民还是抱着不让田地荒废的心态让亲戚朋友或是邻居们耕种,因此没有获得土地流转收入。

由于农村可以作为抵押物的土地、农机具等对金融机构来说是价值不高,且农业生产经营特点决定了农业投资具有长期性、高风险性和低营利性,这恰恰与商业资本追求安全性、流动性和营利性的要求相悖。非生产性借贷也是农村借贷的主要需求,由于非生产性借贷是没有明确的还款来源,使得农业信贷能否如期还款具有很大的不可预知性。以上原因,导致农村信贷的风险和交易成本要高于城市工商业信贷,但农民通过信用社或银行贷到款依旧不是件简单的事情。

通过调研我还发现,农民生活消费支出保持较快增长,大多数农民的日常消费支出都是呈现出一个逐年上涨的趋势,因此农村引领消费升级,激发农民消费潜力,给未来中国经济发展提供了广阔空间。

此次调研让我不再恐惧与陌生人打电话,学会了询问的技巧,初步掌握了问卷设计的要点,对农村经济有了更深刻的理解,更是提醒自己要时刻保持好奇心,努力探知未知领域,用所学助力乡村振兴。

第二部分　乡村振兴实验班驻村调研

　　为践行服务社会职能，发挥高校人才与智力优势，切实助力乡村振兴战略实施，2021年7月，江西农业大学经济管理学院、江西省乡村振兴战略研究院联合中国工商银行江西省分行，围绕乡村振兴战略"产业兴旺、生态宜居、乡风文明、治理有效、生活富裕"五大方面选取一批特色鲜明的乡村振兴示范基地，组织教师带领学生驻村调研，通过入户问卷调查与深度访谈形式深入了解各示范基地发展的成功经验，分析发展中存在的问题，为推动各示范基地持续与高质量发展提供针对性的对策建议。乡村振兴示范基地分布在9个地区，分别为九江（修水、都昌、柴桑区）、宜春（高安、万载）、上饶（横峰、鄱阳、玉山、广信）、南昌（南昌县、湾里）、吉安（吉水、莲花、遂川、井冈山）、赣州（于都、兴国、寻乌、上犹）、抚州（资溪、南丰）、鹰潭（余江）、萍乡（芦溪），在地理分布上具有良好的代表性。通过建立乡村振兴示范基地，通过开展驻村调研活动，总结各基地成功案例，形成可推广、可复制的经验，探索乡村振兴新模式，为促进江西乡村振兴打下了坚实的基础。同时，通过组织学生深入农村调研，能够培养一批知农爱农的新型"三农"人才，为未来乡村持续振兴提供人才支撑。

　　2022年暑假，在江西农业大学经济管理学院与乡村振兴战略研究院的策划与安排下，乡村振兴实验班各小组指导老师继续带领学生开展驻村调研活动，分别到高安市矿山村、大余县杨梅村、广信区石人村和浮梁县等多个乡镇的农村对农户进行问卷调查，了解农业农村发展现状，掌握乡村振兴战略实施成效，引导学生通过细致地观察掌握现实问题，并在调研结束后要求学生撰写心得体会，将调研过程中的所思所想记录下来，分析调研所发现的问题，提出解决问题的办法。

　　江西省乡村振兴战略研究院乡村振兴示范基地选点与调研活动受到当地政府的热烈欢迎与大力支持，纷纷表示要以产政校融合为契机，加大对乡村振兴示范基地的支持力度，共同探索乡村振兴的有效路径，促进江西乡村全面振兴。此外，大江网等主要媒体关注了研究院乡村振兴示范基地挂牌与驻村调研活动。

幸福是奋斗出来的
——"乡村振兴实验班"生活富裕组紫溪村之行

陈静(农林经济管理 2003)

习近平总书记在 2018 年新年贺词中就提到"幸福都是奋斗出来的"[①],借此鼓励全国人民用坚毅、热血的奋斗创造属于自己的一片天,通过实际行动,抓住时代机遇,用奋斗定义幸福。2021 年 7 月 8 日,经济管理学院"乡村振兴实验班"生活富裕组成员在陈江华老师和李秋生老师的带领下,在萍乡市芦溪县紫溪村开展为期一周的农村调查,在紫溪村揭开序幕。

党的二十大报告要求全面推进乡村振兴,加快建设农业强国,扎实推动乡村产业、人才、文化、生态、组织振兴。但是乡村建设得好不好,乡村振兴战略实施成效如何,真实情况怎么样,领导干部说了不算,一串数字说了也不算,只有生活在乡野的百姓幸福满足地点过头,那样才作数。农村地区百姓的主观幸福感是他们对其生活质量所做的整体评价,农村百姓的幸福感、满足感是检验乡村建设成果最有效的标尺之一。调研组走进芦溪县紫溪村,探索其在近几年乡村建设成效显著的奥秘。

实地调研的魅力在于切身感受,紫溪村作为乡村振兴示范区,有它所独特的地方,它的乡村建设、风土人情随着调研的深入陆续呈现。

红瓦房、宽路面、绿树青山,这些是紫溪村给予我的初印象,如清风拂面、花香沁心。不得不说,紫溪村的村容村貌真的令人惊喜赞叹,打破了我对乡村原始的印象,不禁感叹"原来乡村也可以建设得像生态农家乐一般",基础设施建设囊括了交通、园林绿化、文化教育等多领域,展现出新农村建设的风貌。

紫溪村新农村建设点采取竞标方式,向三十多个村小组公开竞标,通过村小组代表公开演讲、小组成员自愿筹资、公开投票等程序决定建设点的归属,这一形式激发了各村小组参与新农村建设的积极性,共同目睹新农村建设的成效。但是,资源具有稀缺性,新农村建设

---

① 国家主席习近平发表 2018 年新年贺词, https://www.gov.cn/xinwen/2017-12/31/content_5252083.htm。

点数量有限,公开竞标的形式可以达到资源有效利用、扩大总效用的效果,但也需要更加关注还未开展新农村建设的村小组。当地政府、村干部要统筹兼顾,做好乡村建设短期和长期规划,解决百姓的现实难题,提升主观幸福感。

农村百姓的主观幸福感折射在他们的日常生活中,问卷调研其实是一种交流,它打开了和当地百姓聊天的模式,了解其家庭种养、劳动力配置、生活水平等基本情况。通过交谈,我们可以感受到他们的生活态度,近距离地体味百姓的心声。通过几天的调研走访,我们访问对象大多集中在中老年。农村青壮年外出务工的现象还是非常普遍,家庭收入来源主要是非农收入,纯农收入占家庭总收入的比重非常低。从聊天交流中我们还能感受到,物质条件较好的家庭,日子过得更舒坦,对村干部、政府工作满意度更高,积极参与村中组织的大小事务;相对而言,物质条件较差的家庭,生活的满意度和幸福感比较低,其中也不排除消极的一面,也确实反映出乡村建设还存在有待完善的地方。从中可知,农村百姓物质水平会影响其主观幸福感,当地政府要找准切入点,持续推动当地产业发展,提供更多就业岗位。

精神层面也会影响农民主观幸福感。当地百姓的环保自觉意识很强,对垃圾分类、人居环境整治比较了解,大多数农药包装会按要求处理,并且自主监督其他村民的行为,遵守村规民约,配合村干部的工作,百姓的自觉意识是当地推进乡村建设的一大助力。此外,当地百姓的民主意识较强,会联系村干部及时反映意见建议。

生存、发展和享受是一个递进的过程,当百姓生活水平提高、生活幸福感提升的时候,他们会更加注意享受资料消费,利用空闲的时间开展系列娱乐活动。在不断融入当地百姓生活的过程中,我们感受到了他们的"年轻心态",虽然中年人占村中常住人口的大多数,但是他们都有一颗年轻的心。其中让我印象最深的就是广场舞,在县城里,广场舞随处可见,但是在农村,广场舞能受到如此大欢迎是我没想到的。不得不说,广场舞的确具有强大的生命力,小到儿童,大至七八十岁的老奶奶,都能在广场舞中找到欢乐,广场舞的歌曲也具有它迷人的感染力,让人不自觉地跟着律动起来,就连我们下乡调研的大学生也纷纷加入他们的行列中,感受这种积极的生活方式;另外,晚饭后散步的人群也多了起来,不再整日忙活在田间地头,手持一扇,和家人邻居散步闲聊,好生惬意!

回归乡野,感受人情,说是民风最为淳朴也不为过。调研组初次来到紫溪村,对村中的事物还比较陌生,加之村户居住较为分散,给我们开展问卷调查带来了阻碍。在这时,遇到了紫溪村"百事通"——"段主任",他是村里老人食堂的厨师,得知我们此行的目的后就一直为我们提供帮助,带着我们在烈日下走家串户,为我们送上顿顿美味的农家菜肴;还有一位村小组长,热情接受我们的访问,向我们介绍村里的情况,为我们提供一个舒适的居住环境……还有许多,一帧帧笑颜释放出善意的信号。我大概知道,紫溪村美在哪,不只是美在环境,还美在人心,贵在人情!

切身感受、融入生活是调研的一部分,虚心请教、开展座谈也是调研的一部分。通过两三天的调研走访,留心观察紫溪村的乡村建设与风土人情,我有许多感触,村干部甘小红书记和易建滨主任为我们提供了一个深入了解的平台,开展"江西农业大学江西省乡村振兴战略研究院生活富裕调研组——赴芦溪县银河镇紫溪村调研座谈会",探究紫溪村乡村建设成效显著、百姓生活幸福美满的原因,概括说来——幸福是奋斗出来的。

紫溪村在2016年就摘掉了省级贫困村的"帽子",获评全省"党建+精准扶贫"先进典型、"全省文明村"等荣誉称号,成功建设乡村振兴示范区,这样的建设成果,让当地许多百姓都感受到了幸福,那么紫溪村的幸福是如何"奋斗"出来的呢?

羊群要想较快地抵达肥沃的牧场,离不开出色的"领头羊",乡村建设要想取得有效的成果,同样离不开优秀卓见的村干部。百姓致富"摆渡人"——芦溪县紫溪村"第一驻村书记"范小敏做出了突出贡献。自从接受组织的任务起,他便开始了"全日制"驻村工作,一个月时间,他走遍了三十三个村民小组,入户了解村民情况,与村民小组长和党员群众深入交心,把脱贫攻坚任务扛在肩上、抓在手上,带领大家谋划紫溪村的发展路子。"把人民放在心上的人,人民会将他抬得很高很高",范小敏用实际行动,带领紫溪村逐步走向富裕,实现了三年大变样,他的精神品质也深刻影响着紫溪村村干部。当地村干部积极发挥带头模范作用,稳步推进危房改造、迁坟公墓、基础设施建设等,展现紫溪村发展新风貌。

创新是发展的第一动力,探索产业发展新模式和运行新机制。紫溪村发展了集循环农业、创意农业、农事体验、农业培训、田园民宿于一体的田园综合体,体现"现代农业、文旅结合、田园社区"三大特点,引进乡村振兴学院,注重文化教育,培养创新人才,利用文旅结合的发展特色,将紫溪村打包出去,打造紫溪文旅品牌。当地村干部持续推进产业发展,推动"一园两场多基地"的模式,建设果蔬产业基地群,引进脐橙种植,发展特色猕猴桃产业。

"民心乃国之所向",百姓的支持是紫溪村进一步发展的敲门砖,村干部不能辜负百姓的信任,要全心全意为人民谋利益,提升百姓生活幸福感。

紫溪村从兴产业、治环境、提实力、展新风四个板块铺开乡村建设,将发展的落脚注入"改善百姓生活水平,提升百姓生活幸福感"中去,逐步探索适合的乡村建设道路,奋斗出富裕路、幸福路。

在座谈会上,村书记请我们思考:"我们会如何规划紫溪村未来发展之路?"说实在,这的确是个大问题,但是个好问题,是一种对乡村建设大方向的思考。针对紫溪村互联网宣传领域的缺陷,我们提出利用大学生暑期实践活动的形式发展自媒体平台,顺应时代发展潮流,重视培养相关技术人才。另外,村书记还提到,要把后续关注点放在康养领域,落实老年人福利,创造良好宜居环境。还有,产业发展不能松懈,引进特色产业,创造更多就业岗位,让紫溪村百姓的心留得住,落得了根。

调研活动,欢笑常伴,载歌载舞。在休闲时间,调研组成员除了加入广场舞队伍,还举行乡村歌唱舞台;把课堂从学校搬到乡野,学会运用课本知识解决实际问题;融入当地百姓生活中去,学会和老人交流,感受他们的"童趣"。通过此次调研,我懂得如何倾听老人讲述故事,知道他们是如何定义幸福,又有怎样的奋斗岁月。

授人以鱼,不如授人以渔
——芦溪县紫溪村发展的密码解构

周雨欣(农林经济管理2002)

党的十九大提出实施乡村振兴战略,并明确提出要坚持农村优先发展,按照实现产业兴旺、生态宜居、乡风文明、治理有效、生活富裕的总要求,在此基础上,党的二十大进一步提出农业强国战略,强调要全面推进乡村振兴,要求扎实推动产业、人才、文化、生态、组织振兴。作为乡村振兴班生活富裕组的成员,2021年7月,我们在陈江华和李秋生老师的带领下来到了芦溪县银河镇紫溪村进行关于乡村振兴战略实施情况的调研。紫溪村作为促进脱贫攻坚与乡村振兴有机衔接的示范村,有许多值得其他地区农村借鉴的发展经验。

一、紫溪村发展的基本经验

紫溪村作为促进脱贫攻坚与乡村振兴有机衔接的典型,需要深入挖掘它的发展史并从中凝练出规律用于指导更多发展内生动力不足的农村。我认为紫溪村成功的原因主要有三点:一是响应政策,干部带头,积极落实;二是转变方式,打造亮点,提高效益;三是优化乡风,规范制度,改善环境。

(一)响应政策,干部带头,积极落实

紫溪村作为占地面积9.6平方千米的大村,共有33个小组,5486人和135名党员。一个大村积极行动、响应国家政策,那么对周边的小村落有引领模范的带动作用。紫溪村的发展史展示中国农村的发展史。紫溪村积极响应"十三五"规划,2015年8月在驻村书记的指导下,紫溪村各项工作开始有起色,2018年紫溪村抱着"独学而无友,则孤陋而寡闻"的心态向外学习,向幸福村、桃源村等示范村学习发展经验。紧接着就开始了积极的村落改造,一开始的改造工作总是困难重重,村民的不信任成为紫溪村改造路上最大的"拦路虎"。但是驻村书记和村干部始终保持高亢的热情和坚定的信念,致力于打造产业兴旺、生态宜居、乡风文明、治理有效、生活富裕的新型农村。村民不信任就党员先行,以身作则,紫溪村支部从党员组长抓起,拆房、迁坟、流转土地,他们先行无悔,起到了极大的模范先锋作用,其他村民

看到这场景也纷纷支持村内工作,"钉子户"也在持之以恒的思想工作下同意拆房改造,3个晚上完成流转土地,9天半完成迁坟,以10元/米^{2}的补偿标准拆了190多户危旧房屋,这是多么高效的工作!2019年紫溪村成了萍乡市第一,甚至登上了今日头条、学习强国。这令之前不抱有太大信心的党员干部坚定了把紫溪建成现代化新农村的信念,这些村干部忙里忙外但无怨无悔,看到紫溪村的蓬勃发展便是他们的幸福快乐所在。因此,建立新农村成功的先决条件便是要选好带头人,充分发挥基层党组织战斗堡垒作用和党员先锋模范作用。

(二)转变方式、打造亮点、提高效益

产业兴则百业兴。紫溪村村委主动出击,积极作为,充分利用自身资源禀赋优势,推动农地统一成片流转,吸引农业龙头企业来此投资,发展农业规模经营,建立了猕猴桃基地、荸荠基地、脐橙基地等十大产业基地项目,实现全村建档立卡贫困户产业全覆盖,有效推动了农村经济社会的整体发展。紫溪村从科学规划绘蓝图、跑项争资强保障和线上线下树品牌方面入手。紫溪村邀请省、市、县专家到村调研,找准产业发展方向,理清产业脱贫思路,结合自身资源优势,挖掘亮点,转变产业发展方式,促使产业多元化发展。在2019年村里投入4000万努力打造田园综合体,延长第一产业链条,发展第二、第三产业,使经济从加法变为乘法甚至平方式增长,并积极壮大集体经济,发展两种收入来源,保障农民自主性,集体经济从2015年的1万元,飞速增长到2020年的102万元。紫溪村的发展策略秉承"授人以鱼,不如授人以渔"的古训,因地制宜、因户施策开展按需帮扶,从培养技能人才和培养种养能手方面将输血式脱贫向造血式脱贫转变,建立见效快产业"造血",中长期产业"输血",入股分红创收"补血"。紫溪村引入的企业建立产业基地超过10个,通过帮助企业申报扶贫项目,安排了15名贫困户就业,同时针对家庭条件较为困难直接安排产业分红。并通过设立公益性岗位安置就业、对接介绍务工等形式,牵线搭桥,介绍了江细萍、辛勇、王子怡等6名贫困户到萍乡麓林湖养生公馆、熊猫烟花厂等企业就业,大幅增加了家庭收入。因此,转变经济发展方式,深入挖掘当地特色打造亮点,促进产业多元化发展,增加农民收入,提高经济效益是紫溪村能迅速发展的重要因素。

(三)优化乡风、规范制度、改善环境

紫溪村树立和践行"绿水青山就是金山银山"的理念,通过对农村脏乱差的环境治理,从道路硬化、村庄绿化、垃圾净化、环境美化入手,进行村容村貌的综合整治,为村民们创造了更加宜居的生态环境。紫溪村在垃圾处理方面分工明确,生活垃圾委派专门的公司处理,清洗道路清理杂草则由村内做。这几天下来,令我印象最深刻的便是村里干净整洁的环境,走街串巷的过程中没有看到任何乱扔在路面或田间的垃圾,当我问道"田间有人乱扔农药的包装会不会有人指责时"大家的反应不外乎是"大家都会自觉扔进垃圾桶里"。据了解,这边每家都会放置一个垃圾桶用来收集生活垃圾,虽然每户每年需要支出100元的费用,但是大家都是愿意支付的。都说要想富先修路,紫溪村发展的首要投入便是修路,资金不够便投工投劳,全村都坚定着修路的决心,环村公路和白改黑的建设进一步美化了村内环境。初入紫溪,一下车扑面而来的清新空气让人心旷神怡,入目皆是生机勃勃的绿色草木而、整齐排列的红色屋檐和辽阔清透的蓝色天空。

风美景美人更美,我发现紫溪村的村民都十分热情纯朴,邻里关系也十分融洽,问卷调查时会贴心地送上一杯水或者让我们品尝西瓜,甚至还有招呼我们到他家吃饭的。这种淳朴的民风不仅受紫溪村的历史思想影响,更与紫溪村良好的村规民约息息相关。

紫溪村以保障和增进民生福祉为出发点和落脚点,改善农村生产生活条件,加快建立覆盖农村、均等分享的公共服务保障体系,千方百计增加农民收入,带领村民实现物质和精神"双富裕",生活富裕了群众才能拥有更多幸福感与满足感。因此,打造干净整洁的生活环境,营造良好纯朴的乡风氛围,促进村民生活富裕,是增进民生福祉,增强村民幸福感满足感,打造示范村的必要条件。

二、紫溪村发展提升策略

在与村干部和书记的研讨会上,我们谈到了紫溪村的发展过程中存在的一些问题,为了增强紫溪村后续发展的内生动力,在乡村振兴的道路上行稳致远,解决这些问题显得尤为重要。

在产业方面,存在各产业发展不平衡。紫溪村缺乏富有名气的自主品牌,产品知名度不高收益较低,电商不够发达,产业链较短;这便需要明确产品市场定位,挖掘特色农产品,打造自主品牌,通过"互联网+"增加产品知名度,调整产业结构,延长产业链增加附加值。在发展第三产业时,应实行功能划区,增强市场针对性,招商引资,引进新型产业和相关人才,通过乡村振兴学院授课使紫溪人人成为广告载体,加强自媒体平台的宣传工作,提高宣传视频质量并促使村民统一口径集体转发,增强规模效应。盘活发展状况不佳的田园综合体,四季花海、水上乐园和攀岩等旅游项目要贴合实际完善设施,发展有当地特色的旅游项目,并提高民宿带动力。更为重要的是,与农民的利益联结机制还需不断探索,确保在实现村庄发展的同时带动广大农民共同致富。

在生活和生态方面,仍存在村内贫富差距失衡,部分农民难以负担较高的机械费用,而土地不连片又增加了许多隐性成本。部分村小组由于地势较低,存在房屋发霉,水道难以疏通等问题,严重影响了村民的生活质量,只有解决好发展过程中存在的潜在问题,落实好群众需要,才能守住建立起来的新农村。

这几天的调研之旅,使我深刻认识到推进乡村振兴战略刻不容缓,农村发展前景一片向好但仍任重道远。紫溪村的发展折射出中国农村的发展现状,我们向脱贫示范村紫溪村探寻发展经验,挖掘发展过程中存在的问题,进一步规划好美丽蓝图,实现共同富裕需要我们每一个人的努力。新时代新征程,作为当代大学生,关心农村发展促进共同富裕是我们义不容辞的责任与使命。

乡村振兴,任重道远
——芦溪县紫溪村调研有感

黎 灿(农林经济管理1902)

2021年7月8日,乡村振兴实验班之生活富裕组组员跟随陈江华老师、李秋生老师的脚步来到了萍乡市芦溪县银河镇紫溪村,开展了为期五天的调研活动。

"产业兴旺、生态宜居、乡风文明、治理有效、乡风文明"是乡村振兴战略的二十字的集中表达,紫溪村在村党支部的引领下,顺利地从"贫困村"转向"网红村",找寻到了本村发展的致富"密码"。

在产业兴旺方面,紫溪村以农业生产为基础,以"党支部+合作社+产业基地"为模式,大力发展田园综合体,多样化发展农业产业,先后建成了寿光智慧农业园、产业扶贫基地、四季花海、猕猴桃大型产业群等项目基地,这极大地夯实了紫溪村产业发展的根基,帮助紫溪村民奔向美好新生活。

在生态宜居方面,紫溪村以美丽乡村为目标,以环境保护为原则,推动传统产业转型,大力发展旅游产业,减少低效产业对环境的破坏,与此同时加强村容村貌的治理,按照"典型带动、探索经验、整村改造、逐步推广"的思路,大力开展厕所革命,全村基本实现了旱厕向水冲式厕所的转变,村支部带头引领,对村庄道路定期打扫,对村庄垃圾定点处理,这极大地帮助紫溪村人居环境的不足和公共服务的短板,进一步地建立了宜居宜家的美丽家园。

在乡风文明方面,紫溪村以社会主义核心价值观为出发点,推进乡风文明建设常态化,村支部大力整治农村陈规陋习,遏制大操大办、厚葬薄养、人情攀比等陈规陋习,在农村建立良好的公序良俗,让优秀习俗融入村民生活中,极大地丰富了村民的精神生活。不仅如此,紫溪村还建设了乡村振兴学院,招揽学员开展技能培训,真正地做到了以文化人、以文育人、以文促人。

在治理有效方面,紫溪村以村民自治为主体,构建人人有责、人人尽责、人人享有的社会治理共同体,实施村集体经济分红,逐步确立起"乡政村治"的治理格局和村级组织负责、村民积极参与是乡村治理的实践形态,这既保证了农民的主体地位,又极大地调动了他们的积极性。

在生活富裕方面,紫溪村牢牢抓住农民增收这个最直接的现实问题,改善农村地区发展条件,解决弱势群体实际困难,激发农民内生动力,在多主体的共同努力之下,村庄农民生活水平有了很大的提升,农民的幸福感、获得感有了很大的提高。

但在调研的过程中,我们也发现紫溪村存在的一些问题,例如区域公共品牌影响力较低、产业发展后劲不足、第三产业相对滞后、互联网农业技术不成熟等。在景区建设方面,紫溪村基础设施客观上比同类的村庄要更加完善,但是游客量依旧很低,这折射出紫溪村知名度不高、区域公共品牌影响力不大的问题;在农业生产环节,部分村民反映,灌溉取水较为困难,增加了农民农业生产的成本;在农产品流通环节,还是以传统的零售和当地销售为主要途径,并没有较好地利用互联网电商平台,进一步扩大紫溪村农产品的辐射范围;在文化建设方面,紫溪村缺乏自己特色文化的精神内核,当地的村民的文明活动形式较为单一,总体的知识水平程度不高;在劳动力方面,当地的青壮年主要以外出务工为主,当地的人才、劳动力流失严重,村庄内部活力不足,这些都在某种程度上掣肘了紫溪村的进一步发展。

在党的惠民政策关怀之下,紫溪村发生了巨大的变化,主要表现在路通、电明、水净、居安、景美、人乐。在调查采访的过程中,遇见一位种植水稻的爷爷,他表示自己在紫溪生活比较幸福、满意,他通过自己的智慧和勤劳带领全家走向了幸福的生活;我还遇到了一位家里爱人身体不好但是依旧保持乐观、积极向上的心态的奶奶,她不愿意随儿子去大城市生活,她说农村是生她养她的地方,是她的根,年近古稀的她,在空闲时间依旧会锄地种菜;我还遇见一位阿姨,致力于走"互联网+农业"的发展道路,通过学习脐橙的种植技术,自己开始大面积种植,随后线上线下销售农产品,也获得了较为可观的收入。由此我们可以知道,让农民有幸福感、获得感就是最大的民生,也是最重要的落脚点,农民的物质生活水平随着时代的发展不断提高的同时,也要注重精神文明水平的不断提高,让农村人民成为一个腰包鼓起,精神充实的新时代的农村人。

乡村振兴的关键还是需要引入人才,注入新鲜血液。农业现代化发展离不开一批懂农业技术并且愿意扎根农村的年轻一代。青年始终是国家发展的中坚力量、是乡村振兴的主力军。紫溪村迅速地发展离不开当地青年的奋发有为,接下来的进一步发展也必然离不开青年的大力扶持。对于我们农林经济管理专业的学生来说,以后必定三农领域有着密不可分的联系,我们要学好自己本专业的知识,跟随涉农老师的脚步,从书香校园走入山川湖海,扎根农村,服务"三农",为乡村振兴添砖加瓦,把小我融入大我当中,追逐青春理想,释放青春激情,我相信我们这一代青年必将大有可为,也必将大有作为!

广阔的农村天地大有可为
——芦溪县紫溪村调研有感

叶炜琳（农林经济管理1902）

2021年7月上旬，调研组来到了萍乡市芦溪县银河镇紫溪村开展农村调查活动。

2015年8月以前，这里有许多破旧的小土房、泥泞难行的小路、脏臭的水塘，百姓收入水平较低，村庄面貌破旧，大部分村民选择外出务工寻找增加家庭收入。我想很多农民是不想漂泊异乡的，他们挂念妻儿，思念故土，但为了生计，大部分青壮年只得背着大包小包，挤上绿皮火车远走他乡，勇敢挑起家庭重任。改革开放四十多年以来，我们的城市大变样，工业在蒸蒸日上，服务业欣欣向荣，我们正从"中国制造"向"中国智造"转变。而与工业形成鲜明对比的是农业，为什么农业现代化之路依然任重道远？难道卖农产品不可以挣钱吗？读温铁军老先生的《乡建笔记——新青年与乡村的生命对话》后，我意识到农业在这几十年间承担了太多，农民牺牲了不少，通过压低农产品价格，降低工业化的成本，也为工业化积累了资本。因此，在工业发展到一定阶段，需要开始反哺农业，实施乡村振兴战略，推进乡村建设运动。

80后的范小敏同志于2015年8月到紫溪村担任第一书记，开始着手乡村建设、农村产业发展等一系列工作。他组织村民一起去外面学习，观摩果蔬种植技术、参观大棚种植，让他们切实感受到农村产业发展，推动他们思想解放，主动支持村庄集体经济发展与村庄建设行动。在范小敏同志做了大量村民的思想工作后，用三个晚上便完成了土地流转工作，为引进农业龙头准备了条件。作为安土重迁的农村，硬是完成了迁移八千多个老坟的艰巨任务，为优化村庄土地规划奠定了基础。在他工作期间，村庄面貌焕然一新。

如今紫溪村村容村貌变化巨大，危房改造完成，一栋栋红瓦白墙呈现在眼前，与蓝天白云相呼应；泥泞小路不仅被柏油路替代，还得以拓宽，黑色柏油在阳光的照耀下闪着"金光"；村民所居住的小山村美丽整洁，他们脸上泛着幸福的笑容。对于这些巨变，我迫切想找到答案：如何才能实现乡村振兴？

我们带着问题来到了紫溪村委，这里是一个宜居的美丽乡村，基础设施相对较好，拥有设备完善的小学,绝大多数农民具有较高的幸福感。紫溪村占地面积9.6平方千米,有33个村民小组,5486口人,135名党员。紫溪村为实现持续发展,还引进了几家有重要影响力的农业龙头企业,建立了山东寿光大棚蔬菜、猕猴桃种植基地、脐橙种植基地、花卉基地等等。并且在2019年规划建设了田园综合体,到2021年已经初具规模与特色。习近平总书记指出,脱贫摘帽不是终点,而是新生活、新奋斗的起点。[①] 紫溪村脱贫摘帽后确实在不断努力,想依靠自身力量发展起来。但是在青壮年劳动力外出就业背景下,面临农村劳动力老龄化,农业经营规模小,土地分散与细碎的问题。即使在建起主导产业后,也面临农产品卖难问题,因而要重点思考:一些产业引进了,如何把这些产业做活?农产品如何卖出去,以促进产业进一步发展。

在现今互联网社会,我们有着许多机遇,要积极拥抱现代技术,充分利用互联网加大本地特色农产品的宣传力度,打造区域公共品牌,缓解农产品卖难问题,不断提高农民的幸福感和获得感。

那么如何在网络上吸引众多人的眼球呢?打铁还需自身硬,我们的农产品必须是经得起考验的,真正绿色有机健康的产品,加工品原材料也是精挑细选的。为了让消费者信服,我们要主动披露产品信息以降低信息不对称性,可以在各种平台用小视频的方式全方位展现我们的农产品。在这一领域已经有一些具有影响力的创作者了,比如蜀中桃子姐、湘江红姐等。她们并不是直接销售产品,而是以生活化的方式将产品制作过程展示出来,以此获得广泛的关注。一开始是为了记录生活,那种宁静又普通的农家生活,渐渐被人们关注,并且成了城市中一些人们忙碌过后的向往。人们开始想购买桃子姐的农产品,于是桃子姐就找了加工厂开始了销售农产品之路。在其坚持不懈地努力下,桃子姐获得了成功。如果去看桃子姐不同时间段的视频我们就可以发现桃子姐作为一个农民一步步地成长起来,并且逐渐培育出了被市场认可的农产品品牌。这为很多乡村销售农产品提供有益借鉴,不过此种方式有一定"门槛",需要具备一定的视频拍摄和剪辑技术。但在这样一个手机普及的时代这类门槛还是比较好跨越。如何用人民大众喜闻乐见的方式宣传农产品成为一个需要思考的课题。因为这样可以扩大一个地区的知名度,吸引更多的游客,促进乡村旅游业的发展。笔者认为未来的乡村与城市差异将大大缩小,未来的乡村是富足美丽的,但我也希望乡村和城市可以保持不同,这些不同是在生产生活方面,乡村依旧有她几千年来的那种乡土韵味,对土地的崇敬,生活的淳朴,平凡又实在,生活充实而安逸,就像陶渊明所言的"采菊东篱下,悠然见南山"有农忙亦有美景。

---

① 习近平:脱贫摘帽不是终点,而是新生活、新奋斗的起点,https://www.gov.cn/xinwen/2021-02/25/content_5588779.htm。

对于紫溪村旅游发展方面,笔者有一些不成熟的想法。目前,我国范围内的旅游景点同质性太强,因而在发展旅游时要突出特色,比如可以增加乡村的夜间游,保护农村生态环境,在夜间才会有阵阵蝉鸣,星点蛙声,闪光萤火,让在聒噪城市中的人们感受内心的宁静,呈现令人向往的乡村生活。科学设计旅游路线,从民宿的乡间宁静夜景出发到四季花海的灯光欣赏,可以在四季花海适当安排烟花表演,开启夜间游乐场等等,避免炎夏白天的暴晒。引导紫溪村民主动在各平台发布小视频来宣传紫溪,围绕农产品销售和旅游发展进行创作,扩大紫溪村的品牌影响力。

产业兴旺才可以增加村庄经济实力,才可以使村庄上层建筑得到发展。让更多农民相信农村,愿意留在乡村,建设乡村,乡村振兴方指日可待。发展产业就要找当地特色,但是同质性太强怎么办?我们可以考虑把相隔不远又有较多联系的村庄联合起来共同发展一个品牌,推进标准化生产,通过抱团发展不断增强自身竞争力。

广阔的农村天地大有可为!

走进杨梅故村小道,探寻乡村致富之路

夏莺阁(农林经济管理1901)

2022年暑假,经管院在学校驻村工作队担任村第一书记尹晴老师和蔡志强老师的精心安排下,师生前往江西农业大学"十四五"乡村振兴重点帮扶对象——赣州大余县杨梅村,驻村入户,进行为期一周的调研活动。本次调研组由翁贞林、郭如良、高雪萍3位老师带领的研究生以及汤晋老师带领的"乡村振兴实验班"产业兴旺小组成员共23名本硕博学生组成,校党委副书记蔡海生、校党委组织部部长郭庆舜等领导和县镇政府领导等在调研期间还指导了调研组调研情况。

一、初踏杨梅村,探访新形势

杨梅村位于池江镇西北部,总占地面积11平方千米,内辖10个自然村,14个村小组,人口共1028户2996人,耕地面积共2316.96亩,主要经营脐橙、蔬菜、槟榔芋、水稻、花生、麻鸭等种养殖产业;林地面积1.3万亩,其中利用林地发展脐橙种植370亩。村两委干部7人,其中具有大专以上学历的有4人,村支书是江西农大"一村一"工程学员。2021年村集体经济收入21万元。境内有杨梅古城,至今已有400多年历史,是大余"南安九城"建在乡村的最大城堡,2019年被列入第五批中国传统村落名录。

二、驻村零距离观察,深度探索农村实情

乡村振兴战略实施以来,农村的环境变美了,农户住上楼房,用上自来水,村内办了小学和幼儿园;农民的市场意识浓了,农户家庭生产决策更理性。杨梅村有一半以上农户举家外出务工,劳动力大多流入赣州、广东一带,现存在家务农人数只有300多户,大多是由3代直系亲属形成的主干家庭构成。多数农户愿意把农地流转给合作社——弘祥现代农业合作社,进行集约化经营,农户可获得租金平均200元/亩,还可以到合作社打工,农忙时、农闲时男女劳动力日工资分别达到150元、80元和120元、70元,比自己经营收入更划算。

但通过调研,我们了解到,杨梅村主要存在产业发展单一的问题,以种植业为主,留守当

地的农业劳动力年龄偏大、文化程度较低、人才短缺,新技术无法得到及时有效利用,农业比较效益低。

三、研途所思,脚踏实地

杨梅村的发展现状或许只是当今社会大大小小乡村的一个缩影,一定程度上反映了乡村的共性问题。我们在与村民交谈的过程中,言语之间能够感受到城乡发展的差异仍然大,村民们朴实善良,充满对健康美满和睦生活的向往,对我们的调研给予了很好的配合。

调研中我有很多感悟,产业经济的增长是地区兴旺发展的源头活力,将产业做大做强,带动农户收入提高,更有助于乡村整体幸福感的提升。在种植方面,由于农药化肥价格上涨、种粮效益低,每亩纯收入不足500元,而种植槟榔等经济作物每亩纯收入达3000元,现阶段既要把握粮食生产安全,促进粮食增产农民增收,又要缩小种粮与种植经济作物的差距,因此需要优化扶持政策。村干部落实住宅改革、人居环境整治等,并未完全得到村民的响应和参与,例如村民们对"一户一宅、面积法定"的政策并不理解,我们的调研问卷中一项问题是"您认为宅基地是自家祖业还是集体所有",在访问中农户几乎都认为宅基地属于自家祖业,在深入访问中,我们了解到宅基地尚未退出的农户认为,老宅基地能够保障精神上的依恋,满足心理上的获得感和安全感。对于村居环境的整体形象,拆除破旧房屋能改善村容村貌的整洁程度,加快实施新农村建设。

千里之行,始于足下。调研中,我们深刻感受到村干部的辛苦,做好"三农"工作确实不易,一周的调研活动我们行有所乐,得有所获。在杨梅村村委干部的帮助下,村小组长热心与我们带路,我们调研人员密切融入当地的生活氛围,吃瓜闲谈,载歌载舞,拉进了与农户之间的距离,在亲切沟通中调研小组切身体会到被访者一个个鲜活生动的故事,其中不乏爷爷奶奶对乡土故居的留念,年轻人久居在外对家乡亲友的牵挂,邻里乡亲互帮互助的和谐画面,以及少年儿童对大城市热闹繁华的向往,这些让我感受到杨梅村是一个温馨富有民情的小乡村,也让长期居住城市的我们体会到对幸福生活的珍惜。

现阶段我国大力实施乡村振兴战略,在城市社会发展趋于饱和的大环境下,新农村建设是一片广阔的天地,如何保障乡村老年人的养老问题,让老有所依、病有所医;解决农村人口对现实住宅的依赖与环境整治要求的客观差异,既保护广大村民的集体利益和个人利益又符合治理任务总要求;如何扩大农村就业机会,解决农村家庭劳动力收入不足问题;如何吸引青年才俊返乡创业、返乡就业,为家乡注入源头活水?这些都是我们农业高校学子应当思考的问题。

让美丽乡村建设望得见山,看得见水,留得住乡愁,打造富有乡土特色的富裕乡村,我们必将志存高远,深耕专业知识领域,掌握农业生产技能,将真正有利于农村基层建设,有助于提升农户生活质量的前沿知识带回到乡间田野,在乡村的广袤大地上挥洒汗水,期待在不久的将来,杨梅村能找寻一条致富之路,让家乡真正成为年轻人向往的宜居宜业的美丽家园。

实践路上,浅谈拙见

周卉(农林经济管理2102)

为了更好地了解乡村发展现状,助推乡村振兴战略发展,积极响应青年三下乡的号召,2022年的暑期,乡振班治理有效小组成员与乡振团成员在曹大宇、卢立昕老师的带领下,踏上了下乡实践的旅程,共同前往江西省上饶市广信区石人乡石人村。在这里,我们度过了忙碌而美好的一周。通过这次的三下乡实践活动,我学到了很多,也成长了很多。

虽然我生长在农村,但是之前也从未有过下田插秧的经历,此次三下乡实践活动有幸与各位同学一同体验,克服恐惧、增加经验。起初由于对田内浑浊的泥水与可能存在的生物的恐惧,我再三犹豫,久久不敢下田。随着大家一个个踏入泥水,挽起袖子,我也不再犹豫,踏入田中。先拔苗、后插秧,农民伯伯细心地教我们如何快速拔苗,而后将禾苗捆成一束,然后如何正确插秧,还好步骤并不复杂,我们最终顺利完成插秧劳动体验。我与伙伴们一同劳动,也是干劲十足,起身看到自己的成果,虽然排列并不整齐,但还是会嘴角上扬。此次劳作经历让我感受到了"足蒸暑土气,背灼炎天光",体会到了"力尽不知热,但惜夏日长",也更理解了"一粥一饭,当思来之不易",更体会到耕读教育对大学生体验生活体察农事之重要意义。

无论是在与村干部们的座谈会中,还是在和村民的交流中,都让我们对村庄有了初步的了解。然而,我们从村干部和村民的口中所了解到的村庄问题有一定的差异。但是无论如何,各方都是站在自己的角度、自己的利益点去看、去考虑事情。因此,我们作为经受过专业知识训练的农经专业的大学生,在听、在了解的时候就应该站在客观的立场上,学会换位思考,不偏袒任何一方。

从村干部的角度来看,他们既要完成上级下达的任务,又要治理好村庄,还要尽可能带动本地经济发展,这些是非常辛苦的,这也是当下基层社会里村干部们面临的共同难题。在村庄中,仍然有部分村民会因为自己的刻板印象、惯性思维以及自身理解的局限而对村干部们产生怀疑以及谴责,并在一定程度上拒绝配合村内工作的开展或是对村内的工作开展持消极态度。因而,村干部通过发动村民身边亲近的人,如一些有影响力或者在村内有权威性的人物,来带动村民参与村内事务,或者通过给予薪酬的方式来鼓励村民参与工作。简而言之,乡村治理,任重道远。

从村民角度来看,可能在现实条件下,很多人只能做到独善其身,只要不触碰到自身利益,一切都好。"天下熙熙皆为利来,天下攘攘皆为利往。"更多村民趋于现实会生成"向钱意识",只要给予一定的报酬才会有人愿意去参与做一些村内集体的事情。这也使得村庄缺少集体意识、集体荣誉感,阻碍着村庄的发展。

作为村民的服务者,村干部们应该更多地去关注村民的生活、村民的需求,走进村民的生活,让村民了解村里要干什么并理解做这些事的意义,做到换位思考,以身作则,从而作出更好的决策,避免"一刀切",避免"本本主义",避免不必要的浪费和矛盾。同时村庄治理要获得村民的信任与支持,必须在一次次的村庄事务处理中注重培养村民的集体意识,人人积极参与的意识。只有这样,才能更好地促进村庄治理,推动村内产业的发展,我想这也是大部分人愿意选择留在基层的初心。

对于村民,要关心本村的发展,关注三农的未来,提升自己的认知、理解与能力,积极参与到基层管理中去,把自己的想法与建议大声说出来,积极配合村内相关工作的开展,形成一股凝聚力,帮助村子走向更好的明天。

当下乡村振兴进程的推动,离不开村干部和村民的共同努力。只有村干部们与村民一同改变、一同努力、一同建设、一同成长,才能更好促进村庄的发展,让大家有更美好的明天,乡村振兴也才能有更好的期盼和未来。

在石人村的实践活动中,通过策划、举办夏令营活动,我明白了想做好一件事情就要全方面思考,考虑各种可能出现的状况。针对不同的群体,也要有不同的应对方法,备选方案的设置很重要,如何在有限的时间内进行方案的转变、在突发状况下随机应变也非常重要。由此,推及乡村治理的各项事务,相应的运用在石人村"厕所革命"问题上。村干部们如果想将"厕所革命"问题解决,在进行这项决策前,就要考虑不同群体的理解能力与需求差异,针对不同的群体进行沟通、疏导。同时,要考虑到将传统厕所推翻后建立新厕所的工序问题、化粪池的建造问题、排污系统建立问题以及在排污系统建造完毕前水源的卫生问题等,并将项目实施计划积极向村民宣传,以得到村民的理解与支持,进而顺利完成"厕所革命"的项目。

这次驻村调研活动让我收获很大,不仅使我对农业农村发展现状有了更深入的了解,也培养了我知农爱农的"三农"情怀,更坚定了我服务乡村振兴的决心。

筑牢乡村振兴战斗堡垒,绘就乡村振兴美丽画卷

施清泉(农林经济管理2101)

正所谓"青年学子唯有深入实践,才能深切感受社会前进的脉搏",江西农业大学经济管理学院积极将"理论课堂"同"社会课堂"结合起来,助力青年学子立鸿鹄志、做奋斗者。炎炎夏日,为了让更多大学生深入了解农村实际,了解更多民情,江西农业大学经济管理学院乡村振兴班治理有效组在曹大宇老师和卢立昕老师的带领下,来到江西省上饶市广信区石人乡石人村开展2022暑期驻村活动。自己也是非常荣幸,作为乡村振兴实验班治理有效小组的一员,能够加入石人村暑期实践团队的行列中,认识到许多优秀的人,收获满满。

习近平总书记强调,调查研究要多到困难多的地方,多看具体的事,"少看花瓶和盆景""多看看后院和角落"[①]。因此,我们在调研过程中看问题、想办法要更多地从群众的角度、立场出发,仔细观察,尝试利用我们所学的知识应用于实践,力求解决问题,也让我们的调研更加具有实效性。在这次暑期驻村调研过程中,自己也有了一些收获和思考。

打造美丽村庄,共建美好家园。习近平总书记深刻指出:要始终坚持绿水青山就是金山银山的理念,走以绿色为底色的高质量发展之路[②]。为改善乡村风貌与人居环境,为新时代乡村建设添砖加瓦,石人村在乡政府和村委的领导下,不断改善村庄环境,绘就了属于石人村的青山绿水图。政府通过大力宣传的方式,强化村民们有不当"门外汉"的意识,去做整治提升的"宣传者",增强共建美丽乡村的"主人翁"意识,主动参与。在大家的共同努力下,村庄变得比以前更加整洁。在调研过程中发现,村中每家每户家门前张贴有"三包",其中包括"包卫生、包绿化、包秩序"。村民房前屋后地面干净,几乎没有暴露在外的垃圾和污水积潭。物品大多堆放整洁,柴草、木棍、砖头瓦片堆放整齐。石子泥沙等建筑材料大都归类堆放至角落或袋装整齐堆放。整洁的街道上,也有特定的垃圾池。学校里面的环境清洁做得也很

---

① "习书记让我明白了什么是初心"(上)上 习近平在福州(一) http://mzzjt.fujian.gov.cn/ztbd/xsx/202207/t20220707_5949415.htm。
② 走以绿色为底色的高质量发展之路(治理之道), http://theory.people.com.cn/n1/2021/1228/c40531-32318504.html。

好,教室的墙壁上会张贴保护环境的图文,手抄报上也有很多相关保护环境的内容。一些街道旁边有着郁郁青青的树木,还可以看到一些关于保护环境的宣传栏。在走访过程中,当问到村民"近年来村庄哪些方面得到了改善"以及"您认为村委会做得最好的方面是什么"时,大部分村民都会提及到村庄的环境整治,也表示对村庄的环境、空气质量感到自豪和骄傲。可以看出,美丽乡村的建设在石人村取得了比较好的效果。

跨越"数字鸿沟",搭上"数字列车"。在信息时代,一列名为"科技"的列车疾驰着,呼啸而过的同时带来生活的巨变,互联网的浪潮将我们吞没,我们扬帆远航,而老年人群体却在逐渐地远去。科学技术的进步给年轻人带来了便利,但是带给老年人带来的是不便利,让老人们觉得办事更麻烦。这种不便利不仅仅体现在了网上购物这一方面,还包括银行业务办理等一些需要用到电子设备、智能设备的操作。虽然大家都想尽快解决这一类问题,但是,对于从未接触现代信息和技术的老人群体,要让他们像年轻人那样有效利用电子设施进行信息处理,是一件比较困难的事情。

房屋错落有致,尽展村庄特色。大力推进新农村建设,实施"整洁美丽,和谐宜居"新农村建设行动,人居环境整治、村庄整治建设、产业转型升级、乡风文明建设。其中,依托旧村改造打造农村特色建筑风貌是新农村建设中的一个重要组成部分。通过打造特色风貌建筑,不仅能够改善农村居住生活环境,还能促进农村经济发展,增加农民收入,加强农村社会文化事业,延续地域文化风貌特色,为构建"秀美乡村"发挥积极作用。在石人村调研过程中,我发现当地的建筑引人入胜,有乡土风味的泥土房,朴素无华的砖房,带有当地特色的石头房,古色古香的楼房等等。不同样式的房也发挥着不一样的作用,比如,石头房是用来存放机器设备的场所;木房是村民居住的场所;土房是用于饲养家禽的场所等等。村内也对这类房屋展开保护举措,这对建设美丽乡村起着重要作用。石人村三面环山,背靠石人峰,兼邻南塘峰,一些村民也善于利用当地地势禀赋,进行特色建筑的建设,在半山中建立民宿,为后期旅游经济发展提供了良好的配套设施。

交通惬意有序,小路四通八达。当地政府对于农村交通建设,放在基础性的公路建设中。一直以来,农村公路建设是保障社会主义新农村建设的战略性一步,同时更能解决农村经济发展水平滞后的情况,是农村经济发展、调整农业结构、保障农民持续增收的基础性建设,也是将新农村交通系统化建设的重要组成部分。在石人村中,平坦的水泥地板随处可见。一些被太阳暴晒的裂坏地板,村委也正在实施修补,尽量避免为村民们出行带来不便。石人村中也有通往上饶市的客车,这极大地打通了城市和农村的联系,这不仅仅为市区的人进入石人村中提供了便利,也为村民们外出提供了便利,不用再为出发至市区发愁,同时也为在外打工的亲人们提供了返乡的车次。各个不同村之间交通互达,十分便利,可以看出,石人村正在不断朝着"村村通客车"的方向发展。正所谓"公路通,百业兴",加快发展农村道路,实现交通新的跨越式发展非常重要,这也是促进农村富裕的关键,农村公路、交通是农村经济发展的基础性、先导性设施,是农村经济发展的重要支撑,不容懈怠。

　　这一次的"三下乡"调研让我更深入地了解农村。过程虽然有艰辛,但是带来的意义远远超出了付出。感谢这一次调研给我带来的收获,让我看到石人村美丽的风貌,感受村民们淳朴的热情,结识到很多优秀的同学。在这一次调研中我也积累到了很多经验,比如凡事都要提前准备,并且需有多个预备方案;尽量集体行动,不要脱离集体等等。这一次调研,也让我对乡村振兴这个名词有了更深的体会。乡村振兴需要的是高质量的、持久的振兴,要克服只顾当前、不顾长远的短视,立足本地实际,树立"功成不必在我"的担当。在特色上下功夫,在差异化上求突破,在发展增收上谋路。要着重把握"资源的保护和规划""干部的引领和表率""企业的辐射和带动",一步一步地向着目标前进。乡村振兴不断深入人心,号召着我们加入振兴乡村的行列,在这个过程中也希望自己能在不断实践中积累经验,真正地从群众中来到群众中去!

深入推进厕所革命,不断改善农村人居环境

曹琪瑶(农林经济管理2003)

为了深化对理论知识的理解,以行动助力乡村振兴,响应国家实施乡村振兴战略的号召,2022年6月27日,在江西农业大学江西省乡村振兴战略研究院的支持下,江西农业大学经济管理学院乡村振兴班治理有效组携乡村振兴实践团走进上饶市的一个小村庄,在当地基层政府人员的帮助下,开展了为期一周的实践活动。

一、中国为什么要进行厕所革命

(一)厕所是文明的尺度,也是发展中国家面临的普遍难题

"一块木板两块砖,三尺栅栏围四边",描述了千百年来中国农村厕所的影像。研究显示,细菌占粪便干重的1/3,1克排泄物就包含1000万个病毒、100万个细菌。野外的粪便不但使细菌大量滋生,还会引来苍蝇繁殖,将粪便与细菌带到人类住场所造成二次污染。露天的粪便和肆意飞舞的蝇虫,给环境和水源带来了严重的污染,还可能诱发霍乱、痢疾等肠道传染病,对人们的健康造成巨大威胁。

(二)建设美丽乡村是乡村振兴战略的题中应有之义

厕所虽不起眼,但却意义重大,2018年,中共中央办公厅、国务院办公厅印发了《农村人居环境整治三年行动方案》,明确提出要开展厕所粪污治理,将"厕所革命"上升至国家层面,突显厕所革命的重要意义。党的二十大要求全面推进乡村振兴,而乡村振兴战略的主要内容之一是建设生态宜居的乡村。通过实施"厕所革命",有助于美化亮化农村环境,实现建设生态宜居乡村的目标,进而提高乡村人民群众的幸福感与获得感。

二、该村厕所革命遇到"水土不服"问题

(一)厕所革命钉子户较多,全面开展困难

经过调研,我们了解到该村改厕工作已持续了两年多时间,但是村中大多数居民继续使用旱厕,而未使用冲水马桶,甚至出现了半吊子的"尬厕"——没墙、没顶,只有蹲便器的情

况,当然这与村民的守旧意识和生活习惯密切相关。在调研中多数年纪偏大的村民反映,不习惯使用马桶,对于使用冲水马桶面临现实困境。使用冲水马桶后村民们无法积储粪便,自然失去了成本低且养分充足的天然农家肥,只能更多地使用成本更高的化肥。使用冲水马桶耗水较多,日常的卫生打扫也需要时间和人力,而使用旱厕便没有这些步骤,人们往往不会花费更多的精力去打理在野外的旱厕。

(二)排污系统不完善,污染当地生态环境

经过与当地居民的交谈中得知,厕所革命中粪污处理还有待改善。距离河道比较远的家庭主要将粪污集中到化粪池处理,而沿河道的居民家庭将粪污在未经过专门处理的情况下直接排进河道。甚至有些村民反映在河边洗菜、洗衣时能看到漂在河中的粪便,这对他们的生活造成极大不便。

(三)农家肥减少,不利于农业生产

深入调查发现,村庄有相当一部分农户对厕所革命持消极排斥态度。他们认为使用冲水厕所让他们获得不到天然粪便,农家肥的减少对他们的农业生产产生极大影响,有些居民为了获得农家肥甚至将粪便储存在桶中,在炎热的夏季乡村空气弥漫着难闻的气味。

(四)修建成本高,资金投入有限

相对农村原始的旱厕,冲水厕所造价更高,加上建筑材料和人工费用不断上涨,导致改厕成本增加,推进难度加大。

三、该村继续推行厕所革命的对策思考

(一)发挥政府的引领性作用

目前,中国农村"厕所革命"的主要模式是政府主导开展、地方支持推进、农户有效参与。三个模式环环相扣,每一个节点都很关键。农村的厕所硬件建设和发展水平缺少动力因素,而且每个农村的地理位置、自然条件和经济技术条件不同,每个农村厕所改造的需求和粪污利用的效果也会有差别。如果在农村改厕的过程中,有一套符合地方实际的推动路径将会提高农村卫生设施的改造率。地方政府可以派遣调查员到所属的农村进行实地调查,考察村庄的厕所改造意愿和对粪污资源化利用的经济效益和生态效益,并进行成本预测分析。对粪污资源化利用成本较高的农村集体进行严格监管并给予一定的经济补贴;而对粪污资源化利用成本较低的农村集体,可以适当放松监管力度。厕所革命,不仅要打破陈规陋习,也要防范形式主义、面子工程等落后的治理思路。

(二)因地制宜应用新技术

厕所革命最大的技术难题就是村庄污水排放问题。中国农村大部分地区没有建设地下

管道,更没有完善的地下管网。在排放标准、维护管理意识和建设技术缺失的情况下,污水无从排放,只能暂且就近排放到附近的河湖水域。因此,发展乡村振兴还要全面推进农村基础设施建设,弥补配套设施的短板,因地制宜,统筹规划,实施河湖水系综合整治,在有序推进各乡村基础设施建设的情况下,逐步改进美丽乡村生活环境。

因此,政府还可通过政企合作,积极向村集体引进先进技术,在改善人居环境的同时,推进粪污资源化利用的步伐,兼顾经济、社会与生态效益。

(三)激发农民的主体意识

在乡村振兴战略实施中,农民才是发展的主体。厕所革命的初心是为了提高农民的人居环境、改善农村的卫生条件,最终体现和保障农民的权益。厕所革命要改变的不仅仅是农村的旱厕、露天厕,更要改变农民的传统陋习,提高新农人的环境保护意识和卫生意识。明确农民的主体意识,应该让农民有效地参与到乡村治理中来,以调动农民的主动性、积极性,使农民真正参与到农村人居环境整治提升行动的全过程,使其切实体会到改革过程的不易、增强农民对政策的情感认同。

四、总结

小小厕所事关广大农民根本福祉,事关农村社会文明和谐。2017 年 11 月 27 日,习近平总书记指出:"厕所问题不是小事情,是城乡文明建设的重要方面,不但景区、城市要抓,农村也要抓,要把这项工作作为乡村振兴战略的一项具体工作来推进,努力补齐这块影响群众生活品质的短板。"①开展"厕所革命",既是时代所需,亦是民心所向。万里华灯自乡起,很幸运能够跟随曹大宇老师、卢立昕老师一起前往该村调研,体会乡村发展的前进轨迹和勃勃生机。

---

① 多元共治深化"厕所革命"(新论),https://baijiahao.baidu.com/s? id = 1591791951961282284&wfr = spider&for = pc。

乡村治理中的文化建设

李史民（农林经济管理2002）

2022年暑假，我的石人村之行结束了，但是过往在村庄中发生的一切还历历在目。初到石人村的喜悦、村干部的热情接待、村民们质朴的脸颊以及那抬头可见的山顶石人宫，都深深地保存在我的记忆里。这是我第一次如此近距离地观察一个村庄，一周的驻村经历，不仅进一步了解到石人村各方面的情况，也让我在乡村治理方面得到一些启发。乡村治理包括的内容太过广泛，所以我想聚焦到这次调研中我感触最深的一个方面——乡村治理中的文化建设。

乡村文化建设在乡村治理乃至乡村振兴中的重要性都不言而喻。乡村文化建设作为乡村振兴战略的重要组成部分，其建设质量能够直接影响到乡村振兴。乡村振兴战略的二十字方针是"产业兴旺、生态宜居、乡风文明、治理有效、生活富裕"。文化建设影响乡村振兴战略的各个方面，深入推进乡村文化建设既可以发展文化产业，促进产业兴旺；也可以增强村庄凝聚力，推进治理有效；还可以发展优良习俗，促进乡风文明。随着社会的发展，实施乡村振兴战略建设现代化美丽乡村已成为党和国家发展的重点之一。乡村文化建设不仅是其发展过程中应当始终坚持的目标和要求，更是实现乡村振兴的有效途径。

一、义务教育

说到文化建设就绕不开义务教育。在农村，一个家庭的希望大都寄托在孩子们身上，所以孩子们接受什么样的教育十分关键。在走访过程中，我们了解到，由于近年来不少家庭条件好的农村学生被父母送到县城上学，农村小学（以下简称村小）的规模不断减小。我们知道村小与县城学校在教育资源上确实是存在一定差距的，对乡村而言，需要做好的就是努力提高村小的办学质量。

首先，教育的质量与师资水平息息相关，村小教育资源的流失很大程度上是优秀老师的流失，所以要想办法留住乡村的优质教师资源。在石人村小学，一些老师干满几年之后就离开了，特别是有经验的优秀的老师往往会换一个更好的环境工作，这是村小的教育质量始终提不上去的主要原因。另外，村小地处乡村、交通便利性差、生活不便利等问题，导致年轻教师无法长期驻留村小,由此引发年轻教师的流失。所以,提高乡村义务教育水平,需要提高乡村教师待遇与生活条件,培养教师扎根基层的乡土情怀,尽可能地留住优秀教师。其次,要完善村小学的教学设施。近几年,石人村小学教室内部的电子化配置得到改善。每个教室都配备多媒体电脑和可移动黑板,老师们可以采用更加丰富的教学方式来讲授知识,让知识更加生动形象,便于学生理解掌握。最后,要不断完善村小其他基础设施。在夏令营过程中,发现一些教室窗户破旧甚至无窗,下雨时会有雨飘进来。对于乡村基础教育而言,加大对基础教育环境的改造,不断完善村小的各项基础设施,为学生提供一个更好的学习环境显得尤为重要。

二、老年人的文化生活

在石人村的小桥旁边有一片竹林,这里是老年人们的"根据地"。在炎热的午后,他们在这里乘凉聊天。空暇时间,我们驻村小组便坐在竹林下的石板上与他们交谈。通过交谈我们了解到,村里的老人干农活的已经比较少了,他们每天都有着很长的空闲时间,不过老人们会使用手机娱乐的不多。他们渴望丰富的精神文化生活,经常来到竹林消遣交谈,这里也被他们称为"老年人活动中心"。通过与老人们攀谈,我们了解到原本村里是有一个老年人活动中心,但是那个地方是村里租用的,开放了几年,到期后就一直关着了。

村庄公共服务与商业资本结合无可厚非,但是我们不能改变公共服务的本质属性。就石人村老年活动中心来说,其根本目的是为老年人的精神文化活动提供一个场所,引入商业资本固然会带来一些好处,可以让建筑设计得更有特色,基础设施也更加完善。但是最终村庄只能以租赁的形式获得老年人活动中心的使用权,而没有产权,加之村庄自身可使用的资金有限,导致到期后该场所无法继续使用,无论是对企业还是对村庄来说都是一种资源浪费。在总结座谈会上村干部也谈到了这个问题,提出后期会着手从根本上解决老年人活动中心的问题。

由老年活动中心一事,我想到乡村公共服务的供给。乡村该如何有效实现公共服务,满足村民更多需求呢?首先,必须确保公共服务本质属性是为村民服务的,保障公共服务的有效供给。其次,要增加村干部与村民之间的沟通交流,加大政策宣传力度。对于涉及村民利益的事务进一步公开化,特别是关于公共服务政策实施与资金流向方面的情况要向村民介绍清楚,以避免一些不必要的误会。最后,在村民了解公共服务资金供给相关政策的基础上,广泛征求意见,在公共服务供给上积极寻求上级拨款与村民自筹的有机统一。

三、婚丧嫁娶操办规模

婚丧嫁娶、迎来送往中的人情风俗承载着人们交流互动、情感沟通的功能,埋藏着社会价值观变迁的种子。婚丧嫁娶的操办规模反映着一个地区的文化风气。2022年2月,《中国中央国务院关于做好2022年全面推进乡村振兴重点工作的意见》(以下简称中央1号文件)中关于改进乡村治理部分就明确提出:加大对"推进农村婚俗改革试点和殡葬习俗改革,开展高价彩礼、大操大办等移风易俗重点领域突出问题专项治理",这充分说明婚丧嫁娶问题在基层乡村的严峻性与治理的必要性。

在我看来,承办大规模的酒席不仅会给自己和亲戚朋友带来沉重的负担,而且也是一种铺张浪费的行为。原本举办酒席宴会就是让亲人朋友齐聚一堂,共享喜悦,现在却造成铺张浪费,成为村民之间盲目攀比、敛财的工具。所以,应当提倡婚丧嫁娶一切从简,有效发挥村规民约、家庭家教家风的作用,推进农村婚俗改革试点和殡葬习俗改革,开展高价彩礼、大操大办等移风易俗重点领域突出问题专项治理,营造良好的村庄氛围。我建议可以从村规民约入手,把反对大操大办、铺张浪费融入村规民约,修订好之后,通过各种形式宣传村规民约,让村民对大操大办和铺张浪费有更深刻的认识。同时,发挥红白理事会的实质性作用,来对村庄内的婚丧嫁娶事宜进行把控。通过管理和宣传,在村庄内营造一种反对大操大办、勤俭朴素的文明新风。

四、文化活动和文化氛围

乡村文化体现出淳朴之美以及乡村风貌,是实现乡村振兴战略的灵魂。结合当前的农村文化建设情况来看,乡村的振兴与发展离不开乡村文化建设,但现实中乡村文化建设却非常薄弱。我们在石人村的调研中发现,村里对于基础设施建设、产业发展方面较为重视,但是较少举办文化活动。

对于乡村而言,通过开展各式各样的文化活动,一方面可以提高村庄的凝聚力,增进村民之间的感情,推动乡村文化建设。另一方面开展文化活动有助于满足村民们的文化需求,减少聚众打牌赌博的现象,鼓励村民用双手通过劳动创造财富、创造美好生活。同时,开展文化活动也有利于推进村干部与村民之间的关系,促进村民们对于村委工作的理解。2022年中央一号文件中也明确指出"整合文化惠民活动资源,支持农民自发组织开展村歌、'村晚'、广场舞、趣味运动会等体现农耕农趣农味的文化体育活动"。所以,村庄治理者应该结合本村传统文化和现实情况,从意识上重视文化活动的开展,积极探索适合本村及村民的文化建设路径。通过丰富多样的文化活动,不仅丰富村民们的精神世界,而且便于村庄内营造良好的文化氛围,更利于树立村委在村民心中的良好形象,获得村民对乡村治理各项事务的有效支持。

无惧炎炎烈日,走在矿山村希望的田野上

陈静(农林经济管理2003)

为响应国家实施乡村振兴战略的号召,培养具有"三农"情怀的农业经济管理人才,帮助学生将所学理论与实践相结合,揭示目前乡村发展存在的问题并探索可行的解决方案,江西农业大学经济管理学院联合江西省乡村振兴战略研究院开展暑期农村调研活动。江西农业大学乡村振兴班生活富裕组第二届与第三届成员在校团委的支持下,选择在高安市相城镇矿山水库管理局矿山村开展为期一周的暑期"三下乡"活动,组织学生进村入户开展问卷调查工作,围绕粮食生产、土地利用与高标准农田建设等方面进行深入调研。

访员培训与问卷自查是开展调研活动不可缺少的环节,问卷设置的合理性直接影响调研数据的可靠性,对访员的有效培训可以尽可能地减少主观因素的干扰,客观真实反馈调查对象的信息。2022年6月,陈江华老师组织乡村振兴班生活富裕组20级和21级13名成员进行问卷集中培训,界定问卷中的关键概念,明确实践调研的对象,耐心解答同学们的疑问,传授问卷访问技巧,强调要采用通俗易懂的语言与农民沟通交流,拉近与农村百姓的距离,准确获取所需数据。

一、出发启程·初见矿山

2022年6月25日下午,调研团队从南昌奔赴矿山村,受到村委书记王超同志的热情欢迎。我们怀揣着激动的心情,观察和体会矿山村周围的山水人情,期待和当地农民百姓进行深入交流。王超书记简要介绍了矿山村的经济社会发展情况,并对接下来如何配合调研工作做了详细安排。

二、开展座谈·交流碰撞

为顺利推进问卷调查工作,王超书记还请了几位村小组长与我们对接工作,在获悉了我们的来意后,村小组长承诺大力支持我们的调研工作。随后在轻松愉快的氛围中,我们了解到矿山村农民农业生产的发展水平,初步掌握当地高标准农业建设的现状,同时也认识到农

业生产过程中仍存在的问题:如需进一步引导农民贯彻农业绿色发展理念,减少农药包装废弃物处理不规范的现象。

三、调研过程·实时记录

为期一周的调研,生活富裕组2022暑期调研队走近20个村小组,从伍家组到袍石组,从新屋组到港上组,走进一户户农户家中,或在阴凉的巷子里席地而坐,或深入田间地头,近距离感受农村生活画卷,与农村百姓坦诚沟通,使我们对农业生产状况与农户行为逻辑有了更深入的了解。这期间,大家顶着炎炎烈日是常态,也遇过突如其来的倾盆暴雨,洪水甚至将通村公路淹没,但这些都不能阻止大家调研的脚步,正如陈江华老师所说:"调研,我们是认真的!"

通过这次调研,我们获得了大量一手资料,收获良多,认清了农业农村的发展现状。首先,高标准农田建设显著改善了农业生产基础设施,提升了农业灌溉便利程度,促进了农业机械应用,提高了农业生产效率,真正达到了增强农业综合生产能力的目标,使粮食安全得到有力保障。其次,高标准农田建设增强了农田对新型农业经营主体的吸引力,越来越多的大户想转入农田扩大经营规模,突出表明,在农机装备水平不断提升的背景下,无须担心"谁来种地"的问题。再次,农业生产结构调整持续进行。由于长期过量使用农药化肥,旱地地力退化严重,种植花生、西瓜等传统经济作物收成极低,与其撂荒,农户不得不在旱地里种上油茶、松树与杉树等经济林或林木,农村森林覆盖率大幅提高。最后,在新的国际形势背景下,化肥价格大幅上涨,以复合肥为例,2021年复合肥130元/包,2022年已达到200元/包,涨幅53.8%。而早籼稻最低收购价为每百斤124元,仅比上一年上涨了2元,涨幅1.6%。化肥价格的疯涨严重侵蚀农户的种粮收益,抑制以农为主家庭收入的增长,对其种粮积极性造成打击。调查发现,在化肥价格上涨过快的压力下,农户普遍却没有实施化肥减量行动,因为他们认为减少化肥施用将导致水稻减产。

实践出真知,生活富裕组2022暑期"三下乡"调研团队从实践中观察问题、思考问题产生的原因,理性看待农户的行为逻辑。为进一步强化国家粮食安全保障,提高农民种粮的积极性,应进一步推进高标准农田建设,提高高标准农田建设质量;围绕耕地地力退化问题开展科技攻关,强化化肥施用技术指导,引导农户采取有效措施进行耕地保护,真正实现"藏粮于地,藏粮于技";继续实施粮食作物完全成本保险和种植收入保险,不断提高农业保险覆盖面,确保农户种粮收益。

在广袤的矿山大地上,乡村振兴画卷徐徐展开

李瑶(农林经济管理2003)

农业农村农民问题是关系国计民生的根本性问题,实施乡村振兴战略,更是新时代做好"三农"工作的总抓手。为响应乡村振兴战略的重大决策部署,2022年6月25日——7月1日,江西农业大学乡村振兴班生活富裕组赴高安市相城镇矿山水库管理局矿山村进行为期一周的暑期"三下乡"社会实践活动,主要围绕农村高标准农田、农业生产结构、化肥农药减量使用、农药包装废弃物处理、农资赊账、农业劳动力老龄化等问题进行调研。

初夏时节,走进青山环抱的村庄,房前山塘清水潺潺,屋后竹林郁郁葱葱,村道边白墙黛瓦的农舍错落有致,稻田风吹麦浪平坦开阔,一幅美丽的山村风貌映入眼帘——这是我们此行的目的地高安市相城镇水库管理局矿山村。

一开始,村委书记王超同志的介绍让我们对这个矿山村的村情村貌有了大致了解。作为高安市矿山水库管理局下辖的行政村,矿山村由北城、港上、伍家等大大小小20个自然村小组组成,其与相城冷塘村、相城垦殖场、田南镇以及上高县界埠乡接壤,辖区内有多个大中小型水库,为农业生产提供了稳定的灌溉水源。矿山村地域面积为12.8平方千米,农村农业人口有2768人,在农村劳动力外出背景下,从事农业生产的劳动力平均年龄较高。村中大部分农户种植双季稻,也有部分农户兼种产量较高的中稻,粮食商品化程度较高。2018年以来,矿山村在全村各村小组陆续稳步推进高标准农田建设项目,现已实现高标准农田全村覆盖。整个行政村至少拥有5台收割机,几乎家家户户都购置了整地机械,农业机械化水平较高,为矿山村粮食生产提供了有力支撑。新农村建设使村内交通网络得到完善,组组都有水泥硬化道路相通,村庄干净整洁,农药包装随地弃置现象逐步改善,村民人居环境保护意识逐步提高。作为中国乡村振兴战略推进的乡村缩影,我们不免把目光投射到矿山村发展的方方面面——农村高标准农田建设、农业生产结构调整、化肥农药减量使用、人居环境整治、农业劳动力老龄化。矿山村是如何因地制宜,走出了矿山道路,建设了别样的矿山品牌?

一、高标准农田实现全村覆盖

高标准农田建设成效显著。所谓高标准农田,就是田成方、渠成网,旱能灌、涝能排,这

样的耕地抗灾能力强,适宜机械化作业,高产稳产。截至目前,矿山村大部分村小组都趁高标准农田建设之机调整了土地,通过地块整合降低了农田细碎化程度,辅以平整土地,改良土壤,兴修平坦开阔的机耕路与U型槽,有效提升了土壤地力、灌排设施便捷性与农业机械化服务水平。二轮承包以来,村民普遍认可土地按人口平均分配的传统,因而矿山村各村小组承包地可根据人口变化定期调整,维护了耕地资源分配的公平原则。加之村内多数农田流转自由,土地利用率与复种指数较高,实现"藏粮于地、藏粮于技"的目标。

二、农业生产结构持续调整

农业生产结构持续深入调整。矿山村农业人口有2768人,其人均农田面积1~2亩,虽然农业生产主体依然以小户为主,家庭经济收入来源也主要以外出务工为主,农村老龄化严重,从事农业生产的主力军大多是在家留守年纪较大的老人且以妇女居多,大多农业劳动力存在兼业的情况。但当地村民依然秉持重农的传统观念,勤劳能干,对土地怀有特殊的情感,抛荒现象鲜有。农户主要以种植水稻、油茶、花生、芝麻等农作物为主,但由于长期使用过量化肥农药与连年耕作,旱地地力退化严重,土地越来越贫瘠,难以种植花生、西瓜等经济作物,产出较为不理想。在家庭联产承包制下,只要符合土地用途管制,农民对种什么、怎么种有自主经营权。因此村民纷纷走上了转型的道路,改种效益较高的油茶树与沙树等经济林木,以此来提高土地利用率。矿山村民另辟蹊径,创造了适合自己的转型致富道路。

三、化肥减量使用田畴焕彩

农村农资价格持续上涨带来经营压力,农资赊账现象较为普遍,化肥农药减量使用仍需任重道远。为进一步保障农业可持续发展,走好环境友好的绿色发展之路,近年来,我国持续推进化肥、农药减量增效行动,促进农业绿色发展。但受国际原料市场价格带动,国内生产成本推动,春耕陆续开始化肥需求量增加,春耕陆续开始,化肥需求量增加,国内化肥农药价格一路走高,2022年种子、农药、肥料进货价格与往年相比为多年来的高点。走访田间地头,农民伯伯告诉我们,"2022年稻田追肥用到的复合肥、尿素等价格普遍上涨,6月中下旬复合肥平均价格高达每袋2元/斤,较去年同种类型的复合肥相比,涨幅高达53.8%"。肥料上涨随之而来的是农业生产成本的持续走高。在农村,本就存在农资赊账较为普遍的情况,农户往往在收割后才有一次性支付高额农资成本的能力。揆诸当下,一路走高的农药化肥价格吞噬了农业生产经营的利益,而面对化肥减量的问题,更多的是无人理解的心酸与无奈。当然,也有少部分农户选择少用化肥,采用绿色环保的农家肥,提高肥料利用率及休耕轮耕来以此应对价格上涨与土壤肥力退化的压力。

四、环境整治建设生态家园

人居环境整治持续推进,农药包装弃置现象良性向好。在农村,从事农业生产经营的农户,往往都要跟农药种子化肥打交道。在农业生产中,农民如果对用过的农药瓶的处理随手丢弃,会导致农村废弃农药瓶、农药袋等有毒害物质,遇到雨水冲刷,或经暴晒后,残留农药渗透到土壤中、沟渠里,对土壤和地表水造成严重污染,加重面污染源。近几年,农药包装回收较少且价格较低,环保意识不强的农户可能会将包装弃置在田间地头,这无疑对环境造成了负向影响。如今,在全村共同努力下,垃圾清理和资源化方式得到了改进,村庄设有垃圾收集设施与专门负责环境卫生的人员,对于人均30元/年的卫生费,村民也都较为乐意配合缴纳,得以窥见,村民的环保意识也在逐步提高。良好的生态环境是农村最大优势和宝贵财富。在实施乡村振兴战略中,将更加注重人居环境整治,解决农药包装弃置问题,补好基础设施和公共服务短板,打造生态宜居的乡村样本。

"农,天下之大业也。"如何解决矛盾,剖析问题,才是提升农村居民福祉关键所在。矿山村给予我们宝贵的借鉴经验与思考,未来持续推进乡村振兴战略该如何"上下求索"?

针对高标准农田建设问题。一是要强化资金保障,提高建设标准。建设高标准农田,不仅要扩面积,更要提标准,从用好土地出让收入、用足新增耕地收益,有序引导金融和社会资本投入,着力健全多元化投入机制,强化资金保障,确保高标准农田建设"更上一层楼",真正让"田成方、林成网、路相通、渠相连"。二是强化质量监管,完善管护机制。推进高标准农田建设,应充分发挥农民主体作用,抓好新建项目全程质量管理,加强工程建后管护,确保建成一亩、管好一亩,同时村镇要注重日常维修护理、给农田基础设施"上保险"。

针对农村土壤肥力退化与化肥农药减量使用等问题,一是要调整种植结构、创新种植技术,推广绿色生态循环发展模式,做到既重视"米袋子""菜篮子",也重视"钱袋子"。二是加大对耕地保护与质量提升重要性的宣传力度,增强了农民对提高耕地质量的认识,加大全民耕地保护教育,培育科学耕地安全观。三是建立耕地监测监管机制,耕地监测是确保耕地健康安全的必要条件,建立整体性的土壤检测服务平台,充分运用各类数字化手段,为各地耕地保护提供跨区域信息支撑和技术服务,真正实现"农田必须是良田"。四是通过引导农民转变施肥观念,进一步扩大有机肥的使用量,优化肥料投入结构,提高肥料利用率,推进化肥减量和提效工作,有效控制农业面源污染,减轻地下水污染,改善土壤结构,培肥地力。

针对农药包装弃置问题,应加大对规模农户的环境监管力度。一是依靠科技驱动力催生智慧农业,借助遥感卫星监测田间包装废弃物、精准定位污染主体,减轻政府的直接管控压力;二是加大制度倾斜以降低治理成本,鼓励家庭耕地面积较大的农户整合地块进行规模化生产,方便实施集约化、科学化管理,以降低内源性污染的监管难度;三是党员干部引导带动,强化社会监督以规范行为选择。

针对农业劳动力老龄化问题,一是要高度重视农业人口老龄化,加强对农村实用人才的培训,特别是对中青年农民的培训成为农业发展的迫切需求,培育一支数量宏大、素质较高、结构合理的农村实用人才队伍;二是实施各项支农惠农政策为新型农民成才兴业保驾护航,为农村实用人才的创业提供及时有效的服务,通过在技术支持、资金投入等方面的政策倾斜,三是因地制宜发展规模经营充分发挥农业人才的特长,鼓励和支持他们牵头建立专业合作社和专业技术协会,优质农产品示范园区,等各类经济实体。

"三农问题"是关系国计民生的根本性问题,"三农"工作是保障人们安居乐业、社会和谐稳定的基础性工作,不断破解矿山村发展新密码,绘就乡村振兴新画卷,还需群策群力,众志成城。

实践出真知:行走在乡村土地上

龙思思(农林经济管理2003)

2022年6月24日,在陈江华老师的带领下,江西农业大学乡村振兴班生活富裕组第二届和第三届13名成员前往江西省宜春市高安市相城镇矿山村开展暑期"三下乡"农村调研活动。此次暑期调研主要围绕高标准农田建设和农业生产等展开问卷访问,通过对矿山村的村庄特征、风土人情、基层治理等方面的认识,从而初步得出矿山村发展中存在的问题与进一步发展的方向。

一、乡村印象

矿山村是高安市矿山库管理局下辖的一个行政村,由20个村小组组成,地域面积较大。对于只有在儿时才经历过农业生产,当然也多年未见到过成垅成片的稻田的我来说,这是极大的吸引。刚到矿山村时,映入眼帘的就是大大小小的池塘、地里遍布的玉米和满田的水稻。在一周的调研过程中,我们了解到矿山村的基本情况:各个村小组分别推行了高标准农田建设;该村拥有一个大中型水库,基本能够稳定本村的农业灌溉水源;几乎每家每户都种田、圈养家禽;矿山村在环境治理方面做得很出色,每个村小组都安排了卫生员,普及了环境保护方面的知识;村民亲切地跟我们说话,对我们略显烦琐的问卷也显示出异常的有耐心,还时不时给我们倒水喝切瓜吃……

但是,在走访的过程中,我们发现矿山村的人口数量并不多,并且主要以老人和小孩为主,青壮劳动力多外出工作,甚至存在全员不在家的情况。

二、调研剪影

(一)南村北巷,田间地头

每天早上七点我们便出发驱车前往每一个村小组,一路上看见片片整齐播种的稻田,老师告诉我们再过半把个月就要进入忙碌的"双抢"期间,有些外出的人们就会赶回来帮着一起度过农忙期。我们奔走在村小组的各个角落,寻找着适合的村民接受我们的访问,在庭院中、林间、村头巷尾、道路两旁等留下了我们的脚步。因为"双抢"的即将到来,农户们大多都在田间忙活,而穿着学校蓝色文化衫的我们走在田埂上寻找着农户的身影,活力四射的大学生扯着嗓子问辛勤劳动的农户问题的一副画面就这样映入眼帘。在我访问的农户中,有一个种田大户叔叔,去年播种了729亩水稻,除去成本收成有20多万,跟我们交谈的过程中脸上一直洋溢着幸福的笑容!对于我们提出的问题,他都能对答如流,可见有关农业的事宜他早已烂熟于心中了,认真地干着自己的事业。

(二)骄阳暴雨,逆光破浪

六七月的太阳高高挂起,照着前行的我们更加的耀眼。一顶帽子、一件防晒衣、一把遮阳伞、一叠问卷、一瓶矿泉水便可出发,从早上7点到晚上6点,我们脚步不辍,行程不止,星星点点地遍布在村小组的各个角落。太阳虽大,但我们调研的兴致也很高。6月28日下午,我们正在田间访问,暴雨突然来袭,而眼前一边是急忙奔跑躲雨的农户,一边是急忙追赶农户完成问卷的伙伴,虽然显得些许滑稽,但更多的是感动。隔天中午,矿上村迎来了异常更强劲的暴雨,从中午12点多开始下了将近3个小时。下午3点多,我们再次出发了,虽然下雨耽误了我们的行程,但仍然没有消磨大家的兴致,反而说是这次下乡的体验感拉满。因为道路涨水,我们成功地开了一次水上飞车!甚至宣布我们更名为乘风破浪的"玫瑰战队"。

(三)闲暇之余,感受乡味

寒暑假回来住乡下在我看来是一件非常幸福的事情,没有拥挤的街道、没有喧闹的市场也没有复杂的人情关系,有的只是林间秋千上的欢乐交谈、房屋上飘起的袅袅炊烟、孩子们的嬉笑玩闹。在正式调研的第一天的所有工作结束后,老师带着我们去了矿山水库,一起看了夕阳、拍了合照,背对着矿山水库、面朝着高铁轨道、冲着相机比"耶",这好像就是"我们一直在路上的"感觉,照片便是这趟旅程的记录!我喜欢听别人讲话,跟叔叔阿姨、爷爷奶奶交谈的过程总是有说有笑的,他们会时不时讲个笑话娱乐一下,会不自觉地夸赞自己的孩子,在我临走的时候,还说要去地里摘个西瓜给我吃。我们这几天都是被村民的热情包围。

三、调研感受

农村要富,农业要强。对于乡村振兴二十字方针来说,矿山村在五个方面都有着相应的变化。2018矿山村推进高标准农田建设项目,通过设硬化水渠、平整土地、建机耕路等措施来促进农业生产。在走访的十多个村小组过程中,重视环境治理是最为突出的表现,村委也会经常视察环境工作;村民们相互之间能够互相帮助、和谐相处,不铺张浪费、不大办酒席;在村子里,人不在家,仍然可以大开门户,几乎不用担心小偷小摸的情况,也不怎么出现打架争吵的村闹现象;从推进新农村建设到全面落实乡村振兴战略的二十多年来,矿山村的村容村貌、基层民主、公共服务、农业生产等都得到一定的发展,农民收入提高了,生活变得更好了。此次调研给我最大的感受就是,建设现代化农村是一个长期的过程,需要政策的支持、需要更多的人才加入到农村建设的队伍中去。

时间总是过得很快,短短几天,我们走遍了矿山村的大多数村小组,虽然有被不理解过,但是也从很多的叔叔阿姨、爷爷奶奶那里收获了很多的温馨和欢乐的时光。这次调研知道到了很多以前不曾知道的事情,对田野调查有了更进一步的了解,也更加明白"做一个田野上的实践者"这句话的含义。

乡村振兴，我们一直在路上

杨慧（农林经济管理2001）

"让农业成为有奔头的产业，让农民成为有吸引力的职业，让农村成为安居乐业的美丽家园[①]。"习近平总书记在中央工作会议上明确了走中国特色社会主义乡村振兴道路，在描绘美丽乡村的现代图景时，也给乡村振兴工作者提供了根本遵循。当前党和国家高度重视"三农"工作，强调农业农村农民问题是关系国计民生的根本性问题，必须始终把解决好"三农"问题作为全党工作重中之重。2022年6月，为响应国家政策号召，江西农业大学乡村振兴实验班生活富裕组跟随指导老师一行前往高安市矿山村进行为期一周的调研，了解当前我国"三农"发展情况以及乡村振兴战略"二十字方针"的落实情况。

矿山村委会是高安矿山库管理局下辖的行政村，由20个村小组组成，地域面积在行政村中较大，农村农业人口有2468人，村内拥有矿山水库这个大型水库，为当地乃至周边乡镇生产生活提供稳定的灌溉水源。

矿山村给我的第一印象是风吹稻浪，竹林沙沙，给在农村长大的我一种熟悉感与亲切感。经过一周的走访家中农户，深入田间地头的调研，我对矿山村有了更为深刻的了解，并对当地农业生产方面的变化进行了思考。

全面推进高标准农田建设，切实改善农业生产条件。自2018年以来，矿山村的20个村小组就开始逐步建设高标准农田，主要开展了平整土地，硬化水渠，集中连片，修建机耕路等工作，目前已实现高标准农田全面覆盖，完善了农业生产设施，改善了农业生产条件，提高了农民粮食种植积极性，为粮食安全保障做出了巨大贡献。随后，我们走访了北城，银田等20个村小组，了解到各村小组基本上是采取"先建设再将农田并块"的高标准农田建设模式，从而降低农田细碎化程度，提高单个地块的面积，为农业机械化发展准备了条件。走在矿山村小组的田间道路上，昔日农户描述的"散、乱、低"的零散田块，已悄然变成了美丽的田园风光，乡村美景次第呈现，实现了"田成方、林成网、沟相通、路相连、旱能灌、涝能排"的高标准

---

① http://www.xinhuanet.com/politics/2017-12/29/c_1122187923.htm

农田新格局,同时为今后农业产业现代化的发展奠定了良好的基础。该模式不但促进了农业机械化水平提升,而且也有助于土地流转,确保了土地适度的集约化规模化,打破了现代化农业产业规模化的瓶颈。农户也向我们反映,当前高标准农田建设质量较好,灌溉设施、机耕路、农田肥沃等条件都有所改善,若高标准农田设施出现损坏,也大部分能得到及时维护,村集体切实维护农户利益,通过广播督促与教育等方式调动农户维护高标准农田设施的积极性和主动性。

当然,矿山村目前的高标准农田建设还存在一些不足,少部分村小组的农户反映本村水渠未及时疏通而导致泥沙淤积长杂草、U型槽偶见被断裂或被压坏等。针对此类现象,个人认为,一是在高标准农田建设过程中因地制宜,监督工程实施,保障建设质量,在高标准农田建设后,定期组织村民共同清淤,按照轻重缓急原则及时维修农田设施;二是增强村小组内部集体行动能力。继续通过广播等宣传形式提高农户自身的主动性,敦促农户共同维护农田设施,在无法自修的情况下及时向村集体反映。

持续优化农业生产结构,突破农业经济发展瓶颈。我们从农户口中了解到,当前村中许多旱地存在因污染导致肥力下降的问题,农户难以种植花生、红薯等作物,便改种杉树、油茶等树木,以增加生产收入,提高农业综合效益。显然,这是由于土地肥力下降的客观原因引发的农业生产结构被动调整。关于畜牧业发展方面,我们在巴塘村小组走访了辉瑞家庭农场,该家庭农场承包了150亩山地种植油茶,在油茶林中种植饲草养牛,牛粪用于沼气,沼渣还肥于油茶和牧草,其生态循环模式既节约了肥料,又节约了用电,有效地降低了家庭农场的成本,提高了家庭农场收益。另外,该夫妇还雇用了一个当地农民帮助喂养黄牛,增加了当地农户的就业渠道。该农场每年20头母牛,加上自繁自养的牛犊,总规模30头左右,一年收益20万左右。我们团队的郭锦埔老师认为这是典型的"1122模式"——1对夫妇,雇佣1个员工,饲养20头母牛,自繁自养,一年赚20万元,该模式值得推广。针对矿山村农业生产结构调整,我认为一是可以在立足资源优势的前提下,培育特色农产品,繁育优良品种,发展特色农业;二是应该抓好土地流转工作,规范土地租金,引进外来承包大户,有效引导土地向种养大户流转,发展适度规模经营,降低农业生产成本,盘活农村土地资源,创造有利于农业发展的软环境;三是当前矿山村类似辉瑞家庭农场规模的大户还不够多,可以加大资金投入和技术投入,通过培训等方式提高农民素质,同时可以加强培育龙头企业,提高农业生产的辐射力和带动力。

促进化肥减量使用,推动绿色生产发展。推进化肥减量化是农业供给侧结构性改革的必然要求,是推动质量兴农、农业绿色发展和保障农产品质量安全的关键环节,是农业农村经济高质量发展的必由之路。通过农技站人员与农资经营店的宣传与引导,矿山村的农户们对大量过量使用化肥产生的危害性有一定的认识,施肥结构主要以复合肥和尿素为主,或是施用有机肥,化肥减量使用意识得到提高,同时全村基本采取秸秆还田,以改良土壤,在一定程度上减少化肥用量。但通过走访农户我们也会发现,当前化肥减量使用政策推进还存在一些客观难题,不少农户反映土壤肥力不够,化肥减量使用会对作物产量造成影响,进而影响农业生产收入,同时由于基本没有实行耕地休耕制度,全年多种复种现象普遍,化肥减量使用难以进行。加之目前农村大量劳动力外流,农村人口老年化趋势的同时也反映出当前农户素质普遍不高,且散户、小户化肥减量使用效果不大,当前矿山村化肥减量使用政策推进任重道远,须徐徐图之,不得操之过急。

针对化肥减量使用,我认为可以采取以下措施:一是农民是农业生产经营主体,要加大对农民使用化肥减量的宣传力度,进一步推广普及测土配方施肥技术等化肥减量增效技术,不断提升农民科学施肥水平,调整施肥结构,减少不合理化肥投入,提高化肥使用效率,为实现绿色发展提供有力支撑。二是通过农民合作社、家庭农场和种植大户等新型农业经营主体带动化肥减量使用,他们绝大部分为青年人、中年人,文化水平较高,接受能力较强,种植规模较大,带动作用明显,应重点抓好此类农业经营主体开展实施化肥减量使用。三是据农资店老板所言,他们会定期参加相关培训,引导农户化肥农药种子等农资产品的购买行为。应继续加强对县镇农资经销商的培训与管理,通过农资经销商指导农户购买优质品种,减量使用化肥农药,助力绿色发展。

不断增强农业社会化服务,促进农业现代化发展。当前,在我国农业农村现代化进程中,农业社会化服务扮演着越来越重要的角色,展现出强大的生命力。在矿山村走访发现,该村有部分种植大户购置了收割机甚至无人机等大型农业器械,可以为当地农户提供整地、喷药、收割等农业社会化服务,还有许多中小规模的农户在农忙时雇佣劳动力进行插秧、抛秧等。据村民所言,育秧、插秧、抛秧、灌溉、施肥等生产环节社会化服务可获得性较高,而整地、收割环节则有部分村民表示较为困难,原因大致有该村小组暂无收割机等大型农业器械,需要前往隔壁村雇请,农忙时需求量很大,又或者是由于人际关系的好坏,熟人优先原则。对此,推进资源整合是手段,要盘活利用好存量设施、装备、技术、人才及各类主体,探索建设农业综合服务中心,在更大范围实现资源共享、优化整合、高效利用。

不断改善农村人居环境,提升生态环境质量。走入矿山村各个村小组,我们发现组组都有水泥硬化道路相通,近几年村内交通网络逐步完善,环境质量持续提升。据了解,在前几年该村就响应国家政策,拆除了近百个猪场,而目前每村每户平均按照每人30元的标准上交卫生费,道路边上都设有专门的垃圾桶,还有人定期入村检查卫生,实施环境卫生奖惩制度,村容村貌焕然一新。不仅人居环境大大改善,农户生态意识也在逐步提高,农药包装废弃物少有就地处置,大多农户表示会带回家中扔进垃圾桶内,田间地头里包装废弃物的身影不再常见。当然,也还有少部分农户生态环境意识不够高,存在农药包装废弃物乱扔行为。但我们对此要有历史的耐心,前文中也提到过当前从事农业生产的农民素质还不够高,我们应当有条不紊地推进农村人居环境与生态环境改善过程。

或是烈日炎炎,或是如注暴雨,我们一直都在行进中!一切伟大成就,都是接续奋斗的结果;一切伟大事业,都需要在继往开来中推进。相信未来一切可期!

走进农村,点亮青春,调研我们在路上

杨水莲(农林经济管理2102)

全面建成小康社会和全面建设社会主义现代化强国,最艰巨、最繁重的任务在农村,最广泛、最深厚的基础在农村,最大的潜力和后劲也在农村,因此为加强农村基层基础工作,培养造就一支懂农业、爱农村、爱农民的"三农"工作队伍,江西农业大学经济管理学院联合江西省乡村振兴战略研究院开展了暑期"三下乡"农村调研活动。此次为期一周的调研活动选择在江西省高安市相城镇矿山村开展,主要以高标准农田建设、农业生产、土地流转、农田利用等为调查重点。

一、磨刀不误砍柴工

2022年6月25日上午,在陈江华老师的组织下参与此次调研的乡村振兴班20级与21级的13名同学相聚江西农业大学经管楼311进行问卷培训,会议梳理了问卷的逻辑构架,阐述了相关题项的内涵,以通俗易懂的语言解释了问卷中的术语,同时为同学们答疑解惑。会议时间虽短,却是调研必不可缺的。

二、初会矿山村

2022年6月25日下午经过近2小时的车程,我们到达了矿山水库管理局,矿山村村委书记热情地接待了我们,同时我们也与几位村小组组长进行了交流,了解了一些当地的高标准农田建设和农业生产等大致情况。

三、深入村庄,调研起航

每天早晨我们踏上前往村庄的道路,道路两侧是成片的稻田,夏风一吹,稻浪滚滚,仿佛诉说着不久之后的丰收。每到一个村庄我们这些"业务员"便从书包中拿出我们的问卷,随时准备开展"业务",田间地头、村里村外只要哪里有农户,我们就在哪里。在表明了我们的来意后,村民们都对我们的到来表示热情欢迎。淳朴善良的民风,是我对矿山村的印象。从上城到港上再到伍家村等地，6天我们覆盖了快20个自然村，在调研过程中我们掌握了一些当地发展的情况。

四、调研感悟

（一）农村劳动力大量外流

在矿山村20个自然村中，每个村庄都以中老年人为主，除了个别种田大户较为年轻。村里一排排富丽堂皇的"别墅"却大门紧闭，鲜见年轻农民。在农业机械化使用方面，由于留守在农村的大都为老年人，大部分农民已经无法做到事事都自己完成，在高标准农田的建设背景下，大部分农户引入了农业机械和农业社会化服务，促进了农业机械化发展，大大地提高了生产效率，又为留守在农村却仍然有能力耕作的人提供了额外收入，促进了农村经济的发展。

（二）化肥价格上涨侵蚀种粮收益

在提及每亩稻田化肥投入量时，农户们都发出了这样的感叹："化肥好贵，都算天价化肥了！"据了解2022年的复合肥和尿素的价格在1.5元/斤~2元/斤浮动，往年的为1元/斤~1.3元/斤，而每亩稻田需要投入100斤复合肥、大约30斤尿素，在化肥方面就已经增加了至少40元/亩的成本。而在问及是否有意识减少亩均化肥使用量时，他们指出化肥只能增加不能减少，一旦减少，水稻容易减产，从而产生了即使化肥价格上涨却不能减少化肥投入量的矛盾。如若化肥成本继续提高也许会降低农民种植的热情，因此适度提高政府补贴也许能够缓解农资成本快速上涨带来的冲击。

（三）耕地保护迫在眉睫

目前农户为提高农作物产量的最普遍的方法就是增加亩均化肥使用量，但长期的增加必然使得农田肥力下降，甚至污染农田、地下水等。废弃农药包装物丢弃在田间地头的现象仍然存在，残留农药对农田、河流的渗漏不仅仅导致土壤污染、农作物有害物质残留，还会导致河流生物的死亡等。由于长期使用化肥，旱地地力下降，种植经济作物的产出不断降低，迫使农户改种油茶、杉树或松树等经济林或树木。因此，从提升农户人力资本角度出发，引导农户树立科学施肥的理念，帮助农户掌握科学施肥方法，诱导农户主动采用耕地保护措施。

没有调研就没有发言权，只有深入农村、深入农民才能认清农业发展的现状。乡村振兴道路仍然漫长，促进乡村振兴需要我们付出更多的努力，给予更多的关注。

粮田变良田，良田育良风

郑佳颖（农林经济管理2101）

一、调研背景

党的二十大报告强调要全面推进乡村振兴，意味着实施乡村振兴战略进入了新阶段。与此同时，为增强粮食等重要农产品供给能力，我国加大了高标准农田建设力度，投入大量财力用于平整土地，完善田间道路与灌溉设施，有效提高了农业生产抵御自然风险的能力。但鲜有研究讨论高标准农田建设与乡村振兴的关系，也缺乏文献关注高标准农田建设对土地流转市场、劳动力转移、农业投资的影响，以及不同建设模式效果差异。为响应国家政策号召，江西农业大学乡村振兴实验班生活富裕组跟随指导老师一行前往高安市矿山村进行为期一周的调研，了解当前我国"三农"发展情况以及乡村振兴战略"二十字方针"的落实情况。

二、走进高标准农田

高标准基本农田是一定时期内，通过土地整治建设形成的集中连片、设施配套、高产稳产、生态良好、抗灾能力强，与现代农业生产和经营方式相适应的基本农田。包括经过整治的原有基本农田和经整治后划入的基本农田。

"现在种地很省心，我一个人就能种好几亩，村里头还有好多种粮大户靠着种田发家致富呢！"宋伯伯年过六旬，是港上自然村的种田户，常年种田的他，皮肤早已被晒得黝黑，但干起活来还是充满活力。

宋伯伯所在的行政村在2018年便建设了高标准农田。将零碎田、坡地平整成大田、平地，排洪沟、灌溉设施不断完善，机耕道修到田间地头，让昔日零碎地"活了起来"，同时也让粮田变成良田。

（一）高标准农田的"高"

农业农村部农田建设管理司司长郭永田列举了一组数据：高标准农田项目区比非项目

区的机械化水平提高20%,规模经营土地流转率提高30%,新型经营主体占比提高20%以上;节水达到30%,节电达到30%以上,节药达到19%,节肥达到13%;通过降低农业生产成本、提高产出效率,平均每亩节本增效约500元,项目区农民得到实惠。

(二)建好也要管好

农田建设,三分建、七分管。霍学喜教授曾到多地进行调研,发现一些地方建成后的高标准农田缺乏有效管护,后续监测评价和跟踪督导机制不完善,设施设备损毁后得不到及时有效修复,工程使用年限明显缩短。虽然我国已建成了许多高标准农田,但不少农民还是习惯传统耕种模式,田里的机耕路和灌排渠等设施长期闲置,缺少日常管护。目前,各地正加快探索高标准农田管护模式:江西省贵溪市打造"农易巡"田长制信息平台,利用5G等新技术将该市约2万亩高标准农田数据纳入平台,线上实时监测管理;山东省菏泽市探索15年"质保期+管护期"模式,建成后的前5年由项目建设中标企业设置专职管护员提供相关服务,之后10年与村级组织、受益农户、新型农业经营主体等共同协商管护;安徽省来安县发挥保险作用,高标准农田建成后,工程质量保险机制提供10年期的保质量、保自然灾害、保意外事故的综合保障。这些举措都为管护农田提供了强有力的参照。

(三)良田沃土育良风

高标准农田的建设促进了耕种上的发展,使乡风文明更加纯朴动人。我们走访新屋村时,在田野里遇见了佝偻着腰插秧的吴爷爷,吴爷爷年近七旬,住着有年代感的土砖房,问到吴爷爷对现在的生活满不满意时,他笑容满面地回答满意,爷爷对自己能有力气下田照顾自己的几亩田地而感到安心踏实,对时常帮助照顾他的邻居感激不尽,对高标准农田、机械化耕作赞不绝口。

调研时遇到的大多人都热情好客,聊到村里种植大户的问题他们也流露出发自内心的感激,他们认为,种植大户对于大型耕种机械的引入给他们带来了很大程度的帮助。而正因为这些善良、淳厚、努力生活、热爱土地热爱家乡的人们,共同为乡村交织出了一幅和谐美丽的风景,这也是此次调研留给我的最多感动。

乘着奋斗的风,在希望的田野上

周雨欣(农林经济管理2002)

2022年6月25日,沿着途中的乡野风光,我们来到了高安市相城镇矿山水库管理局矿山村。矿山村委会是高安市矿山库管理局下辖的一个行政村,由北城、袍石、港上、伍家等20个村小组组成,耕地面积10600.12亩,山林面积2358亩,农业人口有2768人,地处相城镇西南部,与高安相城镇、下城垦殖场、田南镇以及上高县界埠乡相接,距镇政府7.5千米,距县城52千米,地处偏僻导致交通不便,但近年来,村内交通网络逐步完善,极大方便了矿山村村民的出行。矿山村主要以种植水稻、玉米等粮食作物和油茶、芝麻、红薯、花生等经济作物为主,村内有一个大中型水库和一个休闲农庄,山清水秀,人杰地灵。

正值盛夏,在烈日的炙烤下我们一行人调研热情高涨,为了寻找调研对象,我们走巷访户,敲响农户家门,我们走在阡陌各道,偶遇路上行人询问调查,我们深入田间地头,追问正在干活的农民,此时此刻我们仿佛不再是置身事外的学生而是和他们朝夕相处的好友,一份问卷并不是机械地提问与回答就能圆满完成的,需要产生情景、融入感情,用聊天交谈的方式询问农户。在经历一周的调研后,我对矿山村有了一个具体的印象,我想用"艰苦奋斗"和"充满希望"二词概括。

一、艰苦奋斗,他们一往无前

和矿山村村民相处一周下来,"勤劳""纯朴""坚韧"和"乐观"是他们身上最鲜明的品格特征。习近平总书记强调:"要坚持把解决好'三农'问题作为全党工作重中之重,举全党全社会之力推动乡村振兴。"[①]相比城市,农村发展更加艰难,但矿山村村民不怕苦不怕累,在这种艰难中用勤劳的双手、纯朴的民风、坚忍的意志和乐观的心态努力奋斗着,打造属于自己的品牌。

---

① 坚持把解决好"三农"问题作为全党工作重中之重举全党全社会之力推动乡村振兴 https://www.gov.cn/xinwen/2022-03/31/content_5682705.htm?token=6296fa0e-f530-4713-b6fb-25342f937a25。

有田就种，能劳则动。我们访问中土地基本上没有抛荒的现象，他们对土地的敬佩是刻在骨子里的，只要还能劳作就不会放任土地不管。我遇到一个农民伯伯，他正好劳作完从田埂走上来，我便对他进行了问卷访问，当问到他有没有抛荒时，他很激动地否认说，我们都是依靠土地吃饭怎么可能会不管土地，但是同时又面露遗憾与悲伤地指着他对面的那片田说，这片田是因为检测出重金属超标被迫砍除所有农作物不允许种植。我看了过去，对面的田只剩半截梗在土上，前面立了个牌子表明这块地因为含有重金属等有毒成分不允许耕作。他们勤劳了一辈子，珍惜土地是他们的本能，种该种的田，在大是大非下也懂得妥协，种能种的田。

一周的时间很短，没来得及走遍矿山的每个角落，一周的时间又很长，在这段时间和农户的交谈中我看到了许多人的人生轨迹。矿山村多数都是年长一辈的或是家庭主妇在家，年轻人大多外出务工了，所以我采访到的基本都是矿山村的上一代人。

矿山村的老一辈用最纯真的朴实的乐观的态度抵御艰难险阻，经营好家庭，建设好矿山村，他们是打造矿山村样本和矿山村品牌的中流砥柱！但同时矿山村要持续发展必须留住新兴力量，不能仅仅依靠上一代的努力耕作和经营打理，我们要好好发展和培育新一代。

二、乡村振兴正在路上，矿山发展充满希望

说到矿山村首先想到的是高安市大中型水库——矿山水库，它在1958年动工兴建，于1963年建成，历史悠久。矿山水库的建成对矿山村意义重大，很好地解决了人们的生产与生活用水问题，辐射高安市和上高县周边的多个乡镇。近年来，矿山水库的建设力度加大，仅2021年国家就下达总投资计划8000万元用于矿山灌区项目进行节水改造，对于农业、农田的灌溉效益明显增强，其蓄水功能在枯水期为农业生产提供了充足的水源。矿山水库就像"定海神针"一样为矿山的农业生产保驾护航，同时也是打造矿山品牌需要好好开发利用的一道重要环节。

走进矿山村你可以看见成片的田块整齐划一、条条机耕路纵横交错、排排沟渠延伸远方，这便是矿山村的高标准农田。高标准农田建设是强化耕地保护、实施"藏粮于地、藏粮于技"战略的重大举措，党的十九大提出实施"乡村振兴战略"，为我国农业现代化发展和开展新时代高标准农田建设指明了方向。矿山村的高标准农田建设相比全国开始得比较早，近年来响应国家号召扎实推进高标准农田建设，将建设项目与生态治理、水利工程、乡村振兴等项目融合衔接，采取农田水利、节水灌溉、土地整治等一体化配套措施，促进田间农事机械化、灌溉智能化、管理精细化良性循环，推动高标准农田建设规模不断扩大，在2020年普遍建成，经济、社会、生态效益明显提高，一眼望去田成方、路相通、渠相连、涝能排、旱能灌的

"良田美景"尽收眼底。

　　高标准农田建设不仅保障粮食等主要农产品基本供给的客观要求,还满足了农户发展农业的主观需要。矿山村高标准农田的普遍建成促进其农业生产条件显著改善,耕地质量明显提高,农业综合生产能力大幅提升,以此推进农业供给侧改革,缩小城乡差距,引导和推动更多资本、技术、人才等要素向矿山村流动,促进现代农业产业体系形成;让农民拥有持续稳定的收入来源、生活便利、生活富裕;统筹山水林田湖草保护建设,推进生态宜居的乡村建设。新时代高标准农田建设既是落实耕地数量、质量、生态"三位一体"保护的重要环节,也是促进乡村振兴战略的重要着力点,与乡村振兴战略形成了合力。在连片的稻田中,我看到了矿山村的美好未来。

　　毫不夸张地说,此次矿山村之行我将永生难忘。在这次实践中,我不仅加深了对农业生产的了解,还开启了许多人生新体验。作为新时代青年,作为江西农业大学的学子,我们应该始终怀着振兴乡村的责任感和促进"三农"发展的使命感去热爱每一寸土地。我们不能仅仅停留在课本,而应该走进农村、踏进农田,去发现和感受最真实的中国乡村,把乡土情怀留在心中并付诸实践。

乡村振兴，矿山之行一路生花

帅雅萱（农林经济管理2101）

党的二十大报告提出，全面推进乡村振兴，坚持农业农村优先发展，巩固拓展脱贫攻坚成果，加快建设农业强国，扎实推动乡村产业、人才、文化、生态组织振兴。在此背景下，我国大力推进高标准农田建设，持续完善农业基础设施，增强农业综合生产能力，确保粮食等重要农产品供给，为农业产业高质量发展提供了保障。为响应乡村振兴战略的号召，江西农业大学校团委组织暑期"三下乡"农村调研活动，在经济管理学院与乡村振兴战略研究院统一部署下，乡村振兴班生活富裕组在指导老师的带领下来到江西省高安市相城镇矿山村展开调研，以高标准农田建设与农业生产等问题开展问卷调查工作，同时带领我们亲身感受矿山村人民热情、朴实的民风。此次调研增强了我们学生综合素质，提高了我们的实践能力。

一、出发前的准备

2022年6月24日，在出发之前，陈江华老师召集调研队伍进行了一次问卷培训，为我们划出了重点。大家认真学习，并踊跃提出疑点，老师耐心为我们解答，这为我们问卷调查成功进行做足了准备。每个队员都充满着一腔热血，对于此次调研之行充满了期待与兴奋。

二、抵达矿山村，开展调研

6月25日下午两点，大家一路欢声笑语驶向目的地，沿途我们观赏着窗外的风景，窗外是一片连着一片的田地，田中结满了希望的果实，田间正在辛苦劳作的农民，边上还传来一阵阵牛"哞"声。一路伴随着窗外稻田美景，我们抵达了高安市相城镇矿山水库管理局，村委书记热情地接待我们，带领我们与其他几位村小组组长进行交流，了解农业生产相关情况，为之后的调研问卷工作的展开奠定了基础。

第二天，调研工作正式开始。烈日当头，我们走进村落，走访村民，不惧酷热，成功开展问卷调查，村民们也极其配合我们回答问题。我们深入村巷，迈向田间，追寻正在干活的农民，此刻我们感受到了村民的热情好客，填满了一份又一份问卷。田间好风光，阳光洒向稻穗,风吹起一层接着一层的麦浪,随风飞扬的还有一行白鹭,一路驶来,风景迷人眼,让人流连忘返。我们充满希望,坚持不懈,跟村民交谈着,了解着民生,我感受到的是"勤劳""朴实""热情"他们没有抱怨生活的艰难,而是更加努力地生活,更加乐观向上地生活。虽然身处逆境,但仍积极向上的精神让我受益匪浅。

调研路上,我们深入田间,发现田间地头仍有不少农药包装废弃物,反映部分农户对环保问题重视程度不够。同时,由于隔壁乡村陶瓷厂集中,废气排放对有些村小组农业生产影响较大,导致土壤重金属超标,无法耕作。但对于具备耕作条件的土地,基本不存在抛荒现象。有地则能种,能种就有饭吃,农民期盼的只是在丰收之时满载而归,满载微笑。

三、调研总结

(一)矿山风光无限

矿山村处处风景惹眼,极为突出的是矿山水库,我们到达水库时,正是夕阳西下,水光潋滟,微风吹拂,水波不兴,我们面向水库,背靠高铁,照片记录下了我们肆意的青春,将我们的汗水挥洒在这片土地,推进乡村振兴战略施行。山水风光无限好,青春肆意永长存。夕阳西下,我们聚在一起,为同样的目标不懈前行,为推进乡村振兴而艰苦奋斗,我们充满希望,期待着再一次的旅途。

(二)推进乡村振兴,我们一直在路上

我们一周走访了大大小小18个村庄,一路上,我们看到田中干活的大多是中年女工,很少见到有农户雇佣男工干活,而且村中大部分是老人、小孩,很少有年轻人务农。随着高标准农田建设,种田需要投入的人工越来越少,能够依靠机械完成的环节越来越多,促进了农业生产效率大幅提升,有助于促进农民增收,并提高村民的生活水平。

由于2022年化肥价格翻倍,大部分农民表示,每亩的化肥使用量又不能减少,导致每亩的生产成本提高较多,复合肥从去年的130元/袋涨到了2022年200元/袋,而稻谷最低收购价上涨幅度微不足道,种粮收益越来越微薄,致使农民种田压力逐渐增大。

作为一名"三农"学子,应踊跃参与乡村振兴,更应脚踏实地,为乡村振兴贡献微薄力量。调研是一次发现问题很好的机会,乡村振兴的道路,我们一直在路上!

建设固然重要,管护不可或缺
——高安市矿山村高标准农田建设调研有感

刘思雨(农林经济管理2003)

高标准农田,指在划定的基本农田保护区范围内,建成集中连片、设施配套、高产稳产、生态良好、抗灾能力强、与现代农业生产和经营方式相适应的高标准基本农田。高标准农田的"高",包括农田质量高、产出能力高、抗灾能力高、资源利用效率高。

建设高标准农田是提高农业综合生产能力、保障粮食安全的现实需求。我国正处于从传统农业向现代农业过渡的关键时期,对粮食等主要农产品的需求日益增加。但因为耕地数量减少、质量下降、水资源利用率不高等问题,迫切需要下大力气改造中低产田、建设旱涝保收的高标准农田。通过建设高标准农田可以有效改善农业生产条件,促进农业机械化水平提升,提高现有耕地资源利用效率和土地产出效率,吸引新型农业经营主体积极流转农田开展规模经营,既促进农民增收,又强化了国家粮食安全保障。不仅如此,建设高标准农田还可促进农业生态环境的良性循环和可持续发展。

一、矿山村高标准农田建设基本情况

矿山村是高安市矿山水库管理局下辖的一个村,由(袍石、张坑、巴塘等)20个村小组组成,地处偏僻,距镇政府7.5千米,距县城52千米。矿山村从2018年开始大力推进中低产田治理和高标准农田建设,在采访的18个村小组中,基本都是通过"先建设再并块"的方式推进高标准农田建设,显著降低了土地细碎化程度,每家每户的地块数量减少,扩大了地块的平均面积,使地块在空间上相对集中。到目前为止,全村已实现高标准农田全覆盖,且多数村小组建设已超过3年。矿山村的高标准农田建设主要从田间基础设施工程和地力建设工程两方面进行。其中田间基础设施工程主要包括田网、渠网、路网、电网等建设,这样可以提高农田抗灾减灾能力、农田排灌能力和农机作业能力。地力建设工程主要是对土地进行平整,并实施秸秆还田,以提高农田基础地力和农业生产能力。坚持高标准设计、高质量建设、高效率推进的理念,紧紧围绕改善农业基础设施,提高农业综合生产能力,以实现促进农业增效、农民增收、农村发展为目标,扎实稳步推进高标准农田建设,取得了显著的效果。

以往难以实现机械化的"巴掌田"变身宜机宜耕、能排能灌、稳产高产的"整片田",全村基本没有抛荒的土地。在没有灌溉设施的时候,水稻常规亩产在 800 斤左右,如遇到旱涝灾害,减产不可避免。但实施高标准农田之后,实现旱能浇,涝能排,亩产提高到 1000 斤左右。农民们普遍反映承包地地块更少且集中了,节约了生产成本还提高了生产效率;机耕路修宽之后更利于农业机械的推广和普及,提高了机械作业的效率;水渠硬化之后减少了农业用水在传输过程中的渗漏和流失,不仅节约用水,还提高了灌溉效率。

二、高标准农田建设存在的问题

(一)建设标准有待提高

高标准农田建设的内容主要分为田间基础设施工程、地力建设工程、科技支撑工程。科技支撑工程是集成包含水肥一体化智能灌溉施肥、生长环境智能化监测、生产管理信息化农业物联网技术,从而利用新技术、新模式提高现代农业科技应用能力。矿山村大多数村庄主要对前两项工程进行改造,在利用科技方面有所欠缺。

(二)区域建设不平衡

(1)后期建设得比前期建设得更完善。北城村于 2018 年建设高标准农田,村民认为北城村属于矿山村建设较早的一批,时过境迁,技术在进步,当年修建的水渠和机耕路早已不能同近两年修建的相媲美。

(2)不同村庄修建标准略有差异。在我们走访的村庄中,有的村庄硬化后的水渠像一条龙,蜿蜒在田边。有的村庄由于受到地形条件的限制,导致高标准农田建设难度较大,影响了高标准农田建设质量。在材料使用方面,部分村庄的水渠硬化采用置入 U 型槽的形式,而另一部分村庄则采用砖块砌墙,再用水泥粉刷。前一种方式,U 型槽易损坏,水流下渗较多,后一种方式建设的标准更好,灌溉效率更高。

(三)后期管护投入不足

走进稻田里,一眼望去,千百条水渠好比彩带,把无边无际的田地划成棋盘式的整齐方块。然而,受自然灾害破坏、建后管护不力等因素影响,已建成的高标准农田设施存在不同程度的损毁问题。调研发现,高标准农田设施虽然属于公共物品,但是与农户利益息息相关,大多数村民会主动参与管护,例如制止破坏高标准农田设施的行为。

(四)农业生产方式需要转变

留守种地的大多是老弱群体,生产方式传统,文化教育程度低,思想比较保守,土地长期规模流转率低,习惯了大水漫灌的方式,保留着多施肥产量才高的观念,一时难以接受高效节水灌溉方式和化肥农药减量使用。

三、对高标准农田建设的建议

（一）加大财政投入，解决资金缺口

按照建设任务不减少、建设标准不降低、建设质量有提升的要求，切实解决高标准农田建设资金缺口问题，整合不同的涉农项目资金用于高标准农田建设，形成高标准农田建设的强大合力。

（二）保障管护资金，健全管护机制

落实农田管护制度，进一步加大基础设施维护资金的投入，制定基础设施维护计划，尽可能延长农田基础设施使用寿命。建议将农田设施管护资金纳入乡镇财政预算，明确不可预见灾损的资金来源与责任主体，用于因不可抗力造成的设施损毁、耕地损坏等的修复；质保期内的由原建设单位负责修复，质保期外的按涉及修复金额大小，由所在乡镇财政预算进行修复。项目竣工验收后，组织镇村管护人员进行统一培训，增强其管护意识及能力。

（三）加强部门协作，应用新技术

加强与水利部门的协作，积极配合水利灌溉管理单位及时调整灌溉制度，科学应用节水灌溉新技术，为发展水肥一体化高标准农田创造条件。与农技部门协作，积极改善农田土壤属性，应用先进测土配方技术，进一步提高耕地质量，增加土地肥力，严格控制化肥农药的使用，以达到提高农田耕种质量、产量的目的。

四、结语

"路漫漫其修远兮，吾将上下而求索。"在农业现代化进程中，尽管前路漫漫，充满坎坷，新事物的出现总是面临各种艰难险阻，但是在各方努力下，高标准农田建设会越来越完善。农民是农业农村发展的根本力量，"藏粮于地，藏粮于技"的关键在于发挥农民主体作用。要坚持农民主体地位，切实保障农民合法权益，大力培育新型农民，不断提升农民的获得感、幸福感、安全感，有效调动亿万农民的积极性、主动性、创造性，为推动农业发展、促进乡村振兴注入澎湃动力。

知行合一，强农兴农

周嘉嘉（农林经济管理2001）

此次调研,我们来到了高安市相城镇矿山村,该村由20个村小组组成,其特别之处在于矿山村委会是高安市矿山水库管理局下辖的一个村。当地池塘湖泊众多,基本实现高标准农田全覆盖,主要种双季稻,但旱地土壤肥力不高,多种植杉树、松树、油茶和花生。矿山地形以丘陵为主,植被资源丰富,生态环境优良,田间地头随处可见白鹭觅食。在经历了长达一周的调研后,小组成员们逐渐熟悉了调研流程,进一步掌握了问卷调查技巧,对当前的"三农"问题有更深入的了解和体会。

高标准农田建设情况是我们此次调研关注的主要内容之一。2016年,中央一号文件提出"到2020年确保建成8亿亩、力争建成10亿亩集中连片、旱涝保收、稳产高产、生态友好的高标准农田"的建设目标。矿山村自2018年就开始统筹整合资金推进高标准农田建设项目,各村小组的高标准农田陆续建成,对粮食生产起到较大的稳产增产作用。绝大多数农户认为高标准农田建设改善了农田的灌溉与田间道路设施,但对农田土壤肥力改变不大。从水渠硬化角度来看,村中农田的灌溉水渠绝大部分进行了硬化,相较于传统水渠更加牢固,但是因为不同区域的地势和灌溉水源稳定性不同,排灌能力仍然存在差别。此外,少部分已硬化的水渠由于泥土淤积而长满杂草,导致水流不畅,影响排灌效率,同时也出现了损坏的情况。

矿山村水网密布,湖泊池塘众多,加上是亚热带季风气候,因此一下大雨,地势较低的村民家中很容易受影响。调研还发现当地临近矿山水库的农田,因地势较低,一旦水库涨水,便会淹没农田,但这类农田也未抛荒,可以种单季稻。

农村老龄化问题愈发普遍。调研期间,在家的农户很难找,不管户外是烈阳高照还是狂风暴雨,很多农户都在田间劳作,农民的辛勤程度可见一斑,而且每个村小组基本上只有一两位在家,除了上了年纪的老人和一些小学阶段的儿童,村里很难看到年轻人的身影。正因为如此,矿山村的土地流转率比较高,大部分农户将农田流转给大户耕种。

为进一步保障农村老年人和孩童的权利,可以由村委会牵头,组织各相邻的村小组筹办老人会等社会团体,修建老年活动中心,村中一些难度不大的活儿可以适当向加入老人会的村民倾斜,加入老人会的会员可以帮忙干活或者管理老人会,既加强和其他老年人的联系,又能够让老人发挥个人价值。

在访问过程中我们发现,无论是农业方面还是非农方面,多数农户基本上没有受过专业的技术培训,大部分受访农户主要将上网时间分配在娱乐方面,少部分农户会通过自行上网查询信息来解决生产上遇到的问题。目前我国的农村人力资本水平较低,农户自身人力资本投资意识不强,获得职业技能培训的主要途径一般是政府方面公开组织的技术培训,但是这种技能培训多数是面向种植大户开展的,对于种植散户基本上没有特别组织的技术培训,形成了一定的技能培训壁垒,不利于农业生产技能的提升。因此,想要提升人力资本水平,需要政府面向不同经营规模和不同经营主体的农户有计划,有组织地开展专业技能培训,提高种植大户的技能培训的层次,同时面向小农群体,扩大技术培训的覆盖范围,鼓励不同经营规模的农户积极参与技术培训。调查发现,多数农户的风险偏好特征是风险规避型,如果能够提升农户自身的职业技能水平,将有助于改变农户的风险偏好特征,助推农户创业行为。

农村的变化日新月异,需要我们不断去探索,不断去发现。广袤的农村土地上,有着大量值得探索和研究的问题,但是这些必须通过自己的实地观察才能够得出,书本上的知识仅是为我们提供一种参考,真正的研究需要我们深入农村、走进农家、踏上农田,成为有"三农"情怀的农经研究者。此次的调研活动圆满结束,一路上我们一直在思索如何促进乡村振兴,调研实践使我们学到了很多,同学们之间的关系也更亲密了。

夕阳西下,矿山村的一片片稻田里,白鹭振翅飞向落日余晖。

乡村振兴战略稳步推进与农业农村纵深发展
——以江西省高安市矿山村为例

陈静（农林经济管理2003）

为掌握乡村振兴战略实施状况，了解农业农村现代化发展现状，培养具有"三农"情怀的乡村振兴人才，江西农业大学经济管理学院联合江西省乡村振兴战略研究院开展了2022年暑期农村调研活动，采用整群抽样的方式对矿山村进行整村调研，获得170份有效问卷。矿山村是江西省宜春市高安市相城镇下辖的一个行政村，由袍石、张坑、巴塘等20个村小组组成，农业生产条件优越，具有深厚的粮食种植传统。

一、高标准农田建设情况

2023年中央一号文件提出进一步加强高标准农田建设、完成高标准农田新建和改造提升年度任务，逐步把永久基本农田全部建成高标准农田。

（一）矿山村高标准农田建设基本情况

第一，绝大部分受访农户表示，自家承包地都建设了高标准农田。矿山村170户农户中，约96%的农户所分配承包地建设了高标准农田。

第二，超过半数的农户表示高标准农田建设距离2021年已超过3年。其中2016年建成的有一户，2017年建成的有3户，2018年建成的有44户，有67.4%的高标准农田建设已超过三年，且大多建于2019年。

（二）高标准农田建设质量评价及建设前后对比

第一，大部分受访者认为高标准农田建设质量较好。仅有1.83%的受访者认为高标准农田建设质量非常好，而仅有4.88%的受访者认为高标准农田建设质量非常差，由此可见，极少数受访者认为高标准农田建设质量非常差或非常好，29.88%的受访者认为高标准农田建设质量一般，26.83%的受访者认为高标准农田建设质量比较差。整体上高标准农田建设质量较好，但也存在较大上升空间。

第二，高标准农田建设后，村小组灌溉设施得到改善。高标准农田建设前一年，占比

25%的受访者认为村小组的灌溉设施较好,高标准农田建设后,有45%的受访者认为灌溉设施较好;高标准农田建设前一年,认为村小组灌溉设施比较差的比重为37%,而高标准农田建设后,认为村小组灌溉设施比较差的比重下降至25%;其余占比变动较小。

第三,高标准农田建设后,村小组机耕路状况有所好转。相比于高标准农田建设前一年,受访者认为村小组机耕路状况比较差的比重下降至15%;而认为机耕路状况比较好的比重上升至56%;其余变动较小。

第四,高标准农田建设后,村小组耕地肥沃程度提高。高标准农田建设前,占比23%的受访者认为高标准农田肥沃程度比较差,建设后,比重下降至16%;高标准农田建设前,占比24%的受访者认为高标准农田肥沃程度比较好,建设后,比重上升至30%;其余占比变动较小。

整体而言,高标准农田建设后,村小组灌溉设施得到改善,机耕路状况有所好转,耕地肥沃程度提高,有助于当地农户开展农业活动,提高生产效率,降低生产成本。

(三)高标准农田建设模式

第一,矿山村基本实现高标准农田建设全覆盖。占比高达96%的农户表示建设了高标准农田,高标准农田建设普及率高。

第二,矿山村高标准农田建设绝大部分以"先土地并块再建设"的模式推进。"先土地并块再建设"的模式是国家为解决土地细碎分散问题而提出的一项土地整合措施,通过资源整合的方式实现"小块并大块、多块变一块"的调整。占比高达95%的农户表示,矿山村采用先土地并块再建设的方式推进高标准农田建设,仅有2%的农户表示,矿山村会对土地进行调整但不并块的方式推进高标准农田建设。土地先并块再建设,有助于降低农户家庭承包地细碎化程度,实现地块连片,扩大地块规模,进而提高农业机械应用效率,降低农业成本,推动农业朝着现代化方向不断发展。

(四)高标准农田设施的损坏与维护情况

第一,大部分高标准农田设施出现损坏的情况,农田设施损害程度一般。农田设施出现损坏的农户中,有30%的农户表示高标准农田设施损坏情况一般,29%的农户表示设施损坏不是很严重,但也有29%的农户表示设施损坏比较严重。

第二,绝大部分损坏的高标准农田设施未得到及时维护。其中,70%的受访农户表示损坏设施没有得到及时维护,农田设施维护率较低。

第三,受访农户的责任感较强。一是向村干部或相关部门反映情况力度,高标准农田设施出现损坏的情况,有43%的农户表示会向村干部或相关部门反映情况;二是主动维修情况,有46%的农户表示曾经主动维修过受损的高标准农田设施;三是制止他人损坏高标准农田设施的行为,高达70%的农户表示愿意制止他人损坏高标准农田设施的行为。

二、土地流转状况

土地流转对促进我国农业现代化建设、加速我国农业转型具有重要的作用。土地流转是"三农"问题的核心,农业农村发展、农民增收都与土地息息相关。农村劳动力向非农领域、向城市地区转移,进一步推进土地流转,并且具有向农业大户集中的趋向,有利于推进农业机械化的运用,提高农田耕作效率,进而实现适度规模经营。

第一,大部分拥有承包地的受访农户未进行土地流转,在进行土地流转的农户中,土地转出的比重大于土地转入的比重。在本次调研的矿山村20个村小组170户农户之中,共有52户农户参与了土地转出,占31%,46户农户参与了土地转入,占27%,其中有1户农户既参与了土地转出也参与了土地转入,因此参与土地流转的农户共有97户,占57%。从流转规模来看,此次调研的农户转出土地面积共392.6亩,转入土地面积共1166.8亩,流转面积总共为1559.4亩,对数据进行加权处理后得出结论,所有转出土地农户平均转出规模为7.85亩,所有转入土地农户平均转入规模为25.37亩。

第二,在流转的土地中,流转对象大部分为亲戚朋友。在51户土地转出的农户中,流转对象以邻居为主,占比41%,亲戚次之,占比31%,朋友占比10%。进一步归纳可得,土地转出对象为熟人(邻居、亲戚、朋友)的比重为82%,非熟人占比18%。在46户转入土地的农户中,流转对象以亲戚为主,占比48%,邻居占35%,朋友占7%。进一步归纳得,土地转入对象为熟人(邻居、亲戚、朋友)的比重为89%,非熟人占11%。由此可见,土地流转主要活跃于熟人市场,随着亲疏关系的拉远,流转对象所占比例也在随之降低,这主要受到土地承包者对于流转对象的熟悉认知程度以及交易成本的限制。

第三,受访农户表示绝大部分土地流转形式为口头合约。受访农户在转出土地时,签订书面合同仅有11.8%,65.4%的农户为口头合约,甚至存在21.6%为无合约的情况;而土地转入时,签订书面合同也仅为15.2%,60.9%的农户为口头合约,23.9%为无合约。

第四,土地平均转出价格高于平均转入价格。土地平均转出价格为131元/亩,最低转出价格为0元/亩,最高转出价格为260元/亩,占比约13.5%的土地是零租金转出;土地平均转入价格为117元/亩,最低转入价格为0元/亩,最高转入价格为500元/亩,占比约33.3%的土地是零租金转入。

第五,绝大部分流转土地无固定流转期限。其中,占比约52%的农户无固定转入期限,占比约35%的农户土地流转期限为1~3年,极少数转入期限在3年及以上;占比约63%的农户无固定转出期限,约19的农户土地转出期限在1~3年,约15%的农户土地流转期限在

3~5年,极少数农户土地流转期限大于5年。总体来看,土地流转的灵活性较强。

三、农业生产结构及其投入

农业生产结构,通常是用农业总产值或农业净产值中各业所占比重来表示,也可以从投入方面用农林牧副渔各业所占用的劳动力或资金的比重来说明。种植业是整个农业生产中最大最重要的生产部门。结合矿山村农业发展的实际情况,以下将主要分析种植业生产结构及其投入。

(一)农业生产结构

第一,矿山村农业生产结构以粮食作物为主,非粮食作物为辅。根据矿山村受访农户所分配承包地实际情况和土地利用率可得,绝大部分农户都从村里分配获得了承包地并从事农业种植活动,其中92%的农户选择从事水稻种植活动;绝大部分农田建设了高标准农田并主要从事水稻种植。受访者非粮食作物种植总面积为699亩,平均每户种植面积约4亩,非粮食作物规模较小,平均约占家庭承包地面积的30%。

第二,受访农户的水稻播种总面积占总播种(种植)面积的比重大。水稻播种总面积为4198.3亩,非粮食作物种植总面积为699亩。其中,水稻播种总面积占总播种(种植)面积的83.3%,非粮食作物种植总面积占总播种(种植)面积的16.7%。由此说明,粮食作物种植的比重较大。

第三,大部分受访农户水田种植规模大于旱地种植规模。其中水田种植主要以水稻这一粮食作物为主,播种总面积为4198.3亩,旱地种植主要以油茶这一经济作物为主。约69%的农户在旱地上种植油茶,油茶种植总面积为569.2亩。

第四,绝大部分农户水田面积超过总耕地面积的1/2。水田占耕地的比重集中在50%~80%之间。

第五,在水稻种植模式方面,当地以种植早、晚稻双季稻为主,中稻为辅。占比86.5%的农户种植早稻,占比25.3%的农户种植中稻,占比82.9%的农户种植双季稻,并且存在少部分农户家中,既有种植双季稻的农田,又有种植中稻的农田。

第六,水稻亩产量远高于油茶亩产量,同时水稻亩产市场价值与油茶亩产价值之比约为2∶1。早稻平均亩产927斤,中稻平均亩产964斤,晚稻平均亩产956斤,估算得水稻平均亩产约940斤,根据2021年水稻市场价格,早稻约为1.22元/斤,折合市场价格约为1131元/亩;中稻约为1.28元/斤,折合市场价格约为1234元/亩;晚稻约为1.28元/斤,折合市场价格约为1224元/亩。平均每亩油茶可榨油25斤,根据2021年茶油市场价格,约为30元/斤,折合市场价格约为740元/亩。由此可知,油茶这一经济作物的整体效益不如水稻,矿山村农户大多以水稻这一粮食作物作为主要种植作物。

（二）农业生产投入

农业生产投入的各种要素有劳动力、农药、化肥、种苗和农机具等。以下将以水稻种植为例，进一步分析农业生产中主要要素所占的比重，反映农业生产的实际情况。

第一，水稻平均每亩生产成本在500元左右。其中早稻每亩生产成本为539元，中稻每亩生产成本为500元，晚稻每亩生产成本为561元。

第二，生产成本主要以农药化肥等农资投入为主。每亩化肥投入约占每亩水稻平均生产成本的35%，其中化肥以复合肥和尿素为主，复合肥平均每亩151元，尿素平均每亩42元；每亩农药投入约占每亩水稻平均生产成本的20%，约为111元/亩。

四、农村卫生环境与农业生态环境

（一）矿山村卫生环境状况

村内卫生服务完备，大部分村民对本村卫生环境评价较好。各个自然村普遍都有专门的垃圾收集设施，且有负责卫生环境的人员，本村有进行过环境卫生保护宣传的约占91%；对村卫生环境状况评价比较差的受访村民占5.9%，一般占32.9%，较好占57.1%，非常好占4.1%；对村中生活用水质量评价非常差的受访村民占0.6%，较差的占14.1%，一般的占22.4%，较好的占57.7%，非常好占5.3%。

（二）矿山村农业生态环境状况

矿山村的农业生态条件得到改善，农户生态保护意识有待加强。出于土壤肥力低的原因，74.8%的受访农户选择种油茶树。在农业生产过程中农户普遍采用了耕地保护措施，其中，施用有机肥占64.2%，种植绿肥占5.0%，秸秆还田占97.3%，采用测土配方技术占7.0%，农膜回收占79.0%，采用其他方式的占9.4%；28.7%的农户会有意识地适当减少亩均化肥使用量；63.3%的农户不曾将农药包装丢弃在田间地头，但也仍存在36.7%的农户会将废弃农药包装物丢弃在田间地头；受访村民认为村里废弃农药包装物丢弃在田间地头的现象很少见占7.1%，比较少见占25.4%，一般占21.3%，比较常见占36.7%，很常见占9.5%。

五、矿山村农业农村发展中存在的问题

第一，农业技术培训和非农技术培训力度不够。受访者中，参加农业技术培训的比重接近95%，未参加非农技术培训的比重接近93%。当地村民不仅缺乏与农业相关的知识，也缺乏非农技术方面的知识，主要从经验出发，对事物的认识和理解不足，缺乏对农业生产及

非农就业的判断。

第二，当地村民对互联网等新事物的适应性较差。80%的受访者仍习惯采用传统的购物方式，互联网购物普及率低，当地村民的警惕性强，对新事物的适应能力较弱，智能手机的普及仍有较大上升空间。

第三，人口老龄化与留守儿童问题犹存，受教育程度普遍偏低。调查显示，村庄户籍人口中儿童和老年人口所占比例接近半数，为44%。其中，60岁以上的人口占19%，16岁以下的人口占25%；初中及以下文化程度的村民占比82%，比重过高，而具有高中及以上文化程度的人数占比仅为18%，不足总人数的1/5，突出表明村民受教育程度普遍偏低。

第四，土地承包经营权证颁证率较低。矿山村约84%的受访农户没有土地经营权证。这一现象，一方面反映出农民确权意识的薄弱，另一方面也反映出了村集体土地管理制度有待完善。

第五，高标准农田设施事后维护力度不够。70%的受访农户表示损坏设施没有得到及时维护，农田设施维护率较低。绝大部分损坏的高标准农田设施未得到及时维护。

第六，土地流转管理不规范。一是土地流转形式，绝大部分土地流转形式为口头合约，受访农户在转出土地时，签约书面合同仅有11.8%，甚至存在21.6%为无合约的情况；而土地转入签约书面合同也仅为15.2%，60.9%的农户为口头合约，23.9%为无合约。二是土地流转期限，绝大部分土地为无固定期限流转，其中，占比52%的农户无固定期限转入，占比63%的农户无固定期限转出。

第七，村民生态环境保护意识有待提高。3.3%的农户不曾将农药包装丢弃在田间地头，但也仍存在36.7%的农户会将农废弃农药包装物丢弃在田间地头行为。

第八，经济作物受市场波动影响大。油茶产业未形成产业链，主要依靠社会资本销售，在销售渠道方面有待进一步开拓。种植油茶这一经济作物存在较大市场风险，其中55%的农户表示不愿意继续扩大种植面积。由此可见，除了自然条件的影响，油茶种植还需要考量市场销路、价格变动等诸多因素的制约。

六、政策建议

政府要积极组织农业技术培训和非农业技术培训。促进农业产业提质增效，助推乡村振兴。一是进一步健全机制，扩大培训范围和培训领域；二是改进培训模式，采用通俗易懂的语言，寓教于乐。三是农业技术培训应分类施策，提高技术在不同经营主体中的适用性。政府主要从两方面展开对农户的培训，一部分是针对直接从事农业生产的农民开展主体培训，另一部分是针对需要从农业转移到非农产业，也就是开展农村二、三产业和城镇的富余劳动力的转移培训。政府需要发挥引领带头的作用,采取有效的途径,提高农民农业技术或者非农技术知识。

国家要加大对农村地区互联网基础设施建设力度。一是加大硬件投入,加快农村互联网建设步伐,扩大光纤网、宽带网在农村的有效覆盖,推进宽带进村到组入户,缩小城乡地区间的"数字鸿沟"。二是借助软件辅助,通过"互联网+家庭"的形式,加强对青少年互联网知识的培训与引导,联结亲情的纽带,使得互联网这一新兴事物在老一辈中传播开来。

推动农村治理现代化和社会化服务体系相融合。国家要组织构建自治、法治、德治相结合的乡村治理新体系,加强基层农业人才队伍建设,健全基层农业公益性服务体系,借助信息化平台,提高社会化服务治理效率,协同推进农村治理现代化。政府要重视人口老龄化的问题,在采取"开放三孩"等人口激励政策的背景下,要完善健全养老体系,转变老一辈"养儿防老"的观念,通过"智慧+医疗""医疗+康养"等形式,推动养老产业多元健康发展。

积极引进外来产业,鼓励返乡创业,带动当地就业。促进农村劳动力就业是全面推进乡村振兴的核心内容和关键措施,要多举措并举建立农村劳动力稳定就业的长效机制,实现充分就业。一是引进外来产业,农村地区吸引外来项目投资,需要保障当地充足的人才、资金、技术和资源,要合理开发利用当地资源,制定完善的人才引进政策,注重技术培训,努力吸纳社会资金。二是鼓励返乡创业,特别是鼓励大学生返乡创业,当地政府要完善创业保障机制,增强返乡创业者的信心。扩大就业岗位使得矿山村村民在家门口实现就业,可以减少村庄人口外流,有助于家庭子女教育,减少农村留守儿童。

制定并完善村规民约,加强土地流转管理。村规民约的制定与完善需要让广大村民参与进来,充分发挥村民的积极性和自主性,建立一套完善的奖惩和监督制度。制定合理的土地流转管理办法,转变农户对土地制度的传统认同,颁布土地承包经营权证,提升村民土地确权意识。农地确权有助于规范农村土地管理,缓解农村人地矛盾等社会问题。

加强政务公开,鼓励村民积极行使监督权利。进一步推进农业农村优先发展重大决策信息公开,涉及农业农村公共利益和农民权益重大事项,除依法应当保密外,应主动向社会公布,鼓励村民行使监督权利,激发村民主动参与村集体事务的热情和积极性。

瓷之源、茶之乡，产业融合尤可期
——浮梁之行中的所见所想

邹雨（农林经济管理2103）

2022年6月26日下午两点左右，我们一行人抵达了素有"瓷之源、茶之乡"美称的景德镇市浮梁县，开始了为期7天的下乡调研之旅。踏上这块土地，不得不说我的心情是激动的，这是我第一次跟随着老师同学一起下乡调研，给当地农户发放问卷，近距离倾听他们对于乡村振兴的想法以及反馈农业生产中存在的问题。

虽然浮梁县以"浮梁茶"闻名，但其实当地除了茶树种植之外，还有着水稻、花果种植等，另外当地的旅游景区发展也颇有前景。

我们此次下乡调研的目的地主要是景瑶线上的王港乡、瑶里镇、鹅湖镇以及蛟潭镇、浮梁镇。在调研过程中询问到当地的水稻种植情况时，当地许多农户都表示，即使是在农业补贴政策的支持下，从水稻种植中获得的收益依旧非常有限。在王港乡进行调研时，当地一位受访对象表示，种植水稻收益不理想，因而他选择将土地流转出去。水稻从播种到成熟需要经历播种、育秧、整地、栽插、灌溉、施肥、喷药、收割、晾晒等过程，投入成本不断增加，而且依然是"靠天吃饭"的产业，不利于提升农户种粮的积极性。

在此次调研中，我们也经历了几天大雨天气。倾盆的大雨使河流水位上涨，甚至淹没了部分农田以及地势较低的房屋。这反映出水稻种植农业方面受天气影响具有不确定性。在此情形下，我们不得不思考农田的水利设施建设是否到位以及农村的排水系统建设如何，毕竟每一次受灾都是农民农村经济利益的损失。这个问题的解决，则需要政府来主导，增加对于农村排水系统建设的拨款金额、完善排水系统建设，加快推进高标准农田建设以及对受灾农户给予一定的补贴并形成相应的补贴政策。

同时在我们下乡调研的几个乡镇中，我们也发现一个较为明显的问题——务农人口老龄化。我发放问卷的对象中务农人员年龄大多在60—75岁。当现在这代务农人员老去，劳动能力减弱，我们的土地又该由谁来耕种？针对这个问题，我认为一是政府要高度重视务农人口老龄化问题，鼓励农民将承包的土地向专业大户、合作农场和农业园区流转，发展农业规模经营，将零散的土地集中起来从而便于管理和机械化操作。二是要依托政府、企业、合作社等加强农业技能人才培训,以实用技术、技能培训和创业培训为重点,培养建设一批"懂理论、有技术、敢创新"的高素质农业从事人员。三是要加强支农惠农政策支持力度,在技术、资金等方面给予支持,维持农户继续从事农业生产活动以及促进农业科研人员的知识成果向农业成果转化。如地方农业发展银行要加大资金投入,在综合考虑贷款农户条件的情况下,适当放宽该项政策的放贷条件,落实贷款支农惠农政策;地方政府要加大农业补贴力度,招聘专业技术人员为农户提供一定的技术指导以及提高对农户购置农机的补贴金额,减轻农民经济负担。四是因地制宜加快推进高标准农田建设,提高机械化水平同时建立高标准农田建后管护机制,加强建后管护力度。在调研过程中,我们发现大部分乡镇都进行了高标准农田的建设,高标准农田建设主要目标是改善和增强农田灌溉和排水能力,节约灌溉水量,增加机耕面积,全面完善建设区农田基础设施,大大增强农田防灾抗灾减灾能力,实现"旱涝保收"和"高产稳产"。不过据农户反映,当地的高标准农田建设后存在着一些问题,如在建设过程因为地势问题导致雨季水流倒灌淹没部分农田。因此在推进高标准农田建设时要注意因地制宜,补齐已修建高标准农田建设的短板,真正实现"旱涝保收",使"藏粮于地,藏粮于技"战略落地生根。

乡村振兴,关键在人。农村发展缺少人才,这似乎是一个值得深思的问题。因为农村经济发展有限,各方面发展都不如城市,从而缺乏对人才的吸引力,人才流失;农村人才总数较少,又使农村农业无法进一步发展。如何去吸引人才回到农村发展经济?针对这个问题,我认为一是需要建立奖励机制,以物质奖励或荣誉称号吸引更多人才投身农业农村,引导和鼓励青年大学生、专家学者以及优秀企业家等有识之士为家乡发展献计出力,带着项目或成果,参与农村经济建设发展。二是要加强高校与农村发展的联系,鼓励高校优秀学者以及科研队伍到农村发展一线,将理论成果转化为经济动力,带动农民农村发展,推动乡村振兴。三是需要完善当地的基础设施建设,尤其是公共交通方面,如开通县城到周边乡镇的公交路线、增加公交车时发班次。交通便利是影响人才流通的一个重要原因,尤其是在当下大部分人都倾向于生活在经济更为发达的地区如县城以及目前汽车油费上涨的情况下,公共交通便利更是不可忽视的问题。在我们下乡调研的途中,我发现从浮梁县到部分乡镇并没有公交车通达,只有班车,而班车的价格往往较高,这无疑是加重了出行成本,限制了县城或市区的人才向周边部分乡镇的流动。四是要落实人才政策,做好"引、留、育、励",以人才政策优惠引进、留住人才,以较好的发展平台及人才培养计划培养人才,以物质奖励或荣誉称号等激励人才发展,营造良好氛围,进一步优化人才服务环境。浮梁县对外来人员以及高校毕业生都实施相应的人才政策,但与大城市相比吸引力依旧有限,因此可以将当地生态文明发展作为一个闪光点,适当宣传,吸引外来人才在当地落户。

这次下乡调研给我带来的更多是个人方面的成长。我是一个比较内向羞怯的人,但在这次下乡调研活动中,我学着和其他同学相处,也遇到了不少志趣相投的小伙伴。同时在发放问卷的过程中,我尝试着和当地的村民进行沟通交流,更是锻炼了我的胆量和表达能力。通过与当地村民的交流以及与各个乡镇政府的座谈会,我感觉自己前所未有地贴近农民农业农村,了解目前农村农业发展的现状和困境,忧农民所忧,乐农民所乐,去思考那些我们习以为常却从未深究其原因的问题。今后我会更加关注"三农"问题,关注农村农业农民发展的方方面面,以自身绵薄之力,助力乡村振兴。在这次调研过程中,老师带领我们去到浮梁县的部分景区,如去瑶里镇的瑶里风景区感受古镇风光、去鹅湖镇的"高岭·中国村"景区观看"茶海"、去中国陶瓷博物馆领略陶瓷之美……这些不仅拓宽了我的视野、增长了我的见识,也提升了我对美的感知力,培养了我正确的审美观。这次下乡调研活动给我最大的感触是只有经过实地考察、认真调研才有发言权。正如老师常说要将理论与实际相结合。我觉得我们农经管学子更应将此落到实处,贴近农村农业农民发展,像一粒种子,既要向下扎根,贴近农民农村生活,又要向上开花,在调研的过程中有所感悟并形成自己的一些想法,为乡村振兴贡献自己一份微薄之力。

政府主导、村民主体、社会参与
——浮梁县鹅湖镇人居环境整治扎实有效

黄静萱（农林经济管理2103）

中国特色社会主义乡村振兴是在新时代背景下提出的又一项重大战略部署，其中生态宜居是内在要求，事关广大人民的民生福祉，而人居环境整治又是乡村振兴的重要内容。关于人居环境整治，中共中央办公厅继2018年2月发布《农村人居环境整治三年行动方案》后中央中央办公厅、国务院办公厅又于2021年12月发布了《农村人居环境整治提升五年行动方案（2021—2025）》，在三年行动方案期间，人居环境整治在我国得到了大范围普及，各地陆续开始进行厕所革命、河道治理和生态修复等工作。而如何让这项普及性工作成为一项高质量、高效率、高成效的工作，便是提升五年行动方案期间需要关注的问题。人居环境整治，政府起主导作用，村民是参与主体，社会参与提供资金保障。因此我认为，在提升五年行动方案期间，应当全面完善政府主导、村民主体、社会参与的多元化协调机制，只有这样，人居环境整治才能避免表面工程，实现长效发展。

2022年6月29日上午，乡村振兴试验班生态宜居小组在指导老师廖冰博士的带领下来到了鹅湖镇开展座谈交流会。在交流会上，镇相关领导对当地的产业发展以及人居环境整治情况进行了详细的介绍，让我们对政府主导、村民主体、社会参与的多元化协调机制的建设有了更深层次的理解与思考。

在交流会上鹅湖镇政府领导介绍道，当地在进行人居环境整治的过程采取了政府主导、群众参与的模式，当地成立了理事会，其中理事会由村内党员组建。由理事会进行主导，能够很好地调动村民参与的积极性，并表示村民参与的积极性较高。随着交流的逐渐深入，我了解到鹅湖镇处于景瑶旅游线上中心位置，是商贸中心，由此我不禁对领导提出我的疑问："当地是否可以通过进行茶旅融合来形成稳定的资金来源，从而实现不依靠政府的资金投入就能实现人居环境整治长效发展？"镇政府领导回答道："茶产业景区的建设基本上是由政府来支撑，需要完善各种基础设施建设、招募工作人员、关注后期维修，投入很高，但收入较低，因此此类旅游产业很难为人居环境整治形成较为稳定的资金来源。"

综上所述,我发现鹅湖镇当地进行人居环境整治只发挥了政府的主导作用,村民的参与只是停留在不损害自身经济利益的情况下,以眼前的利益为先,没有发挥自身的主体作用,没有意识到人居环境整治从长远来看符合的是人民大众的利益,即他们自身的利益。同时,鹅湖镇的产业力量即社会力量对当地人居环境整治所发挥的作用也是微乎其微。因此我认为,找寻方法来充分调动农民的积极性、让他们以主体身份参与到人居环境整治行动当中去,同时加强当地旅游产业的发展从而为人居环境整治提供资金支持是鹅湖镇未来五年亟待解决的问题。

人居环境整治,村民是主体。鹅湖镇村民虽然对于人居环境整治参与度较高,但那或多或少是建立在理事会带头的基础上,倘若没有理事会带头,那么村民的参与的积极性如何?换言之,有多少村民是由于本身就有主体意识从而积极响应理事会号召的?因此,应当加强鹅湖镇当地村民的主体意识,发挥主人翁作用,让他们更加自觉地参与到人居环境整治当中去。

加强村民的主体意识,一是要加强对村民的认知教育。可以采取以开展宣讲会或者村干部走访到户的形式向村民介绍国家对于乡村振兴和人居环境整治的政策与举措,让村民知道什么是乡村振兴,什么是人居环境整治,以及这些举措的意义。在浮梁县为期七天的调研中,我发现各个村中居住的村民以中老年人为主,因此中老年人成了发挥村民主体作用的重要力量。但中老年人文化水平有限,大部分人群不能正确清晰地认识何为人居环境整治、人居环境整治是干什么的、人居环境整治有何意义,甚至于完全不知道什么是人居环境整治,这就导致了这部分本该成为重要力量的人群不愿意参与到整治当中去。如此循环往复,人居环境整治便始终不能落细落实。而通过对这部分村民进行宣讲介绍,让他们知道人居环境整治为的便是广大村民的利益,从而让他们自愿参与到其中。有了村民的参与,整治的效果得到提升,从而进一步带动其他村民加入。通过形成这种带动效应,让更多的村民认识到人居环境整治的益处,从而加强他们的主体意识,促进人居环境整治的长效发展。因此在进行人居环境整治时,关注乡风文明也显得尤为重要。对村中具有良好家风、良好美德、大公无私的村民进行表彰并将其事迹在村中进行宣扬,树立榜样,供其他村民学习,从而在潜移默化中提升素质,杜绝过分个人主义,自觉参与到人居环境整治这类公共事业当中去。

加强村民的主体意识,二是要吸引农村剩余劳动力回乡。在我国现行的教育机制下,大学生毕业后纷纷前往城市寻求发展,一部分由农村培养出来的高素质人才也因为薪资和发展前景而前往城市。根据第七次人口普查数据,全国共有141178万人。其中:居住在城镇人口为90199万人,占63.89%;农村人口为50979万人,占36.11%。与2010年相比,城镇人口增加23642万人,乡村人口减少16436万人,城镇人口比重上升14.21%。在乡村振兴战略的背景下,农村剩余劳动力转移有其重要意义。乡村振兴需要人才振兴。农村剩余劳动力转移不仅能将农村的人才留下来,减少农村人口的外流,而且能够激发乡村的活力,促进人才振兴,为乡村振兴提供人才保障。同时农村剩余劳动力回村发展,为人居环境整治建言献策,也有力地发挥了村民的主体作用。

鹅湖镇在发展当地产业如开展"大唐茶市"或"游客服务中心"时,可以考虑优先录用当地有能力的剩余劳动力。对于一些能力不足的劳动力,对他们先开展课程培训后再依情况进行录用。这样不仅解决了农村剩余劳动力的就业问题,将更多的青年人留在了家乡,为人才振兴打下了基础,有利于进一步发挥村民的主体作用;同时依托青年人对家乡的乡土情怀,也可以促进当地产业的长足发展。

鹅湖镇当地应当依据当地的产业特色与地域特色,将已有的企业壮大,在全国甚至全世界范围内打响知名度;同时依托5G时代的到来大力发展新兴产业,例如线上果园、线上茶园、抖音助销、VR制陶等,以多元化方式助力鹅湖镇产业发展,让外出务工的青年人看到家乡的蜕变与发展,从而返乡务工、返乡创业,让鹅湖镇充满更多年轻的血液,有利于村民主体性的发挥。

引导社会资本参与人居环境整治,强化资金保障。没有资金,人居环境整治寸步难行。当我问到仅由政府对当地资金的投入是否足以支撑得起像"厕所革命""河道治理""生态修复"这样的大工程时,鹅湖镇政府领导表示当地会根据政府的资金投入来定标。也就是说,政府投入的资金并不能总是完全满足全方位人居环境整治的需要。因此为了保证人居环境整治的普及性,不仅仅需要村民发挥主体作用主动参与到整治当中去,而且还需要构建社会产业与农村之间的资金循环链,形成农产互助的双赢模式,从而盘活农村经济,为人居环境整治提供持续有效的资金来源。而对于鹅湖镇这样一个有着茶园面积一万余亩的生态绿洲和瓷都门户而言,找寻正确的路径,大力发展旅游业,不失为一个助力经济的良策。

浮梁自古就是重要的茶产区,产茶历史悠久,被誉为"世界瓷都之源,中国名茶之乡"。鹅湖镇要想开发出独具特色的旅游模式,不仅仅需要开发出茶山茶园观光类的旅游模式,还需要挖掘当地的茶、瓷特色,将当地的茶文化与瓷文化有机地结合起来,从而借茶和瓷之名,形成特色茶、瓷文化旅游景区,在全国范围内打响知名度。

于鹅湖镇而言,人居环境整治路阻且长,将其落实是未来提升五年行动方案要密切关注的。在此过程中,政府作为主导者与组织者,应当将理事会进行保留,并最大限度地发挥其职能,从而积极动员农民参与到人居环境整治当中去;与此同时加强对当地农民主体意识的培育,让农民自觉承担起无私奉献力量、构建美丽家园的责任;应当积极发展社会产业,深入挖掘当地茶产业和瓷产业特色,从而助力当地旅游产业振兴,形成可持续的多元化资金来源,让人居环境整治高质量发展。

  纵使鹅湖镇人居环境整治路阻且长,只要全面完善政府主导、村民主体、社会参与的多元化协调机制,又何惧长路漫漫!

访千年浮梁，听百姓心声

邝霞（农林经济管理 2101）

2022 年暑假的社会实践服务活动在大家的努力之下圆满结束，炎炎烈日，我们不怕似火的骄阳，深入农村调查；滂沱大雨，我们不顾打湿的衣衫，迈着坚定步伐走向农村。2022 年 6 月 27 至 7 月 1 日，我们分别在王港、瑶里、鹅湖、浮梁、蛟潭等 5 个乡镇发放问卷。镇干部、企业、高校大学生、农户四位一体，采用发放问卷的形式，实地走访了解当地居民的实际情况。为了节省时间、提高效率，队员们吃完午餐，便开始实地问卷发放，无惧烈日，无惧暴雨，无惧路途遥远，从胆怯羞涩到自信满满，7 天的调研之旅见证我们的成长。

在问卷发放的过程中，我也了解发现了一些问题。

老人的养老问题。在瑶里古村调研的时候，我访问了一位 70 多岁的老奶奶，家中只有她一人，三个女儿早已出嫁，都在外地工作生活，奶奶平时的生活保障就靠养老保险，每月一千元，偌大的房子空空荡荡，当时奶奶说，过几天外甥放暑假就会过来这边玩几天了，脸上是藏不住的喜悦。就个人观点而言，在经济条件改善的情况下，在外务工的儿女首先带走的是留守在家的小孩，老人依旧留守在家中，所以留守老人的问题值得重视，当下中国的养老主要以家庭养老为主，政府辅助帮扶，如蛟潭镇的敬老院服务，基础设施完善，生态环境优美，年满 60 岁无儿无女的老人可免费安排入住，营造良好的乡风文明。而在农村，大部分的情况却是年轻劳动力外出务工，家庭养老缺失，留下老人独守农村，物质或许不缺，但是精神关爱却极为缺失，如何更好地处理农村养老问题值得探讨。就当下社会大背景下而言，中国人口基数多，老年人口不断增加，单单依靠政府养老负担过重，受中国传统孝文化的影响，所以还是需要以居家养老为主，发挥机构养老、社区养老的作用。三位一体，协同发展，构建养老保险三支柱体系，促进养老产业融合发展。

村规民约的普及问题。2017 年《中共中央 国务院关于加强和完善城乡社区治理的意见》中指出"充分发挥自治章程、村规民约、居民公约在城乡社区治理中的积极作用，弘扬公序良俗，促进法治、德治、自治有机融合"。但是我们在走访的过程中发现，大多数村民都不知道、不了解当地的村规民约，但其实大多数的乡镇政府的外墙处都有张贴村规民约。那村规民约为何没有落地生根呢？就个人观点而言，究其原因有以下三点，一是村规民约的制订没有充分发挥村民主体作用，在访问中发现，在村规民约的制定过程中村民并没有参与进来，同时也发现大多数村民是被动参与基层治理，而不是自发主动参与到公共事务的管理之中，基层治理也仅仅局限于投票选举，没有更进一步的参与。所以其制定的村规民约没有充分发动群众，没有获得更加广泛的民意认可。二是村规民约的内容过于繁杂，村规民约的内容应当根植于乡土社会，村规民约作为民间自治法律，应该充分体现其乡土性、自生性，其内容要贴近乡土生活的实际，因地制宜、因时而变。三是部分村规民约的实施无法得到村民的自觉认同，过于空泛虚化，与村民切身利益关系不大，村规民约的实施需要与村民关心的问题紧密结合，如此会得到村民的广泛支持，极大地提高其实效。加快推进乡村治理能力和治理体系现代化，充分发挥村民基层治理积极性，坚持党的领导，发挥政治引领作用，助力乡村振兴发展。

水利设施的修建问题。当地部分田地虽然缺水，但由于地势原因，洪水多发。在一名农户家中，他指着墙上新粉刷的痕迹，说就是前几年发洪水到达的位置，已经大致将第一楼层完全淹没，足可以见当地饱受洪灾侵袭。在调研期间刚好也遇上突发大暴雨，滂沱大雨淹没了马路，浸没了农田里辛苦劳作的庄稼，损害山腰上种植的果树。虽说农业生产是靠天吃饭的，但是还需要多方努力、多管齐下，兴修大坝，整改沟渠等等，更好的抵御洪灾侵袭。政府部门要发挥主导作用，加强领导，广泛发动，制定扶持政策，层层落实责任；当地政府要多方面筹集资金，加大资金投入，在积极争取上级补助资金的同时，充分发挥政府财政资金的引导作用，拓宽融资渠道，多方筹集资金；让村民积极主动地参与到水利设施的管理与维护中，将农民切身利益与水利设施相联系，提高水利设施利用率，最大限度地发挥农田水利设施在农业生产中的作用。多方协同努力，促进水利设施的发展，保障村民的生命、财产安全，为村民谋幸福。

人才流失问题。乡村要振兴，人才是关键，人是生产力中最积极、最活跃、起主导作用的要素。据蛟潭某位镇干部说，当地发展了艾草产业，由于人工收割成本太高，便采用机械收割，政府购买了相应的机械，但是当地却找不到会使用该机器的技工，所以如何更好地留住人才、吸引人才乡镇基层政府还需要做出努力。加大人才引进优惠政策力度无疑是首选方法，但是对于一个普通镇政府而言，产业发展一般，资金并不富裕，加大人才引进优惠政策力度说的容易，做起来却难。这些需要上级政府的帮扶，如在城乡人才引进政策中加大对乡镇人才引进政策的倾斜力度，加大优惠政策；加大当地新型职业农民的培育力度和农村专业人才队伍建设，将引进来与走出去相结合，发挥其内生动力。

在瑶里调研期间，我们来到蚂蚁乐园生态农庄考察学习，了解当地特色旅游业的发展方向及创新理念。蚂蚁乐园打造独具特色的蚂蚁窝、松果窝、鸵鸟蛋,配套基础设施完善,排污管道建设合理,并没有因为靠近河流就向河流排污。并且在不破坏一草一木的前提下,从理念、经济、技术、行动、文化等多重维度进行建构,形成契合人与自然和谐共生的有机整体,走出乡村旅游的千篇一律,走向瑶里的特色旅游。在问卷发放的过程中,我们进一步了解到三色瑶里古镇之美,古村落的建筑保护完整,真正体会到"小桥流水人家"之美,当地还有新四军瑶里留守处暨红领巾讲解员实践教育基地,我们来到之时,当地导游正带领着一批游客参观学习,充分发挥红色古迹之作用,延续红色血脉,传承红色精神。在古村落中还分布着几家出售陶瓷制品的小店,小饰品活泼可爱,茶具摆件古色古香,无愧"瓷之源"的称号。在鹅湖调研期间我们来到高岭·中国村参观浮梁茶海,茶园采用茶旅融合的发展模式,发展茶产业的同时发展旅游业,茶园不仅种有茶树而且还开辟出高岭花田供游客参观,望着一望无边的茶田,心情舒畅,马路上还镶嵌着独具特色的陶瓷圆片,远处山脉氤氲着雨后皑皑雾气,空气沁人心脾,生态环境优美。乡村旅游是促进乡村振兴发展的新动力,一是助推农村产业结构的优化和调整,由传统的第一产业向二、三产业转变,由传统的种养殖经济向多种经济转变,以乡村旅游业为中心,带动餐饮、服务、农副产品加工等产业。二是助推村民增收稳收,发展乡村旅游扩宽村民收入方式,加快村民增收,多种劳动方式保障收入,减少因天灾而带来的收入损失,保障家庭收入稳定。三是吸引在外务工人员返乡创业,有效缓解土地抛荒,留守儿童,孤寡老人等问题,促进和谐乡村发展,同时也有效缓解了当地人才流失问题,二者相互促进、相互发展。促进乡村旅游发展,以产业兴旺促进乡村振兴,共绘美丽乡村画卷。

  此番调研给我印象最深的就是当地的生态环境,每个乡镇的生态环境都非常好,乡镇政府对于环境方面的投入力度也极大,所见皆绿色,处处好风光。马路上没有随意丢弃的垃圾,村民们居住的院落也打扫得很干净,门前菜园里大都种了一些蔬菜和果树,生机勃勃,鸟语果香。当地独有的陶瓷特色,围墙、马路、路灯都会用陶瓷装饰,满满陶瓷风格,最后一天大家一起去参观了中国陶瓷博物馆,从旧石器到近代的陶瓷作品,琳琅满目,目不暇接。

  此次暑期"三下乡"社会实践服务活动我们探索出"党建+政府+高校社团+企业"的协同育人新模式,助推浮梁县王港乡、瑶里镇、鹅湖镇、浮梁镇、蛟潭镇乡村振兴战略实施以及对科技、教育、文化、卫生各项事业做出了力所能及的贡献。时光总是过得飞快,不知不觉此次旅程已经接近尾声,在为期七日的下乡实践活动中,我们深入基层,实地考察调研,倾听百姓心声,厚植三农情怀,做到亲农爱农,追寻经世济民之理想。

走进浮梁古镇,探寻乡村振兴之道

卢苗苗(农林经济管理2101)

浮梁县是江西景德镇市下辖县,位于江西省东北部,被誉为"世界瓷都之源,中国名茶之乡",2020年被生态环境部命名为第四批"绿水青山就是金山银山"实践创新基地,获得"中国天然氧吧"称号。这样的浮梁令人心驰神往,怀揣一颗崇敬之心,我跟随廖冰老师和吴晴老师和由"乡村振兴班生态宜居组"和"大学生经济研究协会"组建的"乡村振兴服务团"于2022年暑假来到了浮梁探寻这里独特的乡村振兴之道。

一、以历史为品牌,以产业促振兴

忠于职守当公仆,求真务实为高效。习近平总书记指出,"现代高效农业是农民致富的好路子。要沿着这个路子走下去,让农业经营有效益,让农业成为有奔头的产业。"[①]但随着城市扩张,农村人口不断流失,以至于许多农村都出现了空心化问题。蛟潭镇也是如此,缺少劳动力,缺少人才,成为了制约蛟潭镇产业发展的突出瓶颈。但是为了实现乡村振兴,蛟潭镇政府推动中药材和其他特色农产品种植,整合农田,并提高生产、加工机械化,延长产业链……经过一系列努力,越来越多农民加入种植中药材的行列中。由政府联系当地种植大户,支持种植大户带头种植艾草,再向其他农户展示艾草种植、经营特点和益处,鼓励其他农户一同种植。在这其中总结出一条正确的道路——先试点,后推广;先富,带动后富!

高岭村发展成功之处在于它寻找到了适合自己的发展之道——农旅融合。水果、蔬菜、茶叶和水产品是中国具有出口优势的农产品,虽然现在水产品、果蔬出口增长放缓甚至下降,优势正在减弱,但茶叶则继续保持快速增长趋势。江西地形以江南丘陵和山地为主,山地中间环绕着鄱阳湖平原,具有得天独厚的种茶优势,其中浮梁县更是"天之骄子"。高岭村正是凭借优越的地理条件、气候环境发展茶产业,打造出国际茶叶品牌,带动当地农户种茶致富!由黑猫集团推进鹅湖镇高岭村发展绿色生态、做好产业转型,打造集生态农业、瓷茶

---

① 努力走出一条农民致富的好路子,https://baijiahao.baidu.com/s?id=1775159214842311518&wfr=spider&for=pc。

文旅、运动康养三位一体的特色产业。高岭村凭借独有的历史文化,打造出自己独有品牌,并宣传推广到世界,将浮梁茶之名响彻世界!在这其中又总结出一条乡村发展之路——实现乡村振兴、乡村高质量发展,需要挖掘自己的特色、打造独有品牌、并加以宣传和推广!

二、致力生态宜居,保障生活品质

生态宜居要坚持以人民为中心,关注村民对美好生活的向往,对标高质量发展,促进农文旅融合,才能保障村民生活,走出生态美、产业兴、百姓富的乡村振兴之路。浮梁古县衙始建于唐朝元和十一年,借助历史文化,现在打造成了4A级景区。现在的古县衙既保持了衙门特有的威严气势,又不失江南庭院的素雅、秀丽之美——农户区房屋采取徽派建筑、白墙黑瓦,古县衙维持其原有的古色古香。自发展旅游业后,浮梁古县衙加大力度改善当地基础设施,以至于各项公共设施都得到了新建或者修缮,但部分农房还有待改造。尤其在近几年浮梁镇都遭受了严重的洪涝灾害之后,农房修缮变得刻不容缓。

三、家风乡风齐建设,搬迁生活有保障

在调研中我们也遇到了许多感人事迹,或大或小,但都在我们的心里留下了难以磨灭的印迹。在前往瑶里乡时,一位头发花白的奶奶坚持要给我们学生让座;一对对金婚老人向我们讲述了他们风雨同舟六十余年的爱情故事;小学课堂里的孩子会羞红着脸,甜甜地喊一声"老师!"……看似生活琐事,平淡无奇,但实际上正是良好家风、乡风的证明!

对于村民来说,搬迁是一时的事,但是居住是一辈子的事。在我们调研走访期间,我们发现在王港村里有许多异地搬迁户,他们或因为老城改造或因为修建水利工程或因为自然灾害导致原居住地无法继续居住,最终从五湖四海汇聚到了王港村。整洁的村庄、崭新的房屋、友善的村民,许多异地搬迁户都表示出了对现有居住环境的满意与对现有生活质量的肯定。但是通过观察,我发现仍然有一部分村民对村庄归属感不高,具有"主动排外"心理。具体表现在问卷调研中——当问到一些关于村庄基本信息的问题是,部分异地搬迁户会马上矢口否认自己是该村庄的居民,并说明自己是从何年何月因何种原因搬迁到这里,以表示自己并不了解村庄的基本情况。良好乡风是包容的、宽厚的,而异地搬迁户不应该成为森林中的孤木,汪洋里的孤岛!

为了更好地提升异地搬迁户的获得感、幸福感,提高异地搬迁户归属感,我认为可以从管理、服务、就业三个方面入手,三管齐下。第一,建立党群服务站,提高办事效率。村中党员、干部可以发挥纽带作用,使异地搬迁户对村庄态度更加亲近。党群服务站,可回应异地搬迁户在村庄的各种合理诉求,精准掌握每一位异地搬迁户的情况,在异地搬迁户遇到各种

问题如户籍未及时迁入、养老医疗还在原住所、回原住所办事成本高时能够及时解决,以防诉求无门、诉求无果情况出现。长期党群服务站也可以提高当地村庄办事效率,不仅是方便异地搬迁户,所有村民都可从中受益。第二,完善公共设施,扩大服务项目。大部分村庄已经完善了各项公共设施,但是它的使用率却还有待提高。很多村庄拥有设施单一,只是一些简单的娱乐设施,部分设施还存在年久失修的情况。如果将这些原有公共设施建设完善、充分利用,既可以增进异地搬迁户和当地村民之间的感情又可以提高村民的文化素养。建设老年、儿童活动中心,内设多样活动器械,并定期维护还可以丰富村民生活。第三,多产业共同发展,多效并举促就业。异地搬迁户在新村庄发展,需要有自己的事业,这是他们在新村庄立身之本。除去一般水稻种植,搬迁户们还可以采取种植果树、草皮、茶叶等经济作物,也可以从事其他非农工作。保障每个家庭至少有一个稳定收入来源,可以增强搬迁户在当地发展的信心,提高农户的获得感!

四、聚焦治理有效,实现当家作主

在调研中,我观察到了两个有意思的现象:一是如果调研员会说当地方言,那么农户回答问题积极性会明显更高;二是如果农户家中有高级知识分子,农户配合程度也会更高。用乡音沟通对于村民来说,他会认为自己和调研员之间存在某种亲属关系或者是"老表"关系,会对调研员感觉更加亲切,从而更加配合。在调研中,如果遇到有大学生在读或已毕业的家庭,农户们会更加积极配合我们调研。因为他们也会思考自己的孩子会不会也需要下乡,将心比心之下,他们配合调研意愿会更高。我想这也是由于文化素养的不断提高与知识分子的作用和影响下共同形成的结果,同时也说明了人才在乡村振兴中的重要性。

在实施乡村振兴战略中,党中央提出了建立"党委领导、政府负责、社会协同、公众参与、法治保障"的现代乡村社会治理的目标。想要实现这个目标,必须村民干部齐心协力、同舟共济,其中更是离不开人才发挥其作用和影响。但是大量村庄存在空心化问题,既不能留住本村人才,更难招来外来人才,人才缺失也使得乡村振兴任重道远。由于城乡收入差距客观存在,注定了城市相较于农村吸引劳动力更具有天然优势。但是大量高素质劳动力流向城市,导致城市就业压力大、就业难度大,同时也使城市环境、人口负担、交通压力、住房压力、教育压力等不断加大,但与此同时,农村人才缺失依旧。

五、拓宽增收渠道,脱贫致富奔小康

而此次在浮梁县的调研中,不少水稻种植大户也指出,由于水稻出售价格过低、生产成本过高,水稻生产基本长期处于亏损状态,愿意从事水稻经营的农户越来越少。

虽然政府提供了大量政策来补贴农业生产,但是在调研中表明愿意坚持从事农业生产的农户还是少之又少。在调研中我发现主要原因如下:一是地理环境不适宜。在王港村时,当地农户指出由于田地地势高于河道,于是水稻种植难以得到足够灌溉。二是农业生产风险过大。在水稻种植过程中,不仅面临着自然灾害导致减产的风险,还可能面临野生动物侵袭、病虫害。像是野生动物侵袭中的野猪,对庄稼破坏力极强但是又是国家保护动物,最后导致农户们左右为难、想要防治也无从下手。三是机会成本过高。随着我国工业的不断发展,大量工厂从一线、二线城市搬迁至三线、四线城市。与此同时,更多的村民可以就近找到合适工位,从事非农工作。这样的话,村民不需要担心农业生产所面临的各种风险,并且可以获得和农业生产相同或者是更高的收入。过高的机会成本迫使农户们放弃水稻种植,从而从事非农工作。

针对以上问题,我觉得可以采取以下几种措施解决。一是善用金融服务。购买农业保险对于规避种植风险十分有效。随着保险业发展,保险种类越来越丰富,保险范围越来越广,银行也增设了越来越多农业险。二是提供学习平台。中国幅员辽阔、地形复杂多样,可以开设临近乡镇之间农户交流学习大会,大家一起探讨在农业生产中遇到的问题,借鉴相似地形中好的解决办法。三是规范农产品价格。中国人口占世界近1/5,粮食产量约占世界1/4,庞大的人口基数意味着我们必须依靠自身力量来保障我国粮食安全,确保人人都能吃上饭,所以一直以来农业生产追求的都是降低农产品价格。粮食安全与所有人民切身利益息息相关,所以稳定粮食价格、保障粮食安全正是对人民负责、保障人民切身利益的重大举措。目前,我国粮食价格主要是依靠国家来调控,但同时也受全球粮食供需形势、国内粮食种植情况、城市化发展等诸多因素影响。

六、青葱少年会浮梁,蛟潭干部话未来

在各个乡镇的座谈会中,我明白了下乡调研的真正意义——培养学生"三农"情怀、促进新一代大学生的全面发展、为乡村振兴输送人才。我想农村之所以难以留住人才,也许正是由于"三农"情怀的缺失。诚然,都市的繁华固然令人向往,但乡村的宁静致远亦是别有一番风味。作为青年学生们,我们要清楚自己想要成为一个什么样的人、想要去成就一番怎样的事业。我们来到各个乡镇是去了解在乡村发展中的巧妙之处与美中不足,在调查培养出"三农"情怀,在实践中茁壮成长。心里有丘壑,方可震山河!

实施乡村振兴战略，建设乡村新天地

黄慧玲（农林经济管理2102）

2022年暑假，我第一次到乡间实践调研，我的心情既激动又紧张。跟随着老师和同学们的步伐，每一天我都过得很充实，收获也很丰厚。每一次调研活动结束，将要乘车从乡间村镇回到县里时，我看着窗外田间的风景，我在思索着廖冰老师向我们提出的两个很值得思考的问题——什么样才叫乡村振兴，什么样的农村才叫现代化农村。我想，乡村振兴的评判标准应体现在五个方面——产业振兴、人才振兴、文化振兴、生态振兴和组织振兴。

一、产业振兴：乡村旅游业的发展现状

乡村旅游是文旅产业的一个重要分支，是推动乡村经济发展的新型产业手段。随着旅游经济的发展，乡村旅游在全国各地遍地开花。不少乡镇也在挖掘自身旅游资源，建设旅游景点，希望借乡村旅游之力助推乡村发展，但是不少地区发展的情况并不是十分理想。我们调研了浮梁县知名景点瑶里镇，"以小见大"地观查了乡村旅游的发展情况，并且借鉴瑶里经验，发现存在的问题。

瑶里镇的建设成功经验是打造特色景点，在特色景点的基础上创新发展项目。不少农村地区景点尚未发展起来，很重要的原因就是同质化严重，乡村景点虽然多样，但只一味地模仿成功的乡村旅游项目，而没有在自身特色的基础上发展出独具一格的特色旅游产品，导致游客审美疲劳，旅游体验感差，继而在旅游市场上的竞争力不强。瑶里镇打破同质化，将瓷茶文化融进古镇，同时寻找新型乡村旅游发展方式。我们考察了瑶里古镇和瑶里新发展但的"蚂蚁下乡"特色旅游项目，该项目创新采用"蚂蚁窝"的新奇理念来设计特色酒店等设施，这很好地为瑶里乡村旅游发展提供新活力。

瑶里镇在发展方面也存在几个问题。一是基础设施建设问题，交通的不便利，五个乡镇之间仅有客车一种公共交通方式沟通，且不少道路狭窄，路况较差，这很大程度上打击了游客的积极性，影响了其旅游体验。二是古镇保护问题，后续随着旅游的深度开发与现代经济文化的冲击，古镇和传统村落如何保护下去？保护好传统古村落的旅游资源，结合传统村落

和古建筑旅游发展的实际,划分清瑶里相关利益主体的权利与责任,共同建设瑶里,可以借鉴国内古镇旅游项目保护与开发措施。

浮梁县乡村旅游发展也存在着一些的问题。例如知名度不高,大多数乡村旅游发展规模小,但知名度尚未打响,无法吸引游客,客源少,不能得到很好的旅游收益。还有项目基金问题,在问及本乡镇的乡村旅游是否可以借鉴其他成功案例开发经验来建造项目时,一位乡镇干部告诉我们说:"项目资金不足,就无法匹配相应的旅游设施,也没有办法借鉴大景区大景点的建设经验。"乡村旅游前期建设资金是不可缺少的,但因为旅游投入大,周期长,回报慢等方面的因素,不少地区发展乡村旅游也是有心无力,往往投入乡村旅游项目的资金不多,导致乡村旅游的项目得不到有效开展。

从上述问题中,我认为可以采取以下几个措施来改善目前浮梁县乡村旅游发展状况。首先,提高自身创新能力和建立自主品牌,深入挖掘乡村中独特的符合时代发展潮流又蕴含丰富民族内涵的特色文化,根据自然资源因地制宜,打造品牌和特色产品。浮梁县可以打造以瓷茶文化为特色的旅游品牌,以自然资源丰富和历史文化底蕴深厚为优势,同时串联起各乡镇景点,打造自主品牌。其次,统筹规划乡村旅游基础设施,完善提升旅游配套服务设施。实现乡村基础设施"功能性""乡土性"和"时代性"升级更新,更好地服务游客。服务水平提高了,游客在景区内待的时间也会更久,消费也会增加。改善交通设施,增加客车发车班次和运营时间,丰富景点往来之间的公共交通,使游客选择出行的方式多样。再次,了解自身卖点和加大宣传推广力度,抓住自身旅游景区能够吸引人的地方,利用新型宣传手段小红书、抖音等平台和采用网络直播形式扩大知名度。第四,统筹现有资金和引入外部资本共同打造旅游品牌。政府项目资金妥善分配利用,科学规划统筹。再通过政府引导,社会参与的方式筹集民间资本,扩大资金面的方式来支持乡村旅游的发展。也可以和企业合作共同打造旅游项目,减少资金和建设负担。最后,探寻融合发展之路。在调研中我们发现一种特色旅游发展方式——鹅湖镇的"高岭·中国村"项目。它将乡村旅游结合茶产业发展,实现了茶产业和旅游业的双赢发展。旅游业有助于茶产业的转型升级,茶产业有助于丰富旅游业文化内涵,凝合产业发展动力,齐推乡村发展。

二、人才振兴:留守儿童的教育成长问题

农村的孩子对于我们这些生面孔新鲜感十足,课堂氛围十分热闹。但是孩子大多是留守儿童,父母外出打工,靠爷爷奶奶照顾。这是由于乡村发展机会少,父母们为了寻求更好的薪资与就业机会,不得不将年幼的孩子们留在乡村。但是其中的问题也就暴露出来,爷爷奶奶年纪大,文化素质普遍比较低,无法辅导孩童的学习。如何为儿童提供一个良好的成长

和学习环境呢？农村留守儿童的健康成长本身也是乡村振兴的一项重要内容，关系到乡村人才振兴、文化振兴以及产业振兴。我们可以先从乡村学校教育方面来解决这个问题，为学校提供良好的设施硬件，要加大对乡村教育资源的投入，从而改进学校的活动设施，例如操场、图书室等利于青少年身心锻炼和成长的场地。在教学资源上，安装多媒体黑板，参与名师线上跨校教学活动等提升教学质量，为乡村儿童创造更高质量的课堂。但是儿童的成长发展不仅需要学校的帮助，还需要家乡的努力。家庭建设方面，要进一步强化留守儿童的家庭，在呼吁社会和老师给予留守儿童更多关怀的同时，呼吁留守儿童父母时常维系与孩子的联系，关心孩子的成长。家校双方合作，共同促进孩子的健康发展。这个问题的解决可以促进乡村的长远持续发展，为乡村振兴打下人才基础。

三、文化振兴：扭转人才短缺困境，发挥人才示范带动作用

文化振兴是乡村振兴的精神基础，但想要建成乡风文明的社会主义新农村还任重道远。这几个农村地区文化振兴还存在以下两个问题。第一个问题是文化阵地的建设后续发展不强，在实地考察过程中，我们发现"农村书屋""留守儿童之家"等文明设施虽然建设完成，利用率却很低的问题，或者说村民并未享受到这些文化设施。一方面是财力物力的损失，另一方面不能真正满足乡村的文化需求，未达到建设的目的。在这还需要乡政府和村干部一起努力，将这些文化设施真正投入使用中去。第二个问题是文化振兴面临人才短缺。由于农村"空心化"，以及村民素质普遍偏低，导致乡村人才缺乏，而文化振兴需要高素质人才的带动。推动乡村文化振兴，不仅需要大力实施乡村文化人才培养工程，培养文化振兴人才，还需要建立人才引进与培育机制，吸引人才返乡，推动乡村文化繁荣发展。在文化振兴方面，还要注重发挥示范作用，大力宣传道德好人，宣传榜样力量，例如"光荣之家""老党员""道德标兵"等人物或家庭。要加强村民的思想道德和农村公共文化建设，在村内通过发放宣传册、拉横幅和张贴上墙等文化宣传手段，弘扬正气和优秀文化，建设文明社会风气。

四、生态振兴：建立人居环境奖惩机制，注重人居环境整治

良好的生态环境是农村最大的优势和宝贵财富。我们在村庄走访调研的时候也发现，村民们对于环境保护和人居环境整治方面总体上比较满意，有相当一部分的村民认为村庄不存在破坏生态环境的行为。但是在询问村庄是否将生态保护纳入村规民约进行固化，有没有相应的奖惩机制时，村民和村干部的回答都是尚未建立，仍在发展。那这个奖惩机制应当怎么样建立呢？这之中的惩罚尺度应该怎样把握？如何建立一个合理的评判标准呢？对表现好的村庄进行物质奖励和通报表彰，对长期表现不好的村庄进行通报批评，但在具体奖

惩方面各个乡镇也不一样。我们可以从中学习借鉴并结合实际情况运用到自身乡镇的发展建设当中去,建立起一个完善的人居环境奖惩机制,调动各方面参与人居环境整治的积极性。除了建立和完善机制之外,各主体作用是必不可少的,政府分清部门职责,对应职责推进机制的建立,积极引导群众参与,发挥群众力量。虽然农村各方面环保意识都在提高,但在一些方面仍有欠缺,所以,村民环保意识方面还需重视起来,经过不断地科普和宣传环保,逐步提高他们的环保意识。

五、组织振兴:夯实基层党组织,发挥组织优势

组织振兴是乡村振兴的保障条件,需要建立更加有效,充满活力的乡村治理新机制。我们下乡实践时间撞上了"七一"建党节和年中总结,各地乡镇政府都十分忙碌,也一直在协调前往每个村镇调研的具体时间。每走到一个乡镇,我们开展的首项活动就是与当地乡政府开座谈会,了解村镇发展状况。在与他们的交流中,我能感受到他们为民服务的赤诚之心。俗话说:"火车跑得快,全靠车头带。"乡镇的干部队伍还是起到了优秀带头作用,发挥了基层党组织上下联动以及协调各方的作用。但村级领导班子战斗力还有待加强,在与村里老党员交谈中,我们得知村内年轻党员少,党员年龄结构老龄化严重和队伍后继乏力。所以基层党组织队伍建设和服务问题,是现在基层组织建设中需要着重改造的方面。在我看来,解决这两个问题,一是应该选准领导班子,将责任心强,具有开拓奉献精神和一定文化水平的党员,尤其是有想法的年轻党员选拔到基层组织当中来,增强整个党组织活力和创造力。同时定期展开培训课程,提高基层党组织先进性。二是要整顿后进组织,建立奖惩机制。对于服务意识缺乏,纪律涣散的落后党组织,应该重点批评整顿,并且长期监督。对于先进党组织和个人要积极表扬。三是健全工作机制,提高工作效率。党组织要领导村委会依法、科学开展工作,密切与群众联系,踏实为人民服务,在服务中帮助乡村发展。

在6月26日到7月3日几天时间内,在廖冰老师的指导下,我们一起走过了王港、瑶里、鹅湖、浮梁和蛟潭五个乡镇,开展各类活动,令我印象最深刻的就是走访村民家中进行问卷调研,了解村民视角下本村在乡村振兴大背景下的发展以及个人感受。当我们穿着经管小蓝马甲走在村庄小路上进行问卷访问的时候,总会有路上的村民念出我们马甲背后的"江西农业大学经济管理学院"字样。在问卷开始前我们向农户表达我们的身份和来意的时候,心里总是会不由自主升起来一股骄傲自豪之意。在两两组合问卷调研中,尝试过与不同的人搭档,积极向那时还不熟悉的同学主动交谈,发出合作申请,加深了我们六位实验班同学之间的友谊。

最后我要特别感谢廖冰老师的指导,冯少瑜、黄静萱、邹雨、卢苗苗和邝霞同学的陪伴,我们一路上克服狂风暴雨,烈日高温,坚定勇敢向前,无畏挑战。同时也要感谢王港、瑶里、鹅湖、浮梁和蛟潭五个乡镇的村干部积极支持,当地村庄的村民的热情配合,因为他们的支持与配合,才有了这次实践活动的圆满完成。

第三部分 "百村千户"调研

为贯彻落实党的二十大精神,聚焦国家及江西省乡村振兴重大战略需求,江西农业大学经济管理学院(以下简称学院)、江西省乡村振兴战略研究院联合北京大学中国农业政策研究中心于2022年1月12日—16日开展第四次"中国乡村振兴'百村千户'大调研行动(江西)活动"。这次调研活动是北京大学中国乡村振兴数据建设调研活动的重要组成部分,由研究院院长黄季焜教授亲自组织安排并悉心指导。

2022年1月11日上午江西农业大学经济管理学院召开了"中国乡村振兴'百村千户'大调研行动(江西)"启动仪式,经济管理学院翁贞林院长作了动员讲话,详细介绍了调研背景、调研目的和调研数据的处理运用,研究院常务副院长郭锦墉教授对调研活动进行了详细的安排。

此次调研活动,教师热情参与,学生踊跃报名参加,组成由学院教师带队、本硕博学生参与的12个调研组,奔赴新建区、进贤县、永新县、万安县、浮梁县、彭泽县、瑞金市、大余县、奉新县、芦溪县、资溪县、玉山县12个县开展农村调查工作,共计约150名师生参与。出发前,北京大学中国农业政策研究中心罗仁福教授和智华勇博士对大家进行为期2天的问卷培训。这次调研,涉及乡村振兴的5个方面,调查问卷丰富,工作任务繁重,虽天气寒冷,但队员们不畏艰难,互帮互助,圆满完成了调研任务。

在调研过程中,廖文梅教授、胡凯教授、王火根教授、刘小春副教授、吴春雅副教授、肖智华副教授等带队教师带领团队们进村入户、下企业,与村干部、样本农户和企业负责人座谈讨论促进乡村振兴问题,了解农户家庭生产生活情况和真实需求,并为村域发展和相关农业企业的高质量发展提供了对策建议。同时,带队教师将课程思政理念融入调研过程,引领学生观察与体会党的惠农政策给农业农村带来的巨大变化,让学生真切地感受到党时刻将为人民谋幸福作为初心与使命。调研过程也涌现诸多感人事迹。例如,新建组调研队员在访谈中发现被调查农户家庭生活仍较困难,自发为该样本户发起爱心捐赠,展现了学院学生充满社会责任感的优良品质,也为学院赢得了良好声誉。

此次大规模调研活动顺利完成,为学院科学研究获取了大量一手数据,进一步摸清了农业农村发展现状,有助于科研人员把握和理解现实中的真问题,以便形成智库报告,为促进乡村振兴战略实施提供决策支持。同时也有利于厚植学生"三农"情怀,把研究论文写在赣鄱大地上。

纸上得来终觉浅，绝知此事要躬行

李明玉（博士、金融系讲师）

2022年1月10日，窗外凛冬已至，窗内热火朝天，这是"中国乡村振兴战略智库数据平台建设项目"暨"赣农经管百村千户乡村振兴大调研"的培训现场，江西农业大学经济管理学院一百四十余人的师生队伍在北京大学罗仁福教授和智华勇博士的指导下，分别对村级调查表和农户调查表进行梳理、熟悉工作，问卷涵盖产业兴旺、生态宜居、乡风文明、治理有效和生活富裕这五大方面，村表和户表各涉及一千余个问题，师生们在敬佩问卷和程序设计者之余，就题目设计的合理性、对现实问题的解释能力、农村农户的地区差异性等展开了热烈的讨论。经过两天紧锣密鼓的培训，师生们都感到大脑"充满电量"，而这只是大调研的准备阶段。

一、没有调查就没有发言权

2021年1月12日一早，我代表江西农业大学经济管理学院金融系，和经济系的刘淼老师一道，带队前往奉新县。在正式开展调研的前两晚和行程途中，我们一直在讨论相关问题，从如何与村干部对接、农户跟踪，到村表户表上传等。我和刘淼老师都是2021年新进教师，两个从未下过乡的"新将"带领由研究生和本科生组成的十名"新兵"，开展一项从未接触过的调研活动，心里不由惴惴不安，不停地相互提醒以免遗漏重要细节，但是刚到第一站：赤田乡庄溪村，我们就遇到了始料未及的困难——村干部在开年终总结大会和忙着财务报账。办事人员来来往往，整个村委会笼罩在聒噪又忙碌的气氛中，我们一行人的请求和提问打破了这个基层政府机构的治理秩序。这与大家脑中想象的秩序井然、一问一答式的调研模式截然不同，村支书劈头盖脸的"你们这种调研有什么用"的"无用论"与村会计的"我没时间回答你"的"无暇论"仿佛当头浇下的一盆冷水。回想1930年毛泽东同志在江西寻乌开展的为期二十多天的社会调查，也是克服了种种困难，获得了当年城市商业状况、农村生产经营细节、土地分配情况等的一手资料，为制定正确对待城市贫民和商业资产阶级的政策以及确定土地分配中限制富农的政策，提供了实际依据。我和刘老师在村委会外和同学们开了一个碰头小会，用寻乌调查精神鼓励大家，坚定了大家调研"有用性"的信心，"没有调查就没有发言权",要调查就要放下面子走进乡村。我负责村表,调整了自己的心态和语态后,得知有位村干部毕业于江西农业大学成教学院,便与他攀谈了起来,然后直接从几个他比较感兴趣的话题切入提问。这位年轻干部甚至放下了手中的工作,认真地回答我的问题,过程持续一个多小时。当聊到大家都关心的问题时,几位村干部争论起来,我顺势问了村会计其他问题,又见缝插针地追问其他暂时闲一点的村干部。就这样,第一天的村表调研在超过五位实际受访者的周旋中结束。户表调研也不容易,由于村委会没有召集齐要追踪的十位农户,我们不得不派多位学生调研员到样本农户家里,往返多花费了许多时间和精力。等到所有数据收集完成,早已夜黑风高,寒气逼人——在第一站,我们耗费了一整天。

二、山重水复疑无路,柳暗花明又一村

当晚,我们在完成村表核对与户表自检和互检的工作之余,把未来几天的任务做了安排,把几个比较耗时间的问题提前一天发给村干部让其搜集数据。整体来说,有了第一天的沟通经验以及对系统的熟悉之后,村表和户表数据的收集工作顺畅了许多。我们以半天一个村的进度,先后到达赤田乡的斛埔村和桃树村;罗市乡的竹溪村、兰田村和坪上村,以及柳溪乡的仰坪村、球庄村和港尾村进行追踪调研。由于村表题量大、问询持续时间长,村干部往往会出现不耐烦的情绪,此时我会因地制宜地提出一些关乎干部个人或当地发展的建议,当然是浅显而主观的,但村干部受到我们不卑不亢态度和专业精神的感染,最终配合下去,因此村表的完成度是比较高的。而对于要追踪的农户,在刘淼老师坚定恳切的要求下,受访农户绝大部分都能集中到村委会,省去了我们上户走访的时间。我们的学生调研员们在颠簸山路的行程之后,立马投入调研工作,按照事前的排序一对一采访农户,克服了天气寒冷和语言沟通等障碍,站在农户角度耐心交流,尽可能用朴实的语言和纯真的微笑走进他们内心,最终在采访结束时,常常出现调研员与农户相互感谢的一幕。在赤田乡的斛埔村,村会计邬书珍风风火火,以最快的速度召集齐了十名受访农户,帮我们节省了许多时间;在赤田乡的桃树村,与村书记邓宸海用普通话沟通有代沟,我便直接改用南昌话问询,邓书记与我拉起了家常,大家伙都被逗乐了;在罗市乡的竹溪村,罗贤浪书记几个小时一直正襟危坐,认真倾听,所问数据必定亲自核查无误再让我填报,堪称"最严谨"村干部;柳溪乡仰坪村的张赠德书记年纪轻,所以与他的沟通交流顺畅,不太需要就问题的含义作过多解释即可完成调研,让我感受到干部年轻化对政府办事效率提升大有裨益。

三、青壮不知何处去,桃花源里可耕田?

奉新县各个乡村之间山水相连,车辆行至盘山最深处,视线所及,崇山峻岭,层峦叠嶂,当我们误以为人迹罕至时,眼前却又跃现一个新的村庄。举目望去,漫山遍野茂林修竹,水牛点缀着收割完稻谷的黄棕色田野,山泉清澈石上流,溪水汩汩入稻田。

奉新县种植水稻已有上千年,山林野蛮生长的毛竹更是大自然的馈赠——这里是历史上名副其实的鱼米之乡。然而,产业空洞化、乡村空心化与人口老龄化问题凸显。

据第七次人口普查数据,全国14.1亿人口中,居住在城镇里的有9亿人,占64%,而居住在乡村的只有5.1亿人,占比36%。从1990年的农村人口占全国总人口的73.5%下降到2010年的50%,再到现在的36%。这些迁移进入城镇的人口获得了建立在工业化大发展基础之上的住房、医疗、教育、交通,以及稳定的工作,这是在乡村收益较低的、不稳定的经济链上所不能获取的。

我们调研的奉新县三乡九村,主产作物是水稻(以一季晚稻为主)和少量花生、红薯,收购价大多在1元/斤上下,收成好时亩产1000斤,一年一亩地的纯利也不会超过1000元。而平均每户农户种植的土地面积低于1.5亩,小农经济特征明显。也就是说,农民外出务工一年的机会成本不超过1500元,这是一个极低的成本。奉新县的三乡九村没有突出的经济作物,零散的猕猴桃园尚未形成规模化种植。况且,经济作物具有投资回收期长、成本加成多、受天气和病虫害影响大等价格敏感性因素,存在明显的利润天花板,缺乏标准化的耕作无法使农民富裕。

农产品的附加价值与产业链条的长短直接影响了农民收入的提高与农村经济的发展。以某乡为例,地理位置属于丘陵和山地,竹子自然生长,即使林地承包到户,没有政府政策的引导和产业链的支持,大部分竹林无法产生多少经济价值,无非是砍伐后直接卖毛竹,根本没有利润。一个较好的例子是罗市乡竹溪村有个乡镇企业,以约300元/吨的价格从筷子厂收购毛竹的下脚料,通过大型机器制作机制炭,可以卖到6000元/吨。销路也不愁,由于奉新莅临省会南昌,机制炭在城市里的烧烤店里供不应求,而该村有相当数量的本省务工人员开的是烧烤店、兄弟店、老乡店,利润也很可观。这是该村人均收入和总产值相对较高的重要原因。

综上,我谨就本次调研的所见所思所悟,大胆谈一谈我们周边的农村与农民的发展出路:第一,在可预见的未来,当前的这批老年劳动力逐渐丧失劳动能力后,小农耕作方式注定会被大规模、成体系的现代化农业取代。第二,农业的机械化和规模化经营,应以生产要素尤其是劳动力的城乡间、区域间自由流动为前提。当耕地撂荒现象达到极致,应由政府引导进行农村耕地、建设用地的大范围集体流转。比如,要吸引一个在城镇具有稳定工作的年轻劳动力返乡种地,至少要让他可以采用机械化手段耕作200亩以上的高标准农田。第三,只有农村的生产经营活动融入工业产业链,一方面吸引更多人口稳定就业的工业企业才能使农村的人地矛盾不会爆发,另一方面提升农产品的附加价值增加利润,让农户享受到资源共享和技术升级的红利。

道阻且长,行则将至
——"百村千户"资溪县调研心得

陈 丽(农林经济管理2021级博士生)

2022年1月10日至1月16日,江西农业大学经济管理学院、江西省乡村振兴战略研究院与北京大学中国农业政策研究中心联合组织"中国乡村振兴'百村千户'(江西)大调研"活动,我们师门12人组团,经过1月10—11日两天的集中培训后,12日出发,在3位老师带领下,踏上了前往江西省资溪县的调研征程。我第一次参与乡村振兴调研并担任组长,虽然兴奋,但还是有些许紧张。本次调研涉及乡村振兴5大方面,问卷题量大、不确定性多,整个过程充满了"惊险"和"刺激"。"道阻且长,行则将至",最终,调研组克服了种种困难,圆满完成调研任务。这次调研深入了解了农户家庭的生产经营、耕地保护、环境整治、养老服务等第一手信息同时,也让我们感受到新农村建设尤其是乡村振兴实施以来农村面貌发生了巨大变化,同时我们也了解到当前农业农村发展的"痛点"和"难点",乡村振兴任重道远。为期5天的3镇9个行政村的调研,资溪县乡村人居环境整体整洁优美、村民淳朴勤劳、镇村干部辛勤付出等,这些都给我留下了深深的印象。

一、惠农政策好,还需农民的广泛参与

近年来,随着国家三农政策力度的不断加大,尤其实施乡村振兴战略的提出,各级政府都在谋划乡村建设,农村水、电、路、网等基础设施建设明显改善,农村环境有了很大改观,一些乡贤主动加入家乡建设行列、出钱出力。调研第一站乌石镇草坪村,村庄整治没有搞大拆大建值得点赞。近些年,村里成立了民宿协会,本村乡贤丁永安率先在村里投资建设了"野狼居"民宿品牌,为游客提供"吃""住""行""游""购""娱"等服务,3名党员带头,吸纳了7名村民成为协会会员,解决三十余人就业,增加了农民就近就业选择,带领农民实现了增收。党员带头,联动村民,共同建设乡村。草坪村党员带头参与村庄人居环境整治,带头拆除自己杂物间、附属建筑等,带头参与草坪村旅游志愿宣传服务,吸引了一批有公益心与责任心的村民参与其中,让草坪村呈现出干净、整洁、欣欣向荣的美丽画卷。乡村建设的主体是村

民,但在9个行政村调研中我们还发现部分村民集体观念薄弱,参与村里公共事务的热情不高,存在"事不关己高高挂起"现象,我们通过深入访谈,了解到其原因是:一方面是基于个体理性,如何务工赚钱增加家庭收入是大事,村里的公益事业顾不过来;另一方面留守村民,基本上年龄偏大,受教育年限短,对政策和村务活动信息不了解,参与积极性不高。从而出现了村里"好事办好难"的困境。

二、资源变资产,方能让绿水青山变成金山银山

资溪自然生态保存完好,森林旅游资源极为丰富,全县森林覆盖率高达87.1%,被誉为天然氧吧,拥有保护面积近30万亩的马头山自然保护区和面积5.1万亩的清凉山森林公园,境内负氧离子含量最高达27万个单位/米^3,并有宗教、茶文化、探险、休闲于一体和人与文化、自然和谐共处的禀赋优势。但我们通过调研发现,这里自然禀赋优势并没有完全体现。以乌石镇山岭村为例,该村恬静优美,景点众多,曾经郊游悠闲、垂钓、采摘是它闪亮的"名片",但运营了不到两年,现在冷清了许多,收益受限并致使大量资源闲置。如何盘活丰富的自然和文化资源,使其产生经济效益,引人深思。追踪调研的村庄中,也有一些村实现了资源变资产的转变。例如乌石镇的草坪村,该村把支部建立在产业上,树立了"党建+"的发展原则,通过盘活二十世纪六七十年代保存完好的民居、计划经济年代的人民公社、粮仓等固定资产,深入挖掘并提炼出了公社文化、知青文化,结合得天独厚的自然资源,打造出了以党建为主题的民宿和农耕田园景光等项目,把资源转为资金,壮大了村集体经济收入,提升了村民的人均纯收入,探索出一条让村民喜笑颜开的致富之路,坚定践行了"绿水青山变成金山银山"的发展理念。大部分村有经济合作组织,合作组织多是流转土地经营,虽然基本在运营,但经济带动能力非常弱。杨坊村是典型,该村土地近九成流转到合作社,但农户获得收益有限。山岭村也有经济合作组织,主要功能是农产品销售,但农户反映好东西仍然没有销路,自己养殖的蜂蜜严重滞销。另外,部分小农户与现代化农业衔接不畅,传统农业生产工具作业效率低下,劳作辛苦。小农户生产无法规模化发展,局限于自给自足水平,收入来源主要依靠作物收入,小部分来源务工。乡村振兴,产业先行,让绿水青山变成金山银山,任重而道远。

三、把论文写在大地上,当代经管学生的使命担当

"行是知之始,知是行之成。"一个村要想发展经济,提高农户收入,根本上还是要走内生型发展之路。即依靠村民及乡贤力量,调动他们的积极性,先进的发展理念、科学的组织方式,获取合理的回报,过着忙时有田可种,闲时丰富精神生活,让农村成为宜居宜业的场所。

本次调研设计的问卷题项多，为获得准确、全面的数据信息，我采用事先安排、事中及时反馈、事后总结反思的原则，为组员派发农户信息和提供经验的同时，也为他们在调研中可能遇到困难提供解决路径。这些过程让我感受到了调研的价值，感受到了第一手数据的来之不易，强化了我撰写论文的思考方式，即以问题为导向，立足于农村的田间地头，追求严密的逻辑，作为一名农业大学的学生，只有秉持这样的态度，才能做好"三农"真学术。这几天的调研，开拓了我的视野，增长了我的见识，本次调研能圆满完成，得益于资溪农业农村局领导和乌石镇、嵩市镇和马头山镇三镇村组干部的鼎力支持，岁末年初"三农"一线干部辛勤付出。

你我都是时代的答卷人

卢　健（农林经济管理1802）

一份问卷代表什么？一串串数字和复杂的选项又代表什么？样本量成千上万的数据库，通常我们只提炼需要的变量，运用各种方法去描述、统计、检验以解答我们心中的疑惑。但很多时候我们却忘了每一份数据背后的人，忘了去看看我们脚下的土地和生活在土地上的人。

作为农林经济管理专业的学子，本以为三四年的理论学习就算不能使我真正理解农业，也起码不会感到陌生。但是，本次调研，面对浩瀚的农业、农村、农民，课堂上构建起来的农村三维图景，与真正的现实有着天壤之别。

调研员究竟是什么？在调研的过程中我反复问自己。调研员不仅仅是收集受访者信息和答案的提问者，还是自己内心图景的答卷人。我从对水稻亩产和农药化肥施用量全无概念，到能敏锐地识别出队友问卷中亩产和农药化肥施用数值是否合理；从白纸黑字的一个个陌生的名字，到访谈结束后对受访者情况的了如指掌；从一个狭隘片面的农村认知，到不同农户的不同人生构建起来的鲜活答卷。读万卷书、行万里路，过去的我只囿于自己的一方小天地，在家人和学校的保护下生活在美好的象牙塔中，虽然求学于江西农业大学，所学专业为农林经济管理，但并不能真正肩负起民族要复兴、乡村必振兴的历史重任，因为我不了解农村，学习模式也脱离了农村。我们只看到旁人告诉我们的答案，却并未真正理解它，而实践才是检验真理的唯一标准。

农户是怎样一个概念？农业生产流程如何操作？各个环节用量时间又如何把控？上千个受访者就会有上千种组合的回答，就会为我们呈现上千种农户的人生。单看数据你可能无法理解，同年龄段，为什么他有十几亩的地，在地里的时间却那么少，而另一个人只有几亩地，却花了大量的时间在田地间劳作。十几亩的田地依靠机械和雇佣他人，农户解放了自己的双手从而有时间去从事非农工作。几亩田的农户选择依靠自己的力气，精耕细作、休养生息。仅仅对比产量和收入，原来的我会觉得后者的选择很不明智，效率低下，穷苦且艰辛。但真正与他们交谈之后，他们的表情和言谈，以及他们对农业的不同情感，使我认识到他们的选择。

处在快速发展的时代,我们时刻强调效率和速度,城市中的我们在跑、在追、行色匆匆满脸疲惫,时刻害怕被时代的洪流卷挟着落在后面。我们把这种情感同化到农村,片面地认为只有规模化和机械化才能带来高效,才能有未来。但事实上,种豆南山下和采菊东篱下,也是一种在现代社会存在并且合理的人生态度。几亩田,一家人,好几天才能收完的水稻,辛苦却也幸福。不用机械的大爷提起土地,眼里泛着星光,他会去思考如何安排种植以保持土壤肥力,他会去控制化肥的施用或者用自家的有机肥来延长土壤寿命,他会每天时不时溜达到田里看看灌溉的水量够不够。他对这片土地有着深沉的热爱,热爱可抵艰难困苦,热爱可抵岁月漫长。他漫长的务农生涯和丰富的经验不仅仅回答了我手上电子屏幕上的问卷,也为我心中的农业发展答卷填下了另一个答案。农业何去何从,农民何去何从,保障粮食安全和促进农业可持续发展,这是一个多元的、动态的发展过程。

读书是学习,实践也是学习,并且是更重要的学习。表面看本次经历就是填写问卷,同样的问题,收集不同人的数据。但是,作为有思想的苇草,我们也在不断实践和进步,不断吸收和思考,不断学习和提高,用实践中的所见所感所思去完善我们为自己设定的问卷,描绘更为丰富的思想世界。

厚植"三农"情怀，服务希望的田野

黎灿（农林经济管理1902）

为把握农村发展现状，培育具有浓厚"三农"情怀的高素质人才，助力乡村振兴战略实施，2021年1月12日，我们本队的本科生、研究生，跟随李明玉和刘淼两位老师来到了宜春市奉新县，走遍了三乡九村，开展了为期五天的"百村千户"大调研活动。此次调研行程虽短，意义重大，收获颇丰，感谢为本次调研提供支持和服务的各乡镇、村干部。借此谈谈我的一些思考与感悟。

一、深入学实践，创造启新途，以笃行真做充实科研底气

立身行事，当有底气支撑。本次调研活动，由教师带队，由博士生、硕士生和本科生三个人才梯队组成了十二支队伍，每队共有十二名调研员。在正式开始调研之前，每一位调研员都接受了为期两天的线下培训，让大家熟悉问卷题目，掌握调研实训技巧，以便于更好地开展我们的调研活动。我所在的小组前往了宜春市奉新县，我们的足迹遍布三乡九村。在本次调研活动当中，我深刻地明白了科研不易，我们在对农户进行调查采访的时候，问卷题目数高达一千，每次采访的时间都在三小时左右，但我们每一位调研员都秉持着认真负责的态度完成了一户又一户的调查，我们深刻地体会到每一个细小的问题都将为科研创新奠定坚实的基础，不能有丝毫的马虎。在调研的过程当中，我们也遇到了恶劣天气，走过崎岖的山路，但这一切并没有阻挡我们前行的脚步，我们都按时按量地认真完成了自己的调研任务。在本次的调研活动当中，我们的两位带队老师非常辛苦，比我们学生睡得更晚，起得更早，给我们树立了良好的榜样，他们把自己的责任落到了实处，即便遇到棘手的问题，在工作的精气神上依旧不打任何折扣，以昂扬饱满的风貌带领我们完成了此次调研活动。

通过本次调研，所有团队的共同努力，我们追踪到了2021年"百村千户"的数据，每一份数据都来之不易，每一份数据都弥足珍贵，获得数据的程序是十分严谨规范的，这极大的充实了我们科研的底气，也激发了我们对科研的兴趣，明白了"笃行真做"才是科研的真谛。

二、悟农户热忱,察农村风貌,以产业赋能涵养农村朝气

农家院落、田间地头,一张方桌、几条板凳,体察百姓疾苦,细辨困难症结。在本次调研的过程中,我更加全面深入地了解到了农村风貌,犹记得我们去柳溪乡下属的三个村调研时,山路十分陡峭崎岖,光是开车上山就需要四十分钟,可见山上的农户想要下山是多么不容易。对于生活在农村的人来说,自身有一份稳定的工作,能够供下一辈读书,给自己的父母一个安详的晚年,已是农民最大的幸福了。而要让农民更加地幸福,关键还是得从发展农村产业、提高农民收入入手,正如习近平总书记所说的:"农业农村工作,说一千、道一万,增加农民收入是关键"[①]。

我们本次调研的几个村庄产业基础薄弱,农民的收入来源不稳定,收入渠道单一。我们在调研过程中发现,奉新大米比其他地区大米的口感更好,更具有优势,但目前并未形成有知名度的区域公共品牌,甚至很多农户都不再从事粮食生产。对于球庄村、港尾村这些依山而建的村庄,更应该充分利用本地竹林丰富的优势,适当的开发,对竹子进行加工,延长产业链,实行产加销一条龙,而不是简单地卖竹子这类初级农产品,这样不仅效益低下,还会破坏农村生态环境。以上种种情况,我认为要使得农村美、农民富,还必须要深入贯彻乡村振兴"二十字"方针,努力朝着农业强、农村美、农民富的目标奋进。奉新要进一步发展,必须多方赋能,才能够真正意义上的实现共同富裕的美好愿景。当地各级政府要做好规划,发挥好党员的先锋模范作用,搞好基础设施建设,大力招商引资,将适合当地发展的产业引进来;农户也要积极奋发,转变思维,抓住时代的机遇,多学习农业技术,增强本领,提供更加优质的产品;社会各主体也应当给予农村更大的支持,先富带后富,与农村进行有效的衔接,帮助农村发展,农民致富。当然在发展的同时,我们必须要注意产业与生态同发展,不能以破坏环境来发展产业,只有这样多方主体共同行动,农村才可能有更大的改变。

三、奋楫扬远帆,用心学知识,以踔厉奋发展现学子锐气

乡村要振兴,关键在人才。在调研过程中,我很清晰地记得有一个问题:"您是不是新型职业农民或者您是否听说过新型职业农民?"每次问到这个问题,很多农户都摇了摇头。显然,很多农户还是秉持着以往的农业思维从事农业生产活动,如果农村不注入一批新鲜"血液",长此以往,农村要想振兴恐怕还会遇到更多的艰难险阻。我们要加大宣传,鼓励传统农民向现代农民转变,推动技术推广应用,使得农业增产增收,除此之外,还应当鼓励有志于从

---

① 奋力谱写新时代乡村振兴新篇章,http://www.qstheory.cn/2019-03/09/c_1124212763.htm.

事农业领域的大学生返乡创业,作为乡村振兴的生力军,把他们纳入新兴职业农民的培养计划当中,真正打造一支知识型、技能型、创新型农业生产经营者队伍,更好地为乡村振兴提供人才支撑。正如我在一次演讲比赛当中所说的:"我们每一位学子,应跟随涉农老师的脚步,走出书香校园,走进山川湖海,把小我融入大我当中,为民族复兴铺路搭桥,为祖国建设添砖加瓦,我相信我们广大青年学子必将大有可为,也必将大有作为!"诚然如此,广阔农村天地大有可为,乡村全面振兴还有一段很长的路要走。对于我们每一个人来说,要厚植自己的"三农"情怀,在校期间认真地学习知识,才能更好地运用到广大的农村天地当中,我相信我们不断努力,必将能够为农村做出更大的贡献,"强国有我,请党放心!"

千里之行,始于脚下
——参加乡村振兴百村千户调研有感

刘子琦(农林经济管理1902)

江西农业大学经济管理学院、江西省乡村振兴战略研究院联合北京大学中国农业政策研究中心于2022年1月中旬开展了江西省乡村振兴百村千户调研暨北京大学中国乡村振兴智库数据平台建设项目的调研活动。我有幸参加了此次调研,作为一名调研员,在肖智华老师和李秋生老师的带领下赴江西省吉安市永新县开展调研活动。

一、访员培训的两个昼夜

出发前,北京大学中国农业政策研究中心的罗仁福教授和智华勇博士给我们进行了两天的问卷培训,包括村问卷和户问卷两部分内容。我主要学习的是农户问卷,当我翻开55页的问卷,阅读这1000多道问题,我的第一反应是疑惑:"这么多问题能问完吗?有必要问得这么详细吗?"带着这些问题我开始了培训。仔细查阅问卷才发现问卷设计的巧妙,一个个跳转条件、精妙的逻辑关系解答了我的第一个问题——问卷是可以问完的,因为具有差异性的农户不可能同时具备问卷所提及的所有信息,也只有问得如此详细才能最大可能地全面了解农户的情况。

在培训中我也了解到百村千户调研是追踪调查,获取的是面板数据,因此我们选择以前调研过的区县。选好样本点是调研成功的必要条件。跟踪调查之前的样本区县,有一个基本的参照系,可以了解该地的变化。如果我们所调查的对象不具有代表性,调查研究报告将不能真实地反映农村的情况。此次百村千户调研,我们选取了12个地方,分别是新建区、进贤县、永新县、万安县、浮梁县、彭泽县、瑞金市、大余县、奉新县、芦溪县、资溪县、玉山县。

这次培训使我进一步熟悉了农业经济管理的理论与基础知识。百村千户调研与一般的新闻采访不同,需要掌握农业经济管理的各种理论及基础知识。例如,与产业兴旺、生态宜居、乡风文明、治理有效、生活富裕各模块相匹配的政策与理论等,如果调查前不熟悉这些理论和知识,调查就不可能深入,写出来的调查报告只能是比较浅的调查报告。

二、实地调研的所思所得

(一)访谈技巧进一步磨炼

刚刚开始的调研肯定没那么顺利,我们面对很多问卷的问题还没有理解透彻,村民普通话不标准等一系列问题,但是在五天的调研过程中我可以明显感觉到我访谈技巧的进步。五天的调研让我归纳出如下调研技巧:一是先介绍将谈及的话题——我们是做百村千户追踪调查的学生,之前也访问过您,主要是问一下农业农村方面的问题,耽误您一点时间可以吗?二是说明沟通的目的,这次沟通要实现什么目的,双赢:我们为了收集科研数据,农户可以拿到误工补贴。三是具备沟通说服的能力。问卷调研要做到态度谦虚又自信、声音亲和又响亮、逻辑简明又清晰;做好表情管理;遵守时间准则。我们要尽量将问题变得口语化,将一个长问题变成几个短问题,比如在问到测土配方施肥的时候需要口语化解释一下什么是测土配方施肥,在问到固定资产的时候,我常常把各类固定资产分开询问,而不是一口气全部读完再让农户自己回忆。同时,我们需要反复和受访者确认是否理解了题意。五天的调研经历,我不仅对问卷结构了如指掌,对访谈技巧也有了新的认识,可以更从容、更高效地进行田野调查。

(二)避免对数据善意的伤害

本次调研每日的深夜问卷互查让我累并快乐着,做研究是需要真的热爱,白天的调研已经让大家筋疲力尽了,晚上大家还是坚持互查完问卷才去睡觉。我们的目的就是为了避免对数据善意的伤害,我们只是数据的收集者,不是干预者,如果你改变了受访者的行为或环境,那么这个样本户的信息就会失真,影响后期研究的科学性。所以需要我们组的组员围坐在一起互相讨论,避免主观因素的误差,以获得最真实的数据。

(三)一位健康老人的养老观感动了我

在我的访谈中,大多数老人对子女外出打拼表示理解和支持。老一辈认为"孩子越有出息、走得越远越好",孝顺是中华民族的传统美德。随着中国社会的不断发展,越来越多的老人转变了思想观念,他们开始接受新想法:养儿防老,不一定非要子女守候在身边,能常回家看望父母也能使父母满足。许多身体健康的老人仍选择自立自强,干些力所能及的工作,增加收入,不向儿女伸手要钱。我访谈的永新县红旗村的农民老龙今年66岁,3个子女均不在身边。老龙年轻时就一直在外打工,如今虽然年龄越来越大,但是身体健康,心态也年轻,每年还继续在村里打工,每个月也能挣一两千,这种生活状态让子女省了不少心。和老龙交谈让我很感动,他满是沟壑的脸上始终充满了笑容,他积极进取的生活态度也鼓励着周围的人。像这样的农村老人不在少数。在他们的字典中,没有退休二字。他们嘴上说"闲不住",

实则是因为看到子女背负生活压力过大,想用自己的劳动所得贴补子女。

在访谈中,我多次问到关于互助养老的问题,每当我问农户"您是否听说过互助养老"时,得到的回答大多是从未听过互助养老,这种模式是很先进科学的,会不会在不久的以后,这种养老方式能在农村大地遍地开花。

三、研究农业经济的意义

在学术研究方面,农业经济是经济学一个重要的分支。在我国,农业是国民经济的基础,它关系着国家的粮食安全问题,是保障社会稳定的基础。我国的"三农"领域可以研究的问题还有很多,我们收集的数据只是数千份中的寥寥几份,但是组合在一起构成了一个最能反映江西省农业农村真实情况的科学大样本,科研人员对此进行研究,从而推动政策的进一步落实,真正做到让学术论文的成果惠及大众。

对于国家来说,如何增加农民收入、实现乡村振兴是一个极为迫切需要解决的问题,国家需要大量的人才来解决"三农"问题。此次百村千户调研让我学习了系统的田野调查。实践出真知,读再多的著作也离不开实地了解情况。如此,才能学好农经,成为三农人才。

小故事,大缩影
——参加乡村振兴"百村千户"调研心得

钟玉苹(农林经济管理1802)

三个乡镇,六个村庄,九份问卷,于我而言,也是九个农村家庭的故事。翻开农户的问卷,我仿佛看到农户家门口有几只鸡,几只鸭,庭院门前种着树,养着应季的花草,门前是宽敞的水泥路,离家不远处有自家的农田。春天,在菜地洒下各式各样的菜籽,夏天播下稻谷的种子,秋天收获,冬天是忙碌的一年的结尾,也是充实的第二年的开端。一份问卷就是一个农户家庭,它在述说着关于这个家庭的故事。

此次"百村千户"调研我去了吉安市永新县,走过了三个乡镇,六个村庄,尽管四天五晚的调研时间相对短暂,但于我而言却感触良多,虽然自己生于农村,长于农村,但对于农村生产生活的方方面面却知之甚少。在此次调研中,我不仅从这九个农村家庭的故事中学习了解到了农业生产环节的基本情况、农村乡风文明、村容村貌现状、农民生活水平等,还引发了我关于以下几个方面的一点点感悟与思考。

首先是农村的管理方面。根据为数不多的问卷回答以及村民的反映情况,绝大多数农民对村里的社会治安状况、村里的乡风文明程度等都比较满意。我国是农业大国,农业人口众多,如何在广大的农村中使千万个农民对自己生产生活的各方面都满意,这绝不是易事。调研晚归的途中,坐在车上,回忆着白天的所见所闻,窗外是寂静祥和的村庄,我思绪万千。从前的我只惊讶于各种具体的科学技术如何精妙绝伦,极大地方便了我们的生活。此次"百村千户"深入农村调研却使我更加惊叹"管理"的美妙。农村的治理与管理,小到村民,大到乡镇村庄,明明如此纷繁复杂,却又处于秩序井然的祥和状态。与此同时,也不禁对自己所学的专业增加了一份自信心与责任心。尽管从总体看来,农村的管理方面井井有条,欣欣向荣,但在调研途中我也了解到有不和谐的因素存在,"天若无雪霜,青松不如草",这些不和谐的声音是意见,也是建议,需要我们去调研去了解,去为农村的治理与管理带去一些贡献,我想,这也是我们调研的一点点意义所在。

其次是资源禀赋方面。农村与城镇不同,各方面资源具有差异。总体而言,农村的资源相对落后于城镇。同时,在调研途中,当问及"您认为本村与邻村富裕程度差异大吗"时,自然资源和"村里的能人"是村民普遍认为的导致差异的原因。农村的资源包括两方面,一方面是相对固定的自然方面的资源,如耕地、山林等。另一方面是人力资源。"村里的能人"在某种程度上也是一种资源,是人力方面的资源。然而这方面的资源与天然存在的自然资源不同,人力资源需要投资,且具有极大的潜能。舒尔茨的《改造传统农业》中提到"引进新的现代农业生产要素是改造传统农业的关键",而作为劳动力的农民是重要的生产要素,对农民进行教育、培训等人力资本投资具有重要的意义。调研的九户农户中,都具有一定的教育经历,据观察,通常而言,教育程度越高,农户的生活水平会处于相对较高的水平,同时,其子女也会受其影响具有较好的发展,综合下来,农户的幸福感也相对较高。由此可见,农村的人力资源投资重要性不言而喻,甚至对后代具有重大的影响。但值得注意的是,作为人力资本投资重要方面的技能培训方面却相对欠缺。如何组织有关技能培训,加强培训方面人力资本投资,增加农村"能人"资源,形成农村"能人"带动农村经济发展效应是一个值得深思的问题。

此次深入农村进行"百村千户"调研,我们用内容丰富的问卷收集了关于农业、农村、农民的方方面面的信息。每一户人家都是一个"三农"故事的缩影。九户人家,微观上我能够了解到他们每一户的具体情况,宏观上我仿佛看到了整个村庄、整个乡镇、整个县城乃至整个国家的农业、农村、农民的现状。"纸上得来终觉浅,绝知此事要躬行",在乡村振兴战略的背景下,深入农村,了解农业、农村、农民,为乡村振兴战略献计献策,助力实现乡村全面振兴,我想,这是我们这次调研的意义所在,也是我们农经科研人的责任所在。

感受乡村，在振兴的时代奋力前行

戴雯清（农林经济管理1903）

2022年1月，中国乡村振兴数据库"百村千户"调研拉开了序幕。2022年1月10日，"百村千户"调研员培训如期展开，北京大学罗仁福教授和智华勇博士对江西农业大学140多名调研员进行了培训。"百村千户"乡村振兴问卷涵盖面广，涉及乡村振兴的"产业兴旺、生态宜居、乡风文明、治理有效、生活富裕"等5个方面。严密的问卷体系、科学的跳转逻辑和智能的调研软件，让我对这次调研心驰神往。

一、感受乡村，先感受自身的蓬勃力量

2022年1月12日，在熹微的晨光中，我们在农经系贺亚琴老师和李领营老师的带领下，踏上了去往萍乡市芦溪县的路，紧张忐忑的心情在车程中慢慢平息。还没来得及缓过神来，我们就到达此次调研第一站——芦溪县源南乡新棚村，入户访问就此展开。万事开头难，对问卷访谈技巧的不熟练让我的访问进行得格外生硬："请问您会使用短视频软件吗？您有在线上进行过购物吗？"过于新鲜的词汇瞬时让年长的访问对象不知如何作答，我们仿佛鸡同鸭讲，问答不在同一个频道。身旁的老师及时对我的问题进行补充："短视频软件——抖音您会使用吗？""线上——您会在网上买东西吗？"也让我在慌乱的访问中定了定神，在磕磕绊绊的问答中我结束了访问的第一个对象。

队员们遇到了各自的难题。长达5个小时的问答、访问对象不在家、访问对象不愿配合等问题，都给大家带来了不小的挫折。但是，当我看见大家面对挫折的反应时，不由地对队员们心生敬佩，同时对我们团队的战斗力有了信心。种子公司不清楚？在淘宝搜；化肥配比弄不清楚？百度可以解决；长达5个小时的访问？没事，吃个饭，原地复活。队员们面对这些困难依然坚强，面对问题想尽方法解决，即使很疲劳大家依旧坚持复查、解决问题。户表难度不小，村表更为复杂。村干部不仅要为我们联系农户，更要尽力配合着完成村表的调查。终于，到了晚上11点，所有队员和老师，伴着星光和疲惫完成10份户表和1份村表，结束了第一天的调研。度过第一天后，大家慢慢适应了调研的节奏。

二、感受乡村,感受农耕文明跳动的脉搏

调研的第二站——垱下村,难得的好天气,阳光和煦。在村老支书的带领下,沿着树枝交映的乡间小路,我走进了第二户农户家。调研对象是一位长年在家独自务农、身体健朗的奶奶。

兴许是见我对水稻种植、家禽养殖的过程不甚熟悉,在我问水稻种植过程系列问题时,奶奶耐心地告诉我种水稻过程中的各环节:"播种,不用播很多的地,差不多几分田就可以了,一般是3月;育完秧,移栽秧苗就是5月到6月;农忙差不多是7月到8月咯;施化肥的话还是看人家推荐什么就买什么,现在收割和烘干稻子都是用机器;但是,今年我家山上那块地就不好种了,没法用机器去收。"似乎不需要思考,奶奶解决了我对水稻种植过程中的种种疑惑。而对家禽养殖,奶奶更是如数家珍般地和我说道:"那是红面鸭,我们不喂饲料,自己种的稻米喂它们,养着自己吃;村里还有好多人家养了牛,是为了卖牛肉。"质朴的语言句句道出几千年传承的农耕文化——物尽其用,循环利用,得时之和,适地之宜;也体现了现代科技对农耕文明的影响。

三、感受乡村,感受那片土地质朴的情感

往后的调研,我们离城市越来越远,沿着蜿蜒曲折的环山公路,我们走进了半山村和磨桥村。兴许是远离城市的复杂与喧嚣,兴许是我们的经验更丰富了,调研越来越顺利。

半山村的谢阿姨在访谈的过程中谈到心酸处对我落泪;郑爷爷年近70要独自照顾生病的老伴和年迈的母亲,在去医院照顾老伴之前接受我的访问;年迈的曾爷爷一边做着农活一边耐心地回答我的问题,叙述着身体年迈与病痛折磨的无奈;还有当了20多年村书记的老书记,梳了很久的头发,特意穿上皮鞋,再来接受我的访问。在回答我的问题过程中,阐述着他对于乡村振兴的想法。面对他们情感的流露,我倒显得有些手忙脚乱;对于他们对我倾诉生活的苦楚,我却无力去解决。我亲身感受到的那些奋力生活的痕迹,那些话语里行间的爱、责任和坚韧。

四、感受乡村,感受中国浑厚的奋起力量

在调研的过程中,我们组回访了9个村,从芦溪县县城近郊向远方延伸,每位调研员访问了9位农户。随着对农户们的生活展开了解,他们的形象逐渐在我们的眼前变得丰满,他们对新生活的向往也在我的心中激起阵阵涟漪。

在垱下村,我们听村书记细数着这两年村子的变化:建了脐橙和油茶基地,新修了亭子

和休闲广场,拓宽了柏油马路。我们目睹村庄的变化,感受着书记的喜悦与自豪。我回想起和一位脱贫户的对话:"您认为您还有返贫的可能吗?""肯定不会",他坚定地说。在那一刻,他的眼里是对未来生活的信心与期盼;我想起一位农户诉说着自己扶贫岗位护林员的工作,他虽然年迈但依旧用自己双手创造财富。调研结束时,在当地农业农村局的盛情邀请下,我们走进了位于芦溪县紫溪村的乡村振兴学院,村书记一边向大家诉说着紫溪村如何从一穷二白发展成为脱贫攻坚样板村、乡村振兴示范村;一边向我们描绘着紫溪村未来发展的图景。让我们深深地体会到脱贫过程与未来愿景背后需要付出艰苦奋斗,幸福生活是靠双手奋斗出来的。

民族要复兴,乡村必振兴。通过这次"百村千户"调研,我了解到做学问需要认真严谨,目睹了农村日新月异的发展,遇见了可亲可敬的乡亲,也听见了父老乡亲对我们的期许。历史的接力棒即将交到我们手上,不忘初心、方得始终。我们唯有以永不懈怠的精神状态和笃行不怠的奋斗姿态走好新的"赶考"之路,才能向时代交出一张优异答卷。

或许前路漫漫 终将光辉灿烂
——参加乡村振兴"百村千户"调研心得

熊梦婷(金融1903)

在打赢脱贫攻坚战、全面建成小康社会后,要在巩固拓展脱贫攻坚成果的基础上,做好乡村振兴这篇大文章,我们作为时代的接班人,更有义务去做好这件事。2022年1月10日至11日,我们进行了两天的"江西省乡村振兴战略研究院百村千户调研"暨"北京大学中国乡村振兴智库数据平台项目"培训,与农户进行结构化且具体化的面对面调研。刚开始培训时大家觉得题目非常繁杂,但是查询有关乡村振兴战略有关文件时,才发现我们做的工作这只是文件部署工作的一小部分,乡村振兴这条路很漫长,但我们会给时代一份满意的答卷。

2022年1月12日至16日我们作为整个调研团队的一个小组——奉新组开展了长达五天的调研活动。白天调研,晚上回去检查问卷,早上七点起床,晚上十二点休息。行程很满,时间很快,这五天我们去了宜春市奉新县三个乡九个村,分别是赤田镇庄溪村、斛埇村、桃树村,罗市镇竹溪村、兰田村、坪上村,以及柳溪乡仰坪村、球庄村、港尾村,很多村子都是坐落在山上,从县城上山差不多要一个多小时,交通不方便。我们对村民们进行问卷调查时,完成一份问卷大概需花费两到三个小时,这个过程需要我们耐心去和农户们沟通交流,让他们觉得这两三个小时不只是单纯地被访问,而是切身感受到关怀与温暖,感受到我们如同家人般的真诚与热忱。调研过程中我了解到村子里大部分都是老人和小孩,年轻人都外出打工了,其中遇到一个七十多岁的老人,自己平时务农只能自用,家庭主要收入来源还是儿子外出务工。还有一位思想比较前卫的爷爷,向我提出一个极具创新型的想法:他想自行开发一个农业科技产品,将一些农产品的生产、采购、销售与现代科技全方位结合并外包出去,希望能得到政府的帮扶。我觉得这正是乡村振兴的核心思想,让农民们能够靠自己的力量去致富,当然这只是少数农民才有的思想。另外,在调研中发现极少数农户听过"新型职业农民"这个词,概念认知的缺乏不利于培养他们专业的农业生产素质,所以需要对当代农民进行农业技术培训以提高他们的科技素质和思想水平,这也需要政府去加大对科技兴农的宣传以及帮扶。

在我看来,这次调研不仅仅是一个简单的数据调研项目,更是一个要挖掘问题、反映问题,并提出解决方案的社会调查活动,青年一代肩负着这样一种责任,要真实地反映农户心中所想所愿,我们见到了社会的真实一面,实践生活中每一天遇到的情况还在我脑海回旋,给生活在都市象牙塔中的我们带来了意想不到的冲击,我们没有真切地体会过农村艰苦的生活,这次调研给我们提供了广泛接触社会、了解社会、回报社会的机会。

一、三寸风景三寸光,心存理想不迷茫

我发现世界并不仅仅只有眼里的那三寸风景,在更多看不到的地方还有更多我没见过的东西。在这里有很多会发光的人,他们坚韧向上的力量、从心底流露出的勤劳善良,感染着我。我暗暗下定决心,一定要心存理想,就像带队的李老师说的一样:"用信念和知识去帮助需要帮助的人,尽己所能为家乡、为社会贡献绵薄之力,同时获得内心的充盈与成长。"

这短暂而又充实的调研,我认为对于我们走向社会起到了一个桥梁的作用,是人生的一段重要的经历,也是一个重要步骤,对将来走上相应的工作岗位也有着很大价值引导作用。社会实践是我们青年大学生接触社会、了解社会、服务社会,并运用所学知识提升自我的最好途径。亲身实践,而不是闭门造车,真正实现从理论到实践再到理论的飞跃,从而增强认识问题、分析问题、解决问题的能力,为认识社会、了解社会、步入社会打下了良好的基础。同时还需要我们在以后的学习中用知识武装自己,用书本充实自己,用实践夯实自己,为以后服务社会打下更坚固的基础!

以前我从未参加过如此大规模且规范的调研活动,最初参加这个调研活动只是为了能够丰富自己的寒假生活以及体验一下真正的调研活动是如何开展的,最后我不仅收获到了这些对自身发展有利的方面,更重要的是领悟到自己以后该如何增强实力去帮助那些弱小的人,自己能否为这个社会做出更大的贡献,哪怕在微小之处尽些许绵薄之力。

二、艰辛知人生,实践涨才干

通过这次的社会实践活动,丰富了我们的实践经验,提高了我们的团队合作能力,深入了解了社会,其意义深远,对我们的帮助享用一生。我们开阔了视野和眼界,增长了才干,并在社会实践活动中认清了自己的位置,发现了自己的不足,对自身价值能够进行客观评价。本次的调研实践中我们还同诸多农户谈心交流,思想碰撞出新的火花。

"纸上得来终觉浅,绝知此事要躬行",此次调研活动我汲取了超出于书中的丰富营养,理解了"从群众中来,到群众中去"的真正涵义,认识到只有到实践中去、到基层去,把个人的命运同社会、同国家的命运的发展联系起来,才是大学生成长成才的正确之路,更懂得了政策工作要实实在在地贯彻落实到位才能发挥作用,要深入去了解人民是否享受到国家政策福利,要不忘"为了人民服务"这一初心使命。

一腔深情系三农　吾以吾足丈乡土

叶炜琳（农林经济管理1902）

赴永新县的调研告一段落，此次调研工作虽然辛苦，但我们乐在其中。回程途中、会议桌上，关于问卷题目的理解和有趣问题的讨论不绝于耳。此次短暂而又充实的调研使我感触颇深。

调研出发前，我们进行了为期两天的培训，时间虽短却收获满满。在培训期间，智华勇博士以渊博的学识幽默风趣地给我们讲解电子问卷的填法，他情绪饱满、条理清晰，丝毫看不出此前已多日通宵工作的倦态。我想，这就是科研工作者独有的"精气神"吧！在做好充分的准备工作后，我们小组踏上了永新的调研之旅。

一、访谈调研：一家一户总关情

我们的足迹遍布石口村、三湾村、高车坳村、高汶村、程家村、长烟村，以及城郊接合部的埠前乡。这里的村民虽终日劳作，但他们却享受着泥土的清香，耕种着属于自己的幸福。

三湾乡的高车坳村给我留下了深刻的印象。原以为生活在这个封闭的村庄，人们多少会有些孤独和无奈，因为这里山路曲折蜿蜒，束马悬车，与外界联系甚少，耕作方式较为原始，机械化水平极低。但该村的潘爷爷让我对农村生活方式有了新的认识。他平时一个人在家中种地，只有农忙时外出务工的妻子和孩子才会回来同他一起插秧、收割谷子。我觉得爷爷会感到孤单，便问他为什么选择独居？爷爷笑着说："因为自由！"他接着解释：自己和年轻人的生活方式不同，一个人自由自在，起居饮食可以完全按照自己的节奏安排。也许，这是爷爷独特的生活方式，他在"带月荷锄归"的劳作里不断实现人生价值，体味收获的幸福。

在几位被访者中，台岭乡的马叔叔使我记忆犹新。在他身上，我可以真切地感受到作为一个农民"长在"土里的幸福。作为种植大户，他和老伴种了150亩田地，养了2000尾鱼苗，割完稻子后接着种油菜籽和一些蔬菜以满足日常需要，一年到头都很忙碌。几年前他们也在外地打工，前两年才回家务农。我问他还会再出去打工吗？他讲不会了，打工也是挣个七八万，现在在家务农也有这么多收入，怎么会想再出去呢？是啊，每一个在外务工的农民，都渴望回归乡土,只是迫于生计,无奈在外漂泊。像马叔叔这样的农民有了积蓄,首先想的就是回乡盖房子,以备日后养老之用。当问及他们是否愿意更换宅基地时,他们的回答几乎都是不愿意。这让我想到费孝通老先生在《乡土中国》中提到的"安土重迁",费老所描述的"乡村里的人口似乎是附着在土地上的,一代一代地下去,不太有变动"。马叔叔在回答问题的过程中说着说着就笑了,幸福感都写在脸上。人到中年,一儿一女都长大成才,自己也不再背井离乡,和老伴在生他养他的家乡守着自己的土地,收获着地里的作物,简单却快乐,这就是最真实的幸福。

在调研中,我发现农民过量施用化肥和农药是一个突出的问题。虽然大部分农户都知道过施对土壤和身体健康有害,但是为了确保产量不得不使用。老师就此与我们探讨,向我们讲解设计这部分问卷的现实依据。关于化肥农药过施问题的研究早已开始,国家也出台了相关政策解决这个问题。2022 年 1 月 21 日开始实施的《农业农村部关于修改〈农业转基因生物安全评价管理办法〉等规章的决定》为今后的转基因作物商业化提供了制度保障。转基因作物具有抗虫、抗病和抗旱等特点,可以减少化肥农药等生产要素的投入、降低农业生产活动对环境的负外部性。

二、自查互查:务实笃行同进步

在每天调研结束后,我们便开展组员间自查互查的工作。这期间,我们总能发现一些意想不到又有趣的问题。

大家一起就一个问题展开讨论,每个人都可以畅所欲言,老师最终点评指导并给出相关建议。这是一场"头脑风暴",氤氲着浓浓的学术氛围!我们会辩论什么才算自来水,是不是农户自己说自己用的是自来水那就是;我们会讨论油菜籽有哪些生产环节;各家各户人物关系是否正确,什么情况算一家人……对于调研过程中的问题,老师都会给我们充足的时间自己讨论,引导我们深入思考,身体力行地告诉我们科研要有严谨认真的工作态度以及好的工作习惯。同学们对待工作的态度也潜移默化地影响着我。学姐们经常讨论问卷,自查互查到深夜一两点。她们以严谨的态度去认真填写问卷,发现问题,不断地深入理解问卷题目并思考如何填写准确的答案……这些深深触动了我,我也更加认真地对待问卷,力争做到精益求精。

三、总结与感悟

这次调研,我不仅深入地感受了农民们的生活,也学会更加勇敢地在学术研讨中表达看法并倾听他人的不同见解,以多种视角全方位看待问题。同时我也认识到对问题分析没有绝对的正确,要时刻根据具体情况具体分析,要有严谨的态度,严格界定,不是"应该""可能"。

乡村振兴道路还很漫长,我需要以一个严谨认真的学者态度广泛深入地学习更多专业知识,通过寻访脚下的土地用心观察农村生活,不断丰富自身实践经验,更准确地洞察城乡差异背后的内在机理,理解农业发展真正需要的是什么,更好服务于"三农",为推动乡村振兴尽一份绵薄之力。

种耐心之树，方结黄金之果
——参加乡村振兴"百村千户"调研总结

新建区调研组

新建区调研组由经管院十三位师生组成，吴春雅副教授带队、一位博士生（袁云云）、十一名硕士生（张玮航、齐悦、汪振、吴丹、张晓玉、程照晴、万蕾、杨静、陈岩、刘思成、安祖仪）参加。2022年1月10—11日大家接受了北京大学中国农业政策研究中心罗仁福教授和智华勇博士的问卷培训，于2022年1月12日上午，在刘滨教授和吴春雅副教授的带领下前往新建区、赣江新区调研，在新建区与赣江新区农业农村局领导的精心安排和松湖镇、象山镇、溪霞镇与金桥乡四镇九村的镇村干部支持下，1月16日圆满完成了此次调研任务。

2022年1月12日，调研组来到新建区松湖镇与镇村领导座谈，聆听了新建区松湖镇乡村振兴发展规划情况并进行交流。随后，队员们组成两个调研小队分别至港西村、铁湖村同时开展调研活动。

"万事开头难"，初到港西村与村干部对接时被告知半数农户外出，队员们从容不迫、锲而不舍地向联络员一户户确认具体情况，请求帮忙联系被访户的家人，确保调研任务的有序进行。为跟踪到每一户农户，队员们坚持等待外出务工农户傍晚下班回村再开展调研；对于在县城务工难以回村的农户，队员在村干部的帮助下获得县城务工地址前往务工点进行追踪调研；期间一户被访户户主拒绝配合调研，队员不言放弃奔赴外镇追踪至其儿媳工厂请求配合完成问卷。"功夫不负有心人"，最终大家成功完成样本追踪。晚上十点，队员们完成当天任务返回宾馆便立即开展自查互查工作，总结调研遇到的疑问与困难，针对较为复杂的生产经营环节进行认真地探讨与交流，相互分享好的经验与做法，以便获取更加真实有效的数据。

经过第一天对问卷与调研环境的熟悉，大家随后的调研工作顺畅不少，但追踪调研过程中农户外出情况在所避免，队员们有的追踪至修车店站在路旁树下认真访问农户，有的不惜花一个多小时的车程奔赴农户儿女县城家中了解情况，不畏艰辛、始终如一地坚持原则追踪至每户农户。我们以每天两个小队两个村的速度，先后前往新建区的松湖镇的璜坊村，象山镇的头横村、槎溪村和永丰村,溪霞镇的白果村和石咀村;赣江新区的金桥乡乌石村进行追踪调研。

调研历经五天,调研组成员与四镇九个行政村村干部访谈、农户调研,共完成了九村村表数据和 90 户的样本农户调研数据,调研问卷全面涉及乡村振兴战略五大方面即产业兴旺、生态宜居、乡风文明、治理有效和生活富裕。在调研过程中,每户被访农户涉及所要回答的问题近千道,每村村干部访谈耗时近四小时,调研村村干部们在认真接受我们长达半天访谈的同时,还积极帮助联系每一户农户,被访户们放下手中工作,认真耐心地回答我们的每个题项,我们深表感激。队员们也始终秉承初心、团结互助、坚持不懈地克服困难,亲切有礼、热情耐心地与每一位农户、村干部沟通交流。最令人感动的是在访谈过程中我们队员发现被访农户家中条件拮据,积极主动捐款聊表心意。调研路上队员们以诚心相待,用最真诚的态度与语言赢得访谈者们的信任。

本次追踪调研过程中虽遇种种挑战,队员们仍锲而不舍地确保追踪到每一户访谈对象。通过此次调研,队员们真切地感受到党和国家的各项惠农政策给"三农"带来的巨大变化,同时也真正意识到了乡村振兴战略对广大农民的重要性。访谈过程中,我们也发现了一些不容忽视的问题。例如我们意识到农村劳动力流失问题的严重性,如何吸引有知识的青年人返乡发展?如何破解农村老龄化,解决随之而来的养老问题?如何弥合数字鸿沟,破除城乡二元结构问题?如何有效提高农地利用效率,解决耕地"非农化"与"非粮化"问题?如何建设联系服务农户的"最后一公里",解决农产品上行,实现农户增收的问题?如何有效发挥宅基地的市场价值,合理规划乡村布局?以上种种问题,都是启发队员们论文写作的新方向。调研的艰辛更加使队员们认识到数据获得来之不易,"三农"学术研究需要用心用情,坚定了要将论文写在赣鄱大地上的决心。

实践长才干，敦本兴农村

江思伟（农林经济管理1902）

为期六天的江西省乡村振兴战略研究院"百村千户"调研在永新队每位老师和同学的辛苦努力下完美落幕。在这短短的几天里，我经历了很多，在九个村庄的所见所闻给我留下了深刻印象。经过此次调研，我对农村的现实和发展有了更深入的理解和体会。

一、农业劳动力"老龄化"现象普遍存在，农村生活缺乏活力

大量年轻人经过了新思想的洗礼，渴望走出农村、扎根城市，他们选择外出务工。如今的年轻人谁会愿意留在小农村呢？这导致农村空巢老人越来越多，农村"空心化"现象凸显。此次调研中，我接触到的受访者大多在60岁以上，子女外出务工，他们独自在家帮助抚养孙子孙女，大半辈子都生活在农村。当问及是否还在种田时，老人通常的回答是"要种田吃饭"。在进村的路上，我时常看见头发花白的老人拿着农具在田间干活。为了生存下去，"务农"变成了农村老人当前大多数的选择。

二、村庄之间与农户间收入差距不少

在九个村庄之中，给我留下最深印象的是高车坳村——永新县唯一的少数民族村（畲族）。当调研团队从乡政府出发前往高车坳时，崎岖的山路让我真正体会到了什么叫做"山路十八弯"。汽车左弯右绕了许久才到达高车坳村委会。我虽然没有入户调研，但从通往村庄的路上就能够感受到高车坳村的"落后"——道路格外狭窄，只能勉强行驶一辆汽车；通讯条件差，基站建设不完善，联通和电信的手机信号完全断连，调研时只能使用移动热点；处于山区深处，耕地较不平整；农民收入来源以外出务工为主。这与当天上午调研的三湾村形成明显反差。三湾村交通便利，环境优美；沿途开设的餐馆与其他自营工商业较多；因距三湾改编历史景点近，第三产业发展较好。对比二者，实现共同富裕的战略目标似乎是仙山琼阁，但并非望尘莫及。2021年12月，中央经济工作会议把如何正确认识和实现共同富裕的战略目标，作为新发展阶段所需的重要理论和实践问题之一。相信日后的农村将会在高质

量发展中实现乡村振兴,走向共同富裕。

　　江西省乡村振兴战略研究院"百村千户"调研对我来说是一次开阔视野、增长见识的难忘经历。虽然我以前也参加过不少调研,但没有一次是如此的严谨:每位队员在完成每份问卷之后,都需经过自查、互查的过程;每天晚上需要整理出调研时遇到的问题,共同商讨,给予解决;凌晨一两点入睡成为常态,结束时每位队员的问卷至少检查了三遍。大家尽管累,但很充实。所有的付出与努力,最终都会回报给自己,这是我离科研精神最近的一次,我切实认识到每个数据库的建立是多么不易,其背后是问卷设计者和成百上千个访员、被访者的努力。原来枯燥无味的数据不再单调,使用者在通篇浏览完一户的数据之后,便可清晰地掌握该户的情况,从一维的数字里获取立体的农户信息。

　　从小在城市生活的我鲜少有机会去全面认识农村、了解农村。尽管我的专业是农林经济管理,但对农业知识仍停留在一知半解的水平。从未了解过"脱粒""整地"等专业术语的我,调研之路上多了些许坎坷。习近平总书记指出:"不仅要读'有字之书',而且要读'无字之书'"[1]。从书本上学,读"有字之书",学好专业知识,提高自身素养;在实践中学,读"无字之书"。以知促行、以行求知,在不断实践中发掘潜力,努力成为有理想、有学问、有才干的社会主义建设者。

---

[1] 【每日一习话】既多读有字之书,也多读无字之书,https://m.gmw.cn/baijia/2021-04/24/34790216.html。

"农"为底色,贡献青春力量

汪夏卉(会计1801)

务农重本,国之大纲。我有幸参加了由江西农业大学经济管理学院、江西省乡村振兴战略研究院联合北京大学中国农业政策研究中心组织的中国乡村振兴"百村千户"(江西)调研,与进贤组的老师和同学共赴进贤县3乡9村开展为期5天的调研活动,为乡村振兴贡献自己的一份力。

一、锻造"三农"队伍,增强团队调研硬实力

围绕乡村振兴战略20字方针设计的农户问卷长达50页,1份问卷调研员平均要问800道题,耗时3小时以上。因此,让受访农户耐心配合调查是保质保量完成问卷数据收集的基本前提。通过阐明来访目的、倾听农户需求、拉近彼此距离、真诚礼貌致谢,不少农户打开了话匣子,乐于同调研员分享自己的日常生活,表达自己的观点态度,甚至有农户主动添加了调研员的微信,邀请日后再来做客。

数据质量是后续分析、挖掘的基石。为保障数据的真实性和合理性,已填完的每份问卷,经过组员互查和组长审核后才可上传系统。对于有误或存疑的数据,即使离开了调研现场,我们也要进行电话追访,这意味着白天下乡任务的完成并不代表一天调研工作的正式结束,晚上回住所后的问卷梳理和组内自查自纠也是调研不可或缺的重要部分。从严格意义上说调研员对数据负责、对实事负责、对调研负责的职责始终在肩上。

二、倾听"三农"故事,争为农户需求发新声

人是活在希望中的,希望使人精神焕发,认为前途光明,未来可期。我所接触的9户农户对未来普遍持乐观态度,在与他们的交流中,我了解到在乡村振兴大背景下近几年农村基础设施和居住环境有了很大改善,"厕所革命""土灶改电灶"、集中配置垃圾桶和村级快递代收点便捷了农户的起居生活。当问到健康状况时,一位李渡镇大桥村的大爷还告诉我,他现在坚持每天锻炼身体,就是希望健康长寿多享受享受现在的幸福生活。

在生育观和养老观上，印象中农村老一辈总是把希望寄托在男性后辈身上，"多子多福""重男轻女"的传统观念似乎仍停留在村民思想深处。但现实调研反馈的结果却显示出另一种思潮，农户对"生男生女都一样"表示肯定，部分受访者坦言儿子同自己的联系不如女儿密切，三里乡金红村的一位农户甚至直接回答道"农村好女儿多"，这些观点也反映出当前农村家庭养老中存在的代际支持性别差异问题。就赡养费来源，多数农户提到日常开销主要靠自己地里的收成及社保，儿女不会固定汇款以供养老，最多是在节假日包些红包回来。大部分老一辈和他们的下一辈之间，确实有着空间上的距离，但更关键的是在亲情上有没有阻隔。

另外，从智能手机使用情况的作答可以看出，农户对智能手机和互联网的利用深度存在明显差异。我所对接的一位农户能熟练展示其爱人上传至抖音的舞蹈视频，还在受访时连续接听了两通快递派送电话，该受访者讲述，他平时经常在网上购物，并向我分享他在淘宝、拼多多、京东等平台的购物体验。而有的农户仅利用智能手机接打电话和查看天气预报，对其他功能不太了解或没有使用需求。值得注意的一点是，使用智能机的农户主要利用手机的通讯、娱乐、支付功能，当谈及是否运用互联网进行农产品生产和销售时，农户表示在种植流程中未利用互联网技术，而且作物收获后一般都有人上门采购，也并未尝试在线上销售农产品。《数字乡村发展行动计划（2022—2025年）》已经发布，而农户在农业生产方面的互联网意识和信息化、数字化素养可能还需进一步引导提高。

三、厚植"三农"情怀，争做农业振兴新人才

深耕三农土，助力复兴梦。这次"百村千户"大调研增进了我对中国乡村的感性认知，补充了我在数据分析的理性思维，最直接的是使我掌握了一些问卷调查的方法技巧：询问的姿态应该是从农户的角度，围绕其生活发问；问题应该循序渐进，目的性不宜过强；在价值中立的前提下，尽量把提问换成通俗易懂的语言；态度问题不要主动诱导，自己的观点不要施加给被访者，要积极寻求真实的言论。

在大学生活中，我仅囿于专业知识的学习，身为江农学子却很少主动关心"三农"问题，也缺乏基础的农业常识。而怀揣知农爱农的情怀，担当强农兴农的使命，在躬身实践中了解农村，感知乡土，正是我们农大学子应该做的。

感恩学院提供这一次宝贵的调研机会，感谢老师让我加入进贤组这一支温暖的队伍，在以"农"为底色的求学道路上，我会努力将所学转化为推动乡村振兴，促进农业农村现代化的实际动能！

第四部分 返乡观察

为提高学生理论联系实际的能力,帮助学生了解农业农村发展现状,提高学生的观察与写作能力,江西农业大学经济管理学院鼓励学生利用寒假返乡的机会,引导学生观察家乡的发展变化,寻找乡村振兴进程中存在的真问题,尝试运用所学去分析问题,为促进农业农村现代化出谋划策。

农林经济管理专业的学生积极参与该项活动,撰写了系列返乡观察文章,从一篇篇描写微小家乡的文章中得以展现农业农村发展的概貌,使读者对真实的乡村有了进一步的认识。这些文章得到了社会各界的肯定与广泛关注,进一步提升了江西农业大学经济管理学院的社会影响力,也表明江西农业大学经济管理学院为乡村振兴战略实施培养了一批优秀的知农爱农型人才。

乡村振兴背景下的小农经营现状与未来出路
——基于江西农户个案的分析[①]

陈江华(博士、农经系讲师)

趁春节返乡的机会,我回到了日思夜想的农村老家。作为一名农业高校的教师,我非常期待下乡调研,也珍惜每次回乡机会,因为可以近距离观察这片沃土,感受泥土芬芳的气息,让我的研究立足大地。春节期间,我利用走亲戚的机会了解他们家庭农业生产状况,还抽空去田间转了转,以期通过自己的双眼去发现真实的"三农"问题。我父亲也是一位资深农民,同时还从事非农工作,有记录农业生产收支的习惯,为我深入研究"三农"问题提供了宝贵素材,以下农业生产成本收益数据均来自他的账本。本文主要根据这段时间对农户生产行为的观察,并结合我父亲的账本进行思考,探究乡村振兴背景下农业农村如何进一步发展,为深入推进乡村振兴贡献智慧。

一、农业生产现状

农业生产结构以粮食种植为主。耕地主要用于粮食作物、经济作物与林业生产,水田全部用于水稻种植,旱地主要用于种植经济作物与栽种经济林和其他树种。我们家承包地共22.1亩,未转入他人耕地,其中水田14.8亩,旱地7.3亩,67%的农地种了水稻,3.6%的农地种了西瓜、芝麻等经济作物,剩下29.4%的农地种了油茶、杉树和松树,还在油茶树中间种了1亩花生。

农业生产比较收益确实较低。我们家14.8亩的水田做如下配置:0.4亩育秧,7.6亩种两季,6.8亩种中稻,因而水稻实际播种面积为22.4亩[②]。早稻亩均单产986斤,晚稻亩均单产1053斤,早稻售价每百斤120元,晚稻售价每百斤140元,早稻亩均收益1183.2元,中稻

[①] 基金项目:江西省教育厅科技计划项目"农业社会化服务供给研究:生成逻辑、深化路径与政策引导研究——以水稻种植为例"(GJJ190184)。

[②] 其中0.4亩秧田种的是市场价格较低的糯米,主要留做家用,后文在计算成本收益时未将这0.4亩纳入。

亩均收益1204.4元,晚稻亩均收益1474.2元,全年水稻总产值28456元[①],单季亩均产值1293.5元。水稻生产成本由种子(1418元)、农药(2082元)、化肥(3830元)、收割服务费(1300元)、自家耕田机修理与柴油费(600元)构成,水稻生产总成本9230元,单季亩均成本420元,全年水稻生产净收益19226元,单季亩均净收益874元,亩均成本占亩均收益的32.5%,由于在整地与栽插环节未引入农业社会化服务,所以显性成本占比相对较低,但对于转入土地的大户,需要在更多环节使用农业生产性服务,并支付农地流转租金,其成本占收入的比重会更高,约占54.1%。

经济作物并未体现明显的比较收益优势。我们家还种了0.8亩的芝麻,1亩的花生;芝麻收获129.8斤,售价在8.0~8.2元/斤,销售总收入1041元,亩均收入1301元;花生共收获489斤(其中70斤留作下期种子),售价2.5~2.6元/斤,亩均收入1247元。与水稻单季亩均1293.5元的收益相比,传统经济作物芝麻和花生并没有体现出明显的比较收益优势,加上经济作物机械化程度低,劳动力投入相对更多,在务农机会成本不断上涨的情况下,经济作物生产成本更高,导致种植经济作物并未出现与学界所认为的那样:经济作物比较收益高于粮食作物。与双季水稻亩均2587元的收益,或双季水稻亩均1748元的净收益相比,传统经济作物种植甚至出现了比较收益劣势。因此,在国家实施粮食最低收购保护价的政策支持下,农户可能更愿意种机械化程度更高,且市场风险更小的粮食作物,而不是大规模地改种单产不高,且市场风险较大的经济作物,即使扩大经济作物种植规模,也大概率遇上农产品卖难问题,导致经济作物收益不如粮食作物收益。换言之,传统经济作物不大可能压缩粮食生产空间,从而威胁我国粮食安全。因而对"非粮化"的担忧在大部分农村可能没有必要,甚至是杞人忧天,尤其是对于那些缺乏区位优势,且不具有市场竞争力的特色农产品的村庄。

二、粮食安全之忧

然而,粮食生产并非高枕无忧,也存在对粮食安全构成威胁的隐患,在传统双季稻主产区出现越来越明显的双季改种单季的现象就是其中之一。我家在2021年扩大了中稻的种植规模,之前农田全部(除了深水田)种两季(早稻和晚稻),一季稻占水稻播种面积的30.9%。其实,"双改单"会使家庭农业收入减少,降低农业收入在家庭总收入中的比重,导致农田复种指数下降,造成隐性抛荒。在育种技术没有重大突破的前提下,越来越多的稻农改种单季,势必对保障我国粮食总产量稳定的目标带来不利影响。但小农的粮食种植行为

---

① 早稻和晚稻共售出12954斤,还留了2600斤家用。

是基于自身家庭实际情况做出的理性选择。通过观察发现,农户"双改单"的原因主要有以下几方面:一是自身年龄逐渐偏大,劳动能力下降,无法胜任劳动强度较大的双季稻种植;二是随着子女参加工作或其他家庭成员外出就业,家庭农业劳动力减少,导致农业生产面临劳动力不足的困境,需要降低农业生产强度以应对农业劳动力短缺的局面;三是自身作为家庭农业生产的主力,自身有非农工作,导致务农机会成本高,而相对较大规模的农业生产反而影响非农就业的连续性,不仅对非农就业机会获取不利,而且减少了相对可观的非农收入;四是子女成家,需要照顾孙辈,减少了农业生产方面的劳动力投入。当然,影响农户"双改单"的关键在于水稻种植亩均收益低,单季每亩净收益874元,双季亩均净收益也只有1748元。由于我国人多地少,农业生产以小农经营为主,户均不过10亩,即使10亩全部种水稻,也只有17480元的农业净收入。如果这10亩由2位中老年夫妇来经营,那么人均农业纯收入为8740元,只占2021年江西农村人均可支配收入的46.8%。因而,小农需要将更多的劳动力配置在农外才能保证家庭收入不低于平均水平,从而维持体面的生活。

那么,为何留守农村的小农不将全部精力投入非农工作上,而是选择兼业呢?那是因为非农就业不稳定,在农村的非农工作无非就是修马路、做泥瓦匠等零工,而这些工作不是天天有,经常干几天歇一阵子,就没法完全脱离农业。

三、农户生产行为转变

我国已取得脱贫攻坚的伟大胜利,为帮助广大贫困户脱贫与贫困村摘帽,各地因地制宜地发展了各具特色的农业产业,以期通过产业发展兴来帮助农民增收,以及促进乡村振兴。但往往面临产业发展雷同,同类农产品供给大规模扩张的问题,导致农产品卖难问题突出。

在粮食种植比较收益较低,经济作物收益又不理想的情况下,越来越多的农户在旱地上种树造林。2016年前后,在我老家,在旱地上植树造林早已蔚然成风,早先开垦的荒地大多披上了绿装,到处是连片的杉树林和松树林①。这样一来,农村森林覆盖率显著提升,农村生态环境得到根本改观,清新的空气让人感到非常畅快。农户的植树造林行为并不是在政府的压力下做出的被迫选择,而是基于现实做出的理性选择。首先,家庭劳动力外出务工,农业生产劳动力投入不足,而树木的生长并不需要投入多少劳动力,只需在栽种时耗费劳力,而这可趁外出农民返乡过春节时间完成;其次,农地流转市场对旱地的需求明显不足,导致外出农户无法搜寻到合适的农地流转对象,与其将土地抛荒获得零收益,还不如在地上种上树;再次,旱地长期种植经济作物后,化肥施用过多,造成土壤板结,地力下降,经济作物单产

---

① 当前杉树市场价格较低,据介绍,1吨杉树市场价400元。

越来越低,迫使农户选择种树;最后,在有土地调整传统的农村,种树可以实现对抗土地调整的目的,确保地权稳定①。

四、高标准农田建设模式与差异

作为世界第一人口大国,且经历过大饥荒的中国而言,确保粮食安全是治国理政的头等大事。国家历来也强调要做到谷物基本自给,口粮绝对安全,要求"中国碗主要装中国粮"。因而,为确保国家粮食安全,我国正在大力推进高标准农田建设,以期通过提高农业综合生产能力来确保粮食等重要农产品供给。然而,我在田间走了一圈,发现高标准农田建设质量还有很大提升空间。在我们村,高标准农田建设主要体现在土地平整、水渠硬化与机耕路修建三方面,虽然绝大部分水渠得到硬化,但硬化的质量堪忧。水渠硬化采用了由水泥和沙子做成的 U 型槽,该 U 型槽没有钢筋或铁丝在里面,硬度不够,田间随处可见断裂的 U 型槽,而且两块 U 型槽之间的衔接不紧密,出现较大缝隙,这就导致在用水高峰期依然会出现水下渗,造成水资源浪费问题,从而影响灌溉效率。

现实中,高标准农田建设模式也存在差异。有些村庄直接在原来的土地承包格局上直接进行高标准农田建设,而有些村庄意识到高标准农田建设降低了不同区域地块之间的质量差异,趁高标准农田建设之机推进土地并块,使农户家庭承包地在空间上集中连片,前者土地细碎化程度依然较高,而后者有效降低了土地细碎化程度,使农业生产更加便利,有助于提升农业生产效率,并化解了村庄内部潜在的可能矛盾。这是因为建设高标准农田不可避免地占用部分农户的承包地修建机耕路、水渠等基础设施,如果不重新调整就可能加剧承包地占有的不均,并纵容另一部分农户在农业公共基础建设中的搭便车行为,从而造成公平与效率双输的局面。父亲对"增人不增地,减人不减地"的态度,他认为政策不应一刀切,在人均土地相对较多的村庄,农业收入是家庭收入主要来源②,而非农就业不充分,如果不定期随人口调整土地,将对人口增加家庭的生计产生严重影响③。因此,有条件的农村可以尝试趁高标准农田建设之机进行土地并块,实现降低农地细碎化的目标,以适应农业机械化发展趋势,达到效率与公平兼顾的双赢局面。

在察看高标准农田建设时,我发现水渠边上到处都有被随意丢弃的农药包装物,造成农

---

① 如果农户觉得从集体分到的某块承包地质量较好,通过在这块地上种树可使这块旱地长期由自家经营。

② 2021 年,我爸妈两人总收入共 45226 元(未计算有限的农业补贴收入),其中农业收入 19226 元,非农收入 26000 元,农业收入占比 42.5%。

③ 这一回答能在一定程度上解释为什么有些人均土地很少的村庄长期不调整土地,而有些人均土地相对较多的村庄频繁调整土地的差异。

村面源污染,恶化农业生产环境,从源头上对农产品质量安全产生威胁,这体现农民农产品安全生产观念淡薄,农业绿色发展理念未深入人心。

五、政策建议

正如恰亚诺夫所指出的那样,在人口压力下,家庭农场比资本主义农场更有竞争力。同样,在当前的中国小农仍然具有旺盛的生命力,仍然占据着中国农业生产的主体地位,小农经营将长期存在,尤其是兼业小农。因而要正视小农,要对小农要有足够的耐心,帮助小农融入现代农业发展的轨道,促进小农与现代农业有机衔接。这就需要在以下几方面继续做出大量的工作:一是加大农民培训力度,提升农民人力资本;二是继续推进农药化肥减量使用行动,加强农产品质量安全教育,加大绿色生产理念与环保观念宣传,引导农民树立强烈的农产品质量安全观,帮助农民深入贯彻绿色发展理念;三是加大农机补贴力度,将更多实用的小型农机纳入农机补贴范畴;四是因地制宜采取有效的高标准农田建设模式,着力降低农地细碎化程度,并提高高标准农田建设质量;五是大力发展本地农业社会化服务,提高农业社会化服务可获得性,同时也要防止农业社会化服务使用成本不合理地过快上涨;六是在营销端持续发力,积极争取大型互联网电子商务平台参与支农助农活动,构建区域公共品牌,提高特色农产品知名度;七是促进非农工作供需对接,帮助小农参与非农就业,同时,在实施农村项目建设时重点吸纳本地农民参与就业,以增加农民收入。

对小农保持足够历史耐心并不妨碍农业适度规模经营发展。发展农业适度规模经营是实现农业现代化的重要路径之一,需要进一步促进农村人口转移,构建新型农业经营主体支持体系,引导土地向具有务农比较优势的大户、家庭农场、农民合作社和农业企业流转与集中,不断提高我国农业适度规模经营水平。同时,也应摸清农村愿意留村务农的中青年农民具体人员,引导其成为新型职业农民,并加大支持力度。

当然,不断推进农业农村发展需要跳出农村来看农村,如何打通城乡联系,促进城乡联动才是实现乡村振兴的关键。

此心安处是吾乡

赖启榕(农林经济管理1903)

2022年1月中旬,满怀着对家乡的思念和"在路上"的欣喜,我回到了阔别半载的家乡——江西省西南边缘大庾岭北麓大余县。提到"家乡"一词,我内心翻涌的总是归属感,一如宋代词人苏轼在《定风波·南海归赠王定国侍人寓娘》中写道:"万里归来颜愈少,微笑,笑时犹带岭梅香。试问岭南应不好,却道:此心安处是吾乡。"不可否认,大多数人们都害怕变化,因为那代表着不确定性,代表着风险,就像两年前的我曾认为家乡蜂拥而起的华灯预示着"超前城市化"态势即将在家乡上演,这态势就如同世界上不少偏居一隅的县城复刻着墨西哥的旧影一般。时光已过半载,搭乘时代发展的顺风车,大余县政府因地制宜,依托当地的自然资源与风土民俗制定了不少远景规划,家乡的"风景"早就不似"初见"。回到家乡的这些日子里,我不再为家乡未知的新变化而担忧,或许是因为已经笃定了"方向没错"的信念,所以不再害怕道路遥远,并且,我现在更加期盼着新变化的到来。

一、文旅景点如月之恒

如今,红色旅游越来越成为家庭出游的热门选项,依托大余县丰富的文化资源,不少文旅景点已经建成。梅岭三章纪念馆红色教育基地让游客朋友们在忆苦思甜的旅程中坚定理想信念,不忘初心、牢记使命,向着更加美好的未来努力前行。家中长辈携着小辈来到一处处红色旅游景点,在记忆与现实的交织中讲述难忘的峥嵘岁月。不仅如此,大余县还推出了红色初心游、福地生态游、理学溯源游等精品文化旅游线路,开发了花艺小镇、国家级长征步道大余段等文旅项目,南方红军三年游击战争纪念馆也已完成布展。凭借春节、"五一"等节庆消费刺激,2021年上半年全县接待游客415.29万人次,同比2020年增长178.5%、同比2019年增长21.1%,旅游总收入达到28.01亿元,同比2020年增长268.6%、同比2019年增长70.8%,旅游业恢复到较好水平。大余县成功入选全省第二批美丽宜居示范县、全省首批"美丽宜居与活力乡村(+民宿)"联动建设试点县。

二、各类产业如日之升

为了更加准确地了解家乡近年发展状况,我查阅了大余县人民政府发布的相关数据并结合我的返乡见闻总结了家乡产业存在的以下几个突出特点。第一,蔬菜产业加快发展。大余县成功引进5个山东寿光客商在池江镇杨梅村、高林村,吉村镇民主村、上村新建的大棚蔬菜基地。第二,花卉苗木产业发展平稳。以青龙平岗金边瑞香基地建设为抓手,已完成300亩高标准大棚建设,入驻瑞香花农7户,鲜花生产户1户,完成综合楼、花卉展示区的桩基工程建设。金边瑞香,是江西省大余县特产,也是中国国家地理标志产品。我是从小就听着金边瑞香的名气长大的,它正走向产业化、规模化、外向化。第三,油料植物作物维持稳定。全县鼓励种植油茶,油茶油价格较高,在丘陵地区,油茶产业能带来不错的产值。油茶不仅是一种油料植物,更有不少其他功效,小时候,我奶奶会特地购买油茶制的古法洗发产品,那东西是个极大的油茶树饼,每次使用时挖下一点儿茶渣包在布里,用热水浸泡直至热水变色,说是这样做对头发好,产品是纯天然的,用着也很健康。

三、村居规划日新月异

对于许多不熟悉农村的人来说,农村代表着偏僻和落后,农村是由泥土路和茅草厕所组成的。但今时不同往日,这早就是过去式了。近年,大余县政府切实保障群众住房安全,对于老人住房问题,积极动员老人与其子女共同居住,改善老人居住条件。同时,加快实施"乡镇建设三年行动",进一步加大城乡环境整治力度,着力改善人居环境。我家隶属南安镇新安村,与邻村新华村只有一路之隔,距离很近。村居环境日新月异这种惊喜感最早是由新华村带给我的,一年之前新华村房屋高低起伏大,路面泥泞不平,在政府规划之下,一年之后的新华村放眼皆是整齐划一的高楼和宽阔的街道。这让我这外村人忍不住想要走过去瞧瞧。走进新华村,更是让我吃惊,村子面积不大,但应有尽有。沿街而设的商埠明灯高挂,村里建了个足球场和篮球场,一条文化长廊横亘在庄严的村部和极具青春活力的运动场所之间,没有半点儿不和谐的样子。至于厕所,虽然每家每户室内都有独立卫生间,但村里也建了个公厕,虽说算不上多么智能化,但带给人的干净卫生的感觉是我在往日从未见过的。一方面,我认为政府近些年做出的努力没有白费,人们幸福感的提升越来越有保障;另一方面,我切身体会到新时代文明之风正逐步吹向中国乡村。

说完了这些变化,再来说些不变的吧。对我来说,家乡让我感到亲切的最重要的原因是这里有我最重要的亲人。这种亲切感和认同感是永远不变的。奶奶是个很没文化的人,一位农民,虽然平日说话做事有些粗鲁,但是教导人的时候极其温柔,她从来没有真正意义上打骂过我,而是语重心长地一直和我"谈心"。于我而言,这种温柔,似乎是我这一生中最宝贵的财富。夜里,我洗完澡坐在床上,听奶奶说闲话。我知道奶奶现在很唠叨,一件事情可以说七八遍,我却不敢打搅她说话的兴致,因为我知道,我和她相处的时间过一天便少一天。她和我说她以前吃了多少苦,走过多少路,其实,那些故事,我小时候也听过不少,但是再次听起来,便很容易联想到当时的画面,即使自己没有经历过,但听她笑盈盈地讲故事一样讲给我听,我反而更动容了。她说以前拿菜去集市卖,100斤菜才值1.25元,却卖得很有华。(大余县方言,"很有华"意为很"很值")只要自己去劳动,自己就能赚钱就不用向别人借。爷爷去世得早,奶奶一个人辛辛苦苦拉扯我爸和我姑两兄妹长大,想想很辛苦。她说现在生活变得好了,她也老了,就等着享福。的确,对于老一辈人来说,晚年的幸福就是亲人陪伴在身边。时代不同,但我想有些精神信念是可以跨时代而共通的,老一辈农民身上有不少闪着光的品质放在今天也同样值得青年人学习。习近平总书记说,理想信念是共产党人精神上的"钙",精神上"缺钙"就会得"软骨病"[①]。据我观察,我所接触过的农民大都勤劳勇敢,"钙量"很足。

家乡农业正往好的方向发展,这是可喜的。水稻种植方面,政府大力推广优质稻,施用富硒肥料,优质稻的经济效益远高于常规稻,生产富硒大米的价格和效益也远好于一般大米,但因是稻农的自发行为,种植规模增加缓慢;生猪养殖方面,大余县已与温氏食品集团股份有限公司进行洽谈,签订了年产50万头肉猪高效楼房式养殖项目投资框架协议以稳定生猪生产;金融支持方面,县食品产业园入驻企业有大余县牡丹亭旅游食品有限公司等多家农业加工企业。

希望未来能听到更多来自家乡的好消息。

[①] 习近平:坚定理想信念 补足精神之钙,https://baijiahao.baidu.com/s?id=1715129111573480576&wfr=spider&for=pc

红色旅游助力大余乡村振兴

刘衍朵（农林经济管理1903）

看着窗外一帧帧掠过的景色，似乎每一年都有所不同。前几年我的老家大余县池江镇兰溪村彭坑小组作为"陈毅旧居"发展红色旅游，原本杂草丛生的道路已被整整齐齐的栅栏围了起来，并贴上了通往目的地的指示标。沿途还设计了各式各样的木牌，有习近平总书记亲切的话语，有饱含乡村气息的"山间小苑"，还有象征着革命奋斗精神的枪杆子与竹篮子。老家的房屋被刷成了统一的红墙黑瓦，门前的大块泥土地被设计成了停车场，曾经的破落小屋被建成了公共厕所。红色旅游的发展为家乡人文景观、经济建设和文化振兴提供了新的发展契机。我的家乡被称为"陈毅旧居"。抗日战争时期，陈毅在赣南打游击战，隐匿在兰溪村的周篮嫂家中，而周篮嫂也凭借着智慧帮助陈毅、陈丕显一行人躲过敌人的搜查，并冒着风险给游击队员送饭、购买物资、探听敌情，还利用乡下的土方子为陈毅医治好了腿疾。[①] 由此可见，乡村承载着中国革命的红色记忆，而发展红色旅游资源不仅能发扬红色传统，将传承红色基因落到实处，还能从革命的奋斗历程中汲取思想与智慧的力量。此外，红色旅游是旅游产业的重要组成部分。一方面能够改变乡村旅游单一化、同质化的现状，增强历史底蕴和文化独特性，另一方面能够带来更丰富的人流、物流、资金流，带动周边餐饮、住宿等产业的发展，从而延长产业链，优化经济结构，促进农村产业的高质量发展。红色旅游资源的开发兼具社会效益与经济效益，在全面推进乡村振兴的新阶段，开发并利用好红色资源，有助于传承红色基因，推动红色旅游与乡村振兴有效融合。

家乡为发展"陈毅旧居"红色旅游做了以下许多举措：保护有形遗产，开展了遗址建筑修复和遗迹布展等工作。保护并修缮旧居老屋，还原特有的历史环境风貌，展览了陈毅的书桌、卧室、游击队员讨论工作的会议室等；设计独特的红色文化标识，营造"红色氛围"。有在几百米之外就能看见的五星红旗，有代表着革命进取的枪杆，还有为游击队员输送物资和情报的竹篮，展现了革命时期战士们和百姓的鱼水情深；加强配套基础设施建设，优化乡村生

---

① 她挎着竹篮送情报，还曾这样智救陈毅，https://m.thepaper.cn/baijiahao_15331898。

态环境。改造废弃小屋,建设公共厕所,在江边、田野等风景较好的地方设计有观赏性的乡村景观。为了方便游客参观,在高速公路和乡间小路上都贴上了指示牌,并留出场地建设停车场。同时,积极发展民宿和餐饮,在离旧居十米远的地方就有零售店和小型的民宿。

传承无形遗产,以红色资源为依托,讲好历史文化故事。周篮嫂与游击队员的故事也通过遗迹展览和情景还原等方式生动展现。例如,周篮嫂化解搜查危机的故事。基于这个故事,建造了周篮嫂赶猪的雕塑,生动还原当时的场景。除此之外,"陈毅旧居"通过采访、新闻报道等方式宣传。央广网、环球网、中国江西网等来家乡采访周篮嫂的后代以宣传革命故事,由此也吸引了小学生、大学生来此参观,进行课外实践,为传承红色基因做出了良好的示范。

家乡的红色旅游在不断完善与发展,但也存在一些不足之处:首先,展览内容有限、形式单一,难以提供丰富的体验感受。当地的红色资源挖掘不充分,许多红色故事没有展现宣传出来。例如家乡后山的瞭望台、作战的暗沟都没有详细的介绍,这往往导致大多数游客走马观花,很快就逛完了,致使很多游客对"陈毅旧居"的印象仅片面地停留在"乡下的一座老房子"上,没有充分地传播红色故事与红色情感。展览展示是红色景区最主要的功能,单一的观光内容很难使游客产生强烈的兴趣,因而既要展现故居、遗物、书籍等有形资源,也要充分挖掘诗歌、标语、故事等无形资源,给游客以深度体验,形成对旅游地的独特认知。其次,地区偏僻,知名度较低,游客大都为本地人。"陈毅旧居"位于偏僻山区,缺乏公共交通资源,地理区位的劣势使其难以吸引到充足的客流量。因而游客大都是本地人就近参观,这就减少了在参观地就餐、住宿的必要,导致当地餐饮、民宿等相关产业难以发展起来。最后,红色资源与其他产业融合不足,红色文化的经济开发功能未得到有效发挥。由于客流量和当地经济发展的限制,营造有利于实现红色文化经济效益的产业生态显得十分困难。当地经济以家庭小农生产为主,专业大户和大规模农场较为罕见,且当地青壮年大都外出求学或务工,留村的农民多为老人和妇女,因而发展文旅产业缺乏人才、资金和技术的支撑,基本上局限于红色旅游的传统模式,以游客参观为主,"农文旅"融合发展的内在动力不足。

虽然家乡的红色旅游并未发展充分,但仍存在较好的前景,我认为可以从以下几个方面考虑,加强对红色资源的利用和规划。

第一,为丰富参观内容、提升游客的体验感受,在充分依托红色资源的基础上,利用好乡村田园景观,"红绿结合",推动红色旅游与生态旅游、乡村旅游融合发展。首先要深挖红色旅游资源的文化内涵,不能仅停留在展览遗迹和故事讲解,增强互动和体验式的项目,比如:观影、体验式游击战等。在空间上进行情景延伸,创新红色文化元素,让来访者对参观地保留独特的记忆。接着,红色资源的精神内涵还需与时俱进。红色旅游游客呈现着年轻化趋势,"陈毅旧居"吸引着一批批学生来此参观,因而具有研学性质的红色旅游不能恪守古板内涵、囿于"传统套路",要不断随着时代发展更新变化,创新展览模式,展现时代精神。此外,将红色旅游与乡村自然风光融合,发展乡村游、绿色生态游。乡村具有得天独厚的自然风光,把资源有机整合,打造红色教育、休闲采摘、农耕体验一体的旅游模式。例如,旧居附近有种植脐橙的家庭农场,将参观旧居和脐橙采摘结合起来,就能充实旅游内容、丰富旅游体验,人们在参观完"陈毅旧居"以后还能流连于山间田园,体验脐橙采摘,这在很大程度上提高了乡村旅游的质量,并赋予乡村产业以新动能。

第二,融合现代信息技术,实现红色旅游数字化。革命老区大都位于交通闭塞、经济条件落后的偏僻乡村,而区块链、5G、AI等现代信息技术能将分散的景区连点成线,加强区域间合作,同时利用互联网传播速度快、覆盖面广的特点拓展宣传渠道、提升游客体验度。"陈毅故居"位于偏远山村,影响力有限,而大余县城的丫山风景区知名度相对较高,每年都能吸引大批外地游客前来游玩。如果运用大数据将丫山风景区和周边的红色旅游资源联合布局,规划适合的旅游路线,推出打卡革命老区、点亮红色地图等活动,就能发挥丫山风景区的辐射带动作用,为周边红色旅游目的地提供更多的客源。红色旅游资源的区域联合还能满足各层次的游客需求,选择不同的游玩路线和区域组合能够使游客多方位、整体上了解当地的革命历史、红色故事,宣传红色文化。

第三,以"红色旅游+"产业融合为导向,奏响红色资源社会效益与经济效益的交响曲。红色旅游地一定不能做成单一的红色旅游模式,但许多红色旅游集中在乡村地区,长时间不被大众所知,要推动乡村红色旅游产业发展就必须拓展宣传渠道,有多样化的宣传手段。可以借助抖音、微博等媒体让红色文化走出大山,不仅要宣传红色故事和红色精神,还可以结合当地的其他旅游资源,如风景、美食、土特产等,为革命老区吸引更多的人流客流量。当客流量增多,相关产业即可顺势而为、蓬勃发展。红色旅游与当地特色产品相融合能够拓展农产品销售渠道,促进农民增收致富。红色旅游与教育产业融合能够引导人们的精神价值取向,使革命老区成为青少年思想信念教育的课堂,具有良好的社会效益。

红色旅游作为一种特殊而重要的旅游形态,已如星火燎原之势。家乡的红色旅游也在迅速发展,在传播中国故事、传承红色基因、助力乡村振兴的道路上奋力前行。

田园综合体发展模式总结与思考

薛应如(农林经济管理1903)

"田园综合体"于2017年中央一号文件中首次提出,明确要求"支持有条件的乡村建设以农民合作社为主要载体、让农民充分参与和受益,集循环农业、创意农业、农事体验于一体的田园综合体,通过农业综合开发、农村综合改革转移支付等渠道开展试点示范"。为此,我在返乡期间参观了浙江温州市曹村镇曹村艾米田园综合体、浙江瑞安市滨海新区滨海田园综合体,联想到2021年暑期驻村时考察的江西芦溪县紫溪田园综合体,对这三种田园综合体模式展开分析与思考。

一、发展模式简述

(一)浙江温州市曹村镇:三产融合型

曹村田园综合体以水稻种植为内核、胚芽米精加工为引擎、以农旅产业为延伸,围绕稻田文化推进三产融合。该项目发展较为成熟,集农业生产、生态旅游、户外运动、乡村休闲、文化体验、康体度假等功能于一体,旨在实现田园综合发展。

(二)浙江瑞安市滨海新区:都市田园型

该项目以农业生产为基础,以"农业+游玩+观赏+文创"发展为主线,打造多元化循环农业产业链。滨海田园综合体旨在打造都市近郊休闲体验空间:将农业资源与旅游融合,建设郊野乡村公园;依靠科技驱动力催生智慧农业,推进农业生产从标准化向精准化、智能化转型;围绕生产、供销、信用"三位一体"改革建立现代农业服务中心。

(三)江西萍乡市芦溪县:自然资源型

紫溪村处于江西,远离大都市,立足现有的生态风光与人文条件,展现农民生活、农村风情和农业特色,保留得天独厚的乡村原生态资源。通过营造整洁宜居的生产生活空间,发挥森林公园的休闲价值、湖泊河流的景观价值、优质自然的健康生活价值,赋予农业生态空间以美学价值和人文特色,使人们获得丰富的审美感受,为乡村文化产业的生长和拓展提供良性的生态环境。

二、总结与思考

（一）努力增加客流

提供研学实践、教育培训等成为田园综合体增加客流消费的普遍途径。曹村艾米田园综合体探索公投民营的新模式，将政府打造的"环天井垟"研学游项目移交乡悦文旅公司运营，由公司整体开发出融合非物质遗产文化、进士文化、耕读文化、田园体验、红色教育等多种元素的研学旅行路线，以此巩固客源、吸引学生流量，有利于提升资源利用率、降低政府运维成本。同样，在县委组织部的对口帮扶和中宿美科技有限公司的规模化运营下，紫溪田园综合体以芦溪乡村振兴学院为引擎，通过承接机关干部培训，将党性教育与乡村振兴、社会治理有机结合，不但为乡村持续发展提供人才支撑，而且有效降低民宿空置率、拓宽餐饮覆盖面。

综上，田园综合体在政府部门的合作扶持下，组织学习、参观、培训来固定客源，并引进工商资本促进农业产业多元化发展，能够培育新的消费增长点，释放衍生业态发展潜力，赋予周边产业发展新动能，从而带动农旅产业的快速融合。当然，田园综合体还有通过利用现代营销手段，不断拓展新的客源渠道。

（二）大力推进土地流转

位于浙江温州曹村镇的天井垟是浙江省最大的连片粮食生产功能区，享有"瓯越粮仓"的美誉，2018年粮食种植面积约14000亩，粮食产量近6000吨，在保障粮食安全的同时为生态文化旅游的拓展奠定了基础。曹村田园综合体能够利用集中连片的土地进行大规模粮食生产，离不开特定的历史条件。20世纪80年代年代中期，温州农民在紧张的人地矛盾下以"敢为天下先"的精神积极创业谋求出路，民营企业和商品经济蓬勃发展，形成了"以商带工"的温州模式并延续至今，为农村土地流转奠定了基础。农民在家门口就有大量的二、三产业就业岗位，务农机会成本上升使绝大多数农民不再种田，选择就近经商，还愿意流转土地获得租金，有利于家庭农场、种植大户承包土地进行规模化经营和机械化生产，发展出专业化和资本化。

滨海田园综合体在农业生产与观赏区内建立了2000亩花椰菜标准化生产示范基地，我在参观过程中发现每隔几块田埂就能看到"田长公示牌"，后了解到瑞安市率全省之先推行网格化农田"田长制"。我认为"田长制"有利于对集中连片的土地开展集约化、科学化管理，以农药废弃包装物处置回收为例，目前施药施肥环节机械化难以操作，且较大规模的耕地容易加剧乱扔农药包装废弃物的隐蔽性风险，导致雇工过程的监督难度加大，农户自身也易产生机会主义行为倾向，田长通过宣传发动、组织回收、统一指导、规范行动等来提高集体决策的公共效率，一定程度上能抑制破坏农田生态的行为。

位于江西萍乡市芦溪县的紫溪田园综合体建立了集中连片 200 亩蔬菜、1180 亩脐橙、260 亩高产油茶、230 亩猕猴桃等产业示范基地。紫溪村通过村委帮助统一流转土地和规划设计，凭借村社组织具备一定的组织能力、掌握农村社会情况、拥有地方权威，发挥其中介作用来降低新型农业经营主体土地流转的交易成本。可以看出，三种田园综合体都采取了流转土地的方式实施规模经营，促进农业产业高质量发展，下一步需要思考的是如何打造有效的利益联结机制，保障农民的主体地位。

以上田园综合体在土地、资金等资源禀赋方面都具有比较优势，而在小农长期存在的部分欠发达地区，农户普遍守着自家的"一亩三分"地，将土地视为最基本的生产资料和赖以生存的根本保障，更是其长久以来的精神寄托与情感维系，使得土地集中流转较为困难。因此，发展田园综合体需因地制宜，避免陷入同质化竞争，将建设规模控制在合理的范围之内，找准自身的市场定位，不断增强自生能力。

加强农民培训,促进乡村振兴

谢兴荣(农林经济管理 2003)

2022年寒假回到家乡呆了一段时间,我的感触颇深。我所在村庄人口较少,村里一共22户人家,总人数98人。

春节期间村里人多了起来。春节期间,除了姐姐不方便回来之外,其他人都回家了,村里非常热闹,经常是鞭炮烟花齐鸣,往日村子冷冷清清的情景不见踪影。然而这还不是最热闹的,和正月吃客饭相比,放鞭炮就略显单调了。从正月初四开始,家里的亲戚就开始办各种酒席——生日酒、满月酒等等,又或者是单纯的请大家吃饭,一直持续到正月初十左右才会结束。

然而,我感触最深的并不是这表面的热闹,而是热闹褪去之后的冷清。正月初十之前大家都在开开心心的吃客饭,但是正月初十过后,无一例外,大家都在筹备着外出务工。等到元宵节过后,大家就开始陆陆续续地外出务工了,村里又开始变得冷清了。外出务工的年轻人离开,村里就只剩下一些老人、小孩,或者是年纪较大的农民,因为年龄较大,无法外出务工,只能在家里种田。村里一共98人,老人有5人,小孩23人,劳动力70人,劳动力占比达到76.1%。在这些劳动力中,外出务工的人数有28人,还有许多小孩跟随父母外出读书,最后算下来,能常年留在家里的只有40人左右,且大部分为50岁以上的农民以及还在读书的小孩。

村里家家户户虽然都分有田地,但是也仅仅人均是四五亩地。村里一共22户人家,坚持种田的只有8户,占比36%,并且都是家里上了年纪的在种,年轻人基本外出务工了。吃客饭时听大人聊天谈到自己家里种田一季收入很少,因为田地少,种植一季水稻只有3000~4000元的收入,好在气候条件允许种植两季水稻,这样算下来,除去外出务工人员的开支,自己在家的基本生活算是有保障了。

除了外出务工以外,也有人选择了留在家乡创业的。我的两个伯伯就是选择留在家里做起了木匠生意,专门做装修工作。在农闲时节,他们就去周边村镇工作,为客户装修新房,虽然说也是连着几天不会回家,但是比起外出务工一年只能回一次家来说,已经好太多了,毕竟可以兼顾家里。并且做木匠生意月收入也能有 4000～5000 元，和外出务工比较，实际工资不相上下。另外一个叔叔也是在外务工几年后选择留在家里工作，自己在镇上做起了家电销售，收入也不会比外出务工差。

在如今乡村振兴的大背景之下，留在家乡自主创业也不失为一个好的选择。我国正处于全面推进乡村振兴和探索基本实现农业农村现代化的重要时期，国家出台了一系列鼓励和支持农民工等人员返乡创业的优惠政策。村里有资金或技术的外出务工人员如果能够响应国家号召，回乡自主创业，将是推动乡村振兴的重要力量。农民工在返乡创业的同时还能够兼顾家庭，减少"空巢村"的出现，缓解留守儿童、留守老人等社会问题，提升自身幸福感。

农民工在返乡创业的同时，在农业社会化服务的支持下，通过家庭内部分工也可以经营几亩田地，为国家粮食安全做贡献，而不至于使田地荒废。国家鼓励自主创业，制定相关政策，但是仍然有少数农民工不了解相关支持政策，不懂得如何利用这些优惠政策，在和叔叔聊天时，他表示并不知道向银行贷款有优惠，在筹集资金时选择的是向亲朋好友借钱。另外，虽然有部分农民工有返乡创业意愿，但是由于没有相关知识和技能，不知道如何展开创业，只能继续务工。对此，相关部门可以针对农民工需要的技术加强农民工职业技能培训，开展管理、营销等方面的实训培训课堂，并且持续跟进农民工返乡创业时遇到的困难及问题，及时帮助解决。

绘振乡之万里河山,却听疏钟忆翠微

李瑶(农林经济管理 2003)

　　许是听惯了对城市里车马喧嚣,华灯如昼的夸耀,借着春节的契机,我辞了对"软红十丈"的向往,回到了阔别两三载的农村老家。

　　我的家乡坐落在抚州市东乡区,是一个"不太起眼"的小村庄。农家村落,聚拢来是烟火,摊开来是人间。在这里,新农村建设如火如荼,农村面貌也发生了翻天覆地的蜕变,也渐渐与我心中的乡村有了很大不同。

　　人居环境整治的持续推进,农村环境得到了很大的改善。

　　农村人居环境整治是乡村振兴第一场硬仗,通过查访区政府官网了解到,为了打造"干净、整洁、有序"的农村环境,全面推进农村环境整治扩面提质,东乡区无害化户厕普及率达到90%,建立了17座集镇污水处理厂,在各美丽示范村建设了6座污水处理站,共清除生活垃圾一万四千余吨,有效实现了农村生活垃圾无害化处理的全覆盖。就我生活的村庄而言,附近有一个面积较大的水塘,原本杂草横生,附近人家日常洗衣服,清洗农药试剂等高污染活动都在此进行,更有甚者,直接在水塘周围堆积生活垃圾、排放生活污水,由于水塘生态调节系统较弱,水体更新换代速度较慢,不出几年水体被污染严重,远远经过都能闻见恶臭。近几年通过村庄环境治理,我村设置了多个垃圾收集站,并聘请了当地村民做专职保洁员,垃圾处理系统日益完善。以前在农村生活时,特别是临近年关,家家户户用水紧张,几户同时用水,会产生水压不够,断水的现象。因此我家周边的村民,除了安装自来水之外,还打了十米深的自用水井,老一辈的人也经常说水井的水比较甘甜。通过走访亲戚家发现,近几年家家户户装水泵和直饮水净化设备成了潮流,水泵增压解决了断水的现象,直饮水设备促进了科学饮水,保证了饮水健康。不仅如此,在村庄口位置,新修建了几条柏油路,水泥路直通户门,门口土地也修建了规整的栅栏,开阔平坦,家家户户电动车出行逐渐成了一道靓丽的风景线。虽然我村环境整治取得了很大成就,但是却并不无痛点。据我了解,东乡畜禽养殖在周边地区小有名气,在某些村落可以称得上是支柱性产业。近年来农村养殖数量逐渐增加,有些养殖户将畜禽粪便未经利用就排放,形成了有机污染,下雨天更是污水横流,滋生细菌危害人们健康。这两年随着经济发展，当地村民虽然具备一定的环保意识，但是由于长期以来的生活习惯，自发行动却跟不上。

乡风文明建设颇有成效，人们物质精神发展两开花。

乡风文明，是乡村振兴的紧迫任务，只有用乡风文明为乡村振兴聚力，才能让乡村振兴在广袤的农村土地落地生根。春运期间，我乘坐城际公交，一路上看到的标语横幅多得数不胜数。原在融入现代化潮流中，我们村也做出了不少努力。这些标语中，有弘扬社会主义核心价值观的，有弘扬助人为乐、孝老爱亲、勤俭节约的，也有宣扬廉政建设与法治建设的。为了发扬爱老敬老的社会良好氛围，我村修建了老年活动室、棋牌室、康养咨询中心及老年食堂，更好的关爱村中留守老人。近几年，宣扬红廉文化的教育基地和宣扬法治建设的亭台陆续在我村落地开花，为农村精神文明建设添上浓墨重彩的一笔。父亲想带我去参观他小时后就读的小学，不过令人遗憾的是，学校的昔日辉煌早已不复存在，留下的只是房屋改造后的残垣。小学距离我老家百米远，曾经是我爷爷辈、父亲辈的学堂，兴盛时方圆几个村庄的小孩都来此上学，但在今年年初，已经宣布停止办学了，改造成了某个合作社的经营场所。由于城乡发展不平衡，县域内学龄人口从农村不断向县镇集聚，乡村学校学龄人口密度不断下降，出现了"城挤乡空"的县域教育发展困局。农村教育依然存在教育资源匮乏，师资力量落后的情况，农村生源流失，学校管理水平不高与新农村建设脚步背道而驰。思及当今情况，农村教育发展仍需上下求索。

产业兴旺取得佳绩，绿色产业落地生根，返乡创业成为潮流。

东乡重点发展的水果产业主要是猕猴桃产业和优质橘橙柚产业。家乡推进的猕猴桃现代化示范基地项目建设，是一个集现代农业标准示范基地、农产品专利品种种植、都市农业休闲旅游为一体的综合示范基地。其运营模式采用"土地经营权入股""全产业链分利模式"等多种创新模式，引进国际专利授权猕猴桃品种"金圆"、专业管理团队，并致力于江西现代农业国际标准猕猴桃特色产区建设。而优质橘橙柚产业由各行政村作为村集体经济来大力发展，每村发展橙柚产业100亩，品种为目前全国市场上优质的品种。通过橘橙柚品种引进、试种，现有品种的嫁接改良，及推广绿色优质高效栽培技术，探索适合当地发展的优良品种及绿色高效栽培模式，推行"公司+农户"的发展模式，致力于将橘橙柚产业做大做强。除此之外，得益于政策支持，不少返乡创业的青年在家庭农场中也发展香猪养殖、八月瓜种植、特殊品种葡萄培育等产业，推动了乡村产业结构调整，促进了乡村产业兴旺。

一直以来，水稻种植一直是我家乡重点发展的产业与项目，稳定粮食生产一直是东乡产业结构调整的主基调。近几年，东乡创建了国家级百万亩优质稻育种基地项目，优质稻面积达28万亩。结合高标准农田的建设和改造，巩固提高粮食综合生产能力，优化全区水稻生产区域布局,建设国家级百万亩优质稻育种基地,并创建为国家级优质稻育种基地。在水稻产生产发展良好的同时,也不禁让我思考:传统产业生产方式缺乏竞争力,农业生产成本快速增长的背景下,如何取得更高的农业经济效益,带动农民发家致富?

以我家为例,青壮年劳动力选择外出务工,我奶奶已经有近十年没有耕种土地,选择外出带小孩或者打小工。家中11.43亩土地(其中旱地5亩,水田6.43亩)全部被政府征用或者流转他人耕种(政府每年补贴1000元,流转费用大概350元/亩)。随着高标准农田建设的推进,土地细碎化一定程度降低,越来越多的水稻种植农户,在兼业的同时,在生产环节引入社会化服务。但据我了解,我家周边的水稻种植大户(种植1100亩左右),愿意在生产环节全程引入社会化服务,其他大户(60~150亩),除了在整地、收割方面引入社会化服务,其他环节都要亲力亲为。

我的家乡同中国千千万万个村庄一样,随乡村振兴的脚步一呼一吸所律动,发展各有态势,问题却各不相同。如何引导农业与现代化相对接,推动农村发展、农民增收,是我们需要长期思考的问题。

针对农村环境整治方面,我认为政府应该加大环保宣传力度,将农村污染防治作为一项长久工作;应该合理布置畜禽养殖场,加派技术专员下乡指导,合理推广科学养殖和处理技术;科学合理施用农药,发挥基层植保站功能,培育绿色无公害产业。针对农村教育事业的长足发展,在确保教育扶贫政策力度不减的情况下,以高质量教育赋能乡村经济振兴,促进乡村教师队伍专业化建设,尝试城乡教师短期流动,补齐乡村小规模学校的硬件短板,让乡村教师"有奔头",让农村孩子在家门口就能上好学。

针对农村传统产业发展问题,应通过推广全程机械化作业推进水稻产业整体向优质、高效转型升级,通过大户和龙头企业带动示范以及技术培训体系建设,确保形成社会化合力推动优质稻育种产业提质增效。

针对绿色新兴助农产业,要优化空间布局,通过县域统筹建设相关产业集群,促进交流互补;大力推动产业融合发展,从而达到延长产业链,推动特色发展的作用;开拓质量兴农,培育特色鲜明的乡村品牌,脱离同质化严重的窠臼。

用努力绘就乡村振兴的壮美画卷,探索一条符合乡村长远发展的道路并代代创新完善与沉稳坚持,是适应时代发展和社会进步的思考。

生态引领上犹城乡融合发展

陈静(农林经济管理 2003)

不管我离家多久,内心总是难以掩饰对家乡的那份寄托;重返家乡,激动与感触再一次涌上心头。"锦城虽乐,不如回故乡;乐园虽好,非久留之地。"每次我回家,有新的感触和体验,发现家乡的变化,感受到乡村振兴有所为!

上犹县,地处赣州市西部,素有"水电之乡、茶叶之乡、观赏石之乡"之称,旅游资源丰富,拥有五指峰、陡水湖(后改名为阳明湖,惯称其旧名)两个国家级森林公园。上犹全县面积 1543.87 平方千米,下辖 6 镇、8 乡、9 个社区、131 个行政村。"梦里水乡,醉美上犹",犹江两岸,绿意葱葱;极目远眺,群山环绕。上犹江作为上犹生态良好的标志之一,承载了上犹人太多的记忆和牵挂,历史上曾称为"九十九曲河"。苏东坡赋词曰"长河流水碧潺潺,一白湾兮少一湾,造化自知太元巧,不留足数与人看"。

此次寒假返乡,我看到了上犹城乡生态的可喜变化,就上犹县城来说,绿色景观增加,犹江水体愈加清澈,沿江设施得到完善,生态治理措施日趋制度化、规范化,生态环保宣传方式新颖。

(1)绿色景观增加

沿江的"绿色生命带"不断延伸,对原本破败的河堤进行了改造,建造了河边护栏,种植绿色植被。随着宜居美丽上犹的不断发展,县城的城市规划越发关注生态建设,周围的环境日渐向好。

(2)生态治理措施日趋制度化、规范化

根据《中华人民共和国水法》《中华人民共和国防洪法》《中华人民共和国河道管理条例》等法律法规,上犹县河湖管理范围划定工作于 2020 年经上犹县人民政府审核批准。有堤防的管理范围为两岸堤防之间的水域、沙洲、滩地、行洪区以及两岸堤防和护堤地;无堤防的管理范围为历史最高行洪水位线或设计洪水位往陆域水平延伸 10 米之间的水域、沙洲、滩地。县城划定了防洪堤管理范围界,划定防洪堤责任范围,实现"问有所责",是生态治理制度化、规范化的表现之一。

党的二十大报告提出,一方面,要坚持城乡融合发展,畅通城乡要素流动;另一方面,要加快发展方式绿色转型,推动绿色发展,促进人与自然和谐共生。因此,新时代要继续坚持生态优先、绿色发展,把经济高质量发展的重点放在城乡融合高质量发展上,把城乡融合高质量发展的重心放在构建城乡经济社会绿色循环体系上。推进城乡融合发展是乡村振兴的重要抓手,也是新型城镇化的重要途径。城乡融合发展,为乡村振兴进一步推进创造了机遇,以生态为抓手,推动城乡之间协同发展。

恰逢寒假新春佳节,我借过年走亲访友的机会,感受社溪老家的变化,寻找城乡融合发展的结合点,试图探索乡村振兴前进的方向。社溪老家,坐落于社溪镇的一个小村庄——狮子村,承载了儿时许多记忆,现回想起来,竟多了几分生疏。

返乡途中,树木环绕,尽管处于冬季,仍可见林木旺盛、充满生机活力;田间废弃塑料袋和农药包装乱扔的现象明显减少,不过可能受气候原因的影响,除少数喂养鱼的绿植外,田间大多处于待耕状态;门前屋后还可以观察到自行搭建的鱼塘,中部喷涌而出的小型喷泉,给予鱼类生存所需氧气;溪湖水质较好,偶尔还会有周围人家到岸边清洗蔬菜;回老家的必经之路,这些年不知道走了多少回了,未曾想,老家坡下路口处的那小片树林,竟是我父亲和爷爷种下的。正巧父亲要去树林看看树木长势,我便跟着去了,也借此机会了解到生态建设背后一代一代地传承。

虽说地块不大,但只靠自家人种植的话,也需耗费些时日。据父亲说,自家种植的林木有三块,路边所见着的是两块合并的地块,另外还有一块油茶林(具体方位就不太清楚了),路边的两块林地,主要种植杉木及马尾松,均属于防护林,总面积大约10亩,其中杉木植于2014年,距今已有10年之久,当时购买树种约1000株,价格约0.4元/株,耗费工时约一周,另外算上挖掘机的租金,林林总总花费约2000元,这在当时也是一笔不小的支出;至于马尾松种植得更早一些,2004年距今有20年了,当时种植投入成本较低且多为人工种植。

我实地观察发现树木的长势和土壤有很大关系,可以明显看出土壤的干湿和疏松度有差异,只走了一小段距离,林木的疏密程度就出现较大区别,由此可看出自然条件对林木的生长具有重要作用。

随着对自家林木种植的进一步了解,我开始关注老家周围的林木种植和生态治理,探寻乡村生态治理的有效模式。通过"狮子村'两长两员'公式牌",我了解到狮子村林业发展的基本情况,"两长两员"包括镇级林长、村级林长和基层监管员、专职护林员,并且狮子村目标实现全村范围内无乱砍滥伐、无乱捕滥猎、无乱征滥占、无乱采滥挖等违法行为,使全村森林覆盖率和林地保有量保持稳定,森林蓄积量逐年提升。由此观之,狮子村林木治理趋向制度化、规范化,生态治理稳步向好。生态治理改善有助于提升空气质量,营造良好的生产生活环境,同时,还有助于发展观光旅游,提高农民的收入,进而提升主观幸福感。

除了上面提及的"两长两员",狮子村还积极响应上犹县政策号召,推进全面河(湖)长制,以打造"梦里水乡·美丽上犹"为目标,突出抓好以生态文明建设为重点,以水环境治理、水生态修复、水污染综合防治、水域岸线管理保护等工作,积极推动农村人居环境整治。

城乡生态治理朝着制度化、规范化的方向迈进,城乡以生态环境为主线,推动多元素协调发展,构建"美丽上犹",为上犹未来持续发展创造契机。不过,在挖掘上犹生态发展潜力的同时,不能忽视产业发展、基础设施建设等硬性环节,联合城乡生态发展动能,推动上犹持续发展,我相信,上犹的明天充满无限可能,城乡融合发展将为乡村振兴创造更大的活力!

第四部分 返乡观察

新时代下的世界橙乡阔步前行

陈锦红(农林经济管理2003)

"我所在的地方位于江西赣州南部的一个小县城",如果在前几年,我大概会这样向别人介绍我的家乡。但经过这两年在外求学,通过与来自不同地方的人交流,了解了不同地方的发展情况。如今,我会自豪地向别人介绍,我来自世界脐橙之乡——赣州信丰。

自从上了大学之后,我每一次回家都有不同的感觉,但更多是自信的感觉。以前上初中的时候,同学们都是向往大城市的繁荣与发达,几乎没有人想留在这个小县城。当时的信丰县的确没有什么能够吸引人留下的资本,尤其是与那些一线、二线城市的生活水平对比之后,差距尤为明显。但当时我的观点与他们相反,因为我相信现在这个不起眼的小县城也将会发展成别人羡慕的地方,在大家都向往着北上广深的时候,我暗下决心未来返回家乡发展,现在回过头来重新审视当初的决定,我还是认为我的直觉没有错。

信丰县近两年的发展速度极快。除了城东地区尚未进行大规模的开发之外,其他地区都有了较大的改变,毫不夸张地说,就算是一个从小就生活在这里的人也会迷路。城南片区新建了很多住宅,当我第一次路过这里时,觉得有点浪费资源,本地并没有那么多人口却建了很多的住房。但是当我看了政府的工作报告以及为撤县设市所作的准备之后,我对我们县未来五年的发展方向开始有了初步的理解。

信丰县毗邻粤港澳大湾区,具有人口多、空间广、后劲足、产业基础好等优势,所以县委明确了未来五年的发展目标——争当融湾排头兵、迈进全省二十强。伴随赣深高铁开通,赣州到深圳最快铁路旅行时间由5小时32分压缩至1小时49分。这不仅便利了人们的出行,也对苏区融入粤港澳大湾区发展具有十分重要的意义,为苏区发展带来了更大的经济的动力和机遇。这次回家,我在围墙上、楼房外墙上、公交站台上、商场广告牌等很多地方都能看到"世界橙乡、北江源头、融湾标兵、人信物丰"的标语,这样的标语让我觉得特别自豪,也很清晰地向外来的游客朋友介绍了这座县城的特点。

城北片区是信丰县主要的产业发展园区,近年来产业发展成效明显。工业园更名为高新技术产业园区,高新技术企业从9家增加到99家,电子信息首位产业集聚度明显提高,大力发展数字经济并且未来会加快5G智慧产业园的建设。原先有的3家大型水泥厂也都经过改造升级,规模进一步扩张。通过工业园的变化能够看出信丰县集中力量发展工业,以电子信息产业为首位,新型建材、食品制药、能源产业为支撑,而且地理位置和政策优势吸引了不少企业落户信丰,表明信丰的未来发展潜力巨大。

现代农业持续发展,向做优做强迈出坚实步伐。由于地理条件不同,信丰县并未将发展水稻种植作为农业的主导产业,而是更多的发展脐橙产业。2021年信丰县脐橙产业种植面积恢复至25万亩,产值突破29亿元。脐橙的销售途径并不仅线下交易,而且通过吸引很多慕名而来的游客,亲自参与采摘脐橙,发展观光与休闲农业,促进了脐橙产业融合发展。同时,互联网电商的发展也进一步打开了脐橙的销路。通过赣州市人民政府、中国欧洲经济技术合作协会欧盟工作委员会联合主办的赣南脐橙(北京)文化周活动,赣南脐橙得以走出国门,畅销世界,"世界橙乡"金字招牌进一步擦亮。

蔬菜产业成为另一富民主导产业。国家蔬菜质量标准中心(赣州)分中心和江西唯一的粤港澳大湾区"菜篮子"配送中心投入使用,过年期间路过这些地方的时候,发现这里的设计很有特色,吸引了不少游客驻足观赏。

努力丰富业态,积极建设文化产业。中国赣南脐橙产业园、谷山景区、赣南游击词主题园、长征第一仗核心展示园等重大文旅项目建成开放,高品位打造了信丰阁、桃江湿地公园、文化公园、格兰云天五星级酒店暨购物中心等一批城市新名片与文化地标,让信丰人民和游客有了更多休闲的好去处。尤其是购物中心的建设进一步满足了人们日益提高的消费水平。虽然目前不少老一代人和父辈们对于这类消费暂时难以接受,因为他们比较看重消费的性价比,对于享受消费不是很认同。但是更多类型的品牌入驻信丰才能够吸引更多年轻人留在信丰,从而留住更多的人才。

城市基础设施日臻完善,水电路网全面升级,信丰电厂的投产,建成赣州唯一"全国小康用电示范县",赣粤大运河的开通和通用机场的建设也在规划中,撤县设市和设立北江源镇的进程不断加快。原来的信丰中学年代久远,扩张有限,又新建了北校区并且已经投入使用;医疗条件也在不断改善,原来的中医院位置狭小,也搬迁到城南地区,估计再过一段时间就能投入使用了,并且计划投入更多医疗资源。这一系列的措施提升了人们的幸福感,增进群众福祉,民生得到了保障。

这些变化发展方向全方位推进,覆盖了经济、政治、文化、社会、生态等方面,要同时兼顾经济发展和生态环境保护。在我看来,在短短两三年,我的家乡能发展成如今的面貌是一个惊人的成就,并且能看出依然还有巨大的发展空间,根据信丰县第七次人口普查显示,常住人口相比2010年增长1.46%,即使流出人口依然大于流入人口,但我相信未来会有越来越多人来到信丰的,与信丰共成长。

乡村振兴让家乡更美

王　怡(农林经济管理2003)

我的家乡是江西省吉安市吉水县黄桥镇下的一个叫"拿塘"的小村庄,村里人不多,主要由彭姓和王姓构成,其中,姓彭的人比较多,而姓王的只有七户。

随着时代变迁,村里最明显的变化体现在住房上。村里所有农户都已建了新房,基本都是3层或4层,装修也都很上档次,要建起并装修好这样一栋小洋楼,最少也要五六十万,而且部分村民出行早已开上了小汽车。由此可见,农村居民的生活水平大幅提高。建完乡村"小别墅"后,他们的目标是在城里买套商品房,希望为子女在城市接受良好教育提供条件,并帮助子女在城市立足。

如今村里种田的人越来越少,耕种规模也很小,主要用于自家消费,商品化程度非常低。村里的田大部分流转出去了,每亩租金140元/年。据了解,流转大户和村里的农户种都种了双季稻。在插秧的时候,流转大户会请当地的农民来帮忙,不包吃的情况下需要支付每人每天100元的报酬,我的奶奶便在闲暇之余为大户提供插秧服务获得了600元的收入。喷洒农药、水稻收割这些生产环节则多依靠无人机与收割机来完成。农民还可通过给做"小工"来开拓非农收入渠道,从而增加家庭收入。做"小工"一般男性150元/天,女性100元/天。现在常住在村的绝大部分为五六十岁的老人,村里已经没有年轻人了,农村老龄化很严重,空心化趋势越来越突出。

小农经营以满足自家消费需求为主。农民们除了种植水稻外,还会种些油菜、花生、芝麻等经济作物。他们种植农作物主要目的不是为了拿去卖,而是用来榨油,用于满足家庭日常消费。除此之外,他们还会在房子附近开辟一块菜园,在里面种些萝卜、白菜、辣椒、包菜、南瓜等瓜果蔬菜,用于自给自足。在以前,村里还养了猪牛等牲畜,如今随着农业机械的广泛使用,牛作为畜力应用的场景已经不多见,村里基本没有农户养猪、养牛。现如今,村民只饲养对农村生态环境影响较小的鸡鸭鹅等家禽,以满足家庭肉类消费需要。

近几年,农村的生态环境也有了很多变化。两三年前政府给每家每户都发放了垃圾桶,在村口还设置了垃圾集中点,并以每个月600元的工资聘请了专人来负责垃圾点的垃圾处理工作。这一举措促使农村卫生状况得到了很大改观,地上也已经很少看到塑料垃圾了。"厕所革命"推动农村厕所面貌焕然一新。以前的厕所均为旱厕,俗称茅坑,如厕体验胆战心惊,甚至还有掉下去的危险,人们经过厕所时都要捂着鼻子快步走开。而今新房的标配是在屋内配套干净、明亮、卫生的冲水式卫生间,上厕所和洗澡已十分便利,让人感到十分愉快。家家户户都装上了水泵用起了自来水,不再像以前那样在深井里取水。农民们的生活方式与之前相比变化很大,变得越来越好。

  老百姓更加重视对子女的教育。外出打工的年轻人会带着他们的小孩在县城或者镇上的学校读书,城里的教育环境要比乡下要好很多。村里部分年轻人还会让他们的小孩上课外兴趣班。乡村小学的学生已经很少了,一个班仅有十来个学生,我当年上小学的时候一个班有大概五六十名学生。农村的小孩进入城镇读书,城镇的学生就越来越多。吉安市吉州区的某小学一个班大概五十多人,我以前上高中的班级有七十多人。

  虽然在城镇化背景下老家会面临老龄化严重、劳动力流失、优质教育资源向城镇集中等问题,但受益于乡村振兴战略的实施,家乡的基础设施不不断完善,人居环境越来越美,让我对家乡的明天更加憧憬和期待。

茶香也怕巷子深,茶品牌需要更多新故事

施建魁(农林经济管理 2003)

我们此次调研地点就是江西省上饶市鄱阳县游城乡半港村,调研公司为小富荣业有限公司。从小出生在茶农家庭的我对茶行业发展尤为关注并感兴趣,希望通过借鉴经验为自己家乡谋发展、谋出路。作为研究农业经济领域的学子,将自己所学专业知识应用于农业、农村、农民、励志造福人民、坚韧奋斗、无私奉献,是新时代赋予三农学子的责任与使命。

鄱阳给我最初的印象无过于生态环境好,走在路上,是阵阵凉风袭来,这也让酷暑中依旧深入农村调研的我们倍感舒爽。清澈的鸟鸣也从未在耳边间断,常有三四十只白鹭在田间地头休息,即使农机的轰鸣声也不曾打扰它们驻足眼前的美景,时不时能见落日羞涩地钻进云层,穿过鄱阳湖望不到边的水平线,至此一天的行程也就结束了,小镇上的人们吃完饭开始出来闲逛,打着蒲扇,聊着这一天发生的趣事……

调研一开始,我遇到了一位健谈的阿姨,与之交谈过程中,我发现当地茶农并没有种植茶叶,大多数人是利用闲余时间去该茶业有限公司摘茶,公司支付一定的劳务费,这给我们的调研带来了极大的困难,在学校设计问卷的时候,由于思考欠缺和惯性思维,我们错误地以为当地农户既会种植茶叶,又会去茶厂采茶,问卷指标体系便设计主要为农户家庭生计资本、利益感知与农户扩大茶叶种植规模意愿三方面,但是当地农户实际鲜有种植茶叶,这样我们的调查也就会有偏颇了。进一步的交谈后我们发现,当地农户虽然没有种植茶叶,但自从小富茶业有限公司 2018 年成立以来,带动周边 30 千米范围内的妇女老人就业,茶叶采摘季节基本家家户户会去采茶。发现问题后,小组成员迅速开会展开研讨,进一步剖析问卷存在的问题,我们发现可以换一个思路进行问卷。周边农户没有茶叶种植行为但是有茶叶采摘行为,而从无到有的过程不正是企业在茶产业振兴过程中担负起了其应有的责任与使命吗?不妨从农户增加茶业投入时间意愿切入,即农户在感知利益的驱动下,是否愿意进一步增加茶业时间投入,从而从侧面反映企业是否显著带动了周边农户就业及其社会效应。这次经历让我明白了:"没有调查就没有发言权!"调查研究的前期工作一定要严谨、细致,必须将调查地的各种情况尽可能了解透彻。

大家一致认为作为大学生,应该脚踏实地肯做实事,做我们力所能及的事情。因此,虽然面对高温,队员们依旧主动提出要和农户一起干活,骄阳烈日之下,大家稍稍活动一下便大汗淋漓,更别说要不断弓背,"面朝黄土背朝天"地用双手把茶树之间长出的杂草拔掉。据介绍拔草每天的工钱是按照年龄、性别,也就是劳动力价值进行分级支付的,一般男性80元/天,妇女和老人70/天,工头有120/天,提供一顿中餐,中午还有两个小时的休息时间,工作确实很辛苦,但是很多农户表示,现在家中闲余,基本没有什么事情,来小富茶厂做事可以缓解一定的经济压力,再加之做工农户大多以妇女和老人为主,缺乏其他收入来源。此次调研我们深入了解和接触了无人机打药的整个过程,很明显,无人机的使用省时省工省力,无人机打药的速度相当快,可以说它几十分钟能干完原本人工作业需要耗费一天才能干完的活。同时,无人机打药雾化程度高,喷雾很均匀。农用无人机的喷头一般都是超细雾化喷头,所以雾化程度很高。同时,它的飞行速度基本上是匀速,能够提高防治效果,最后无人机省水省药。一个电动喷雾器,以40斤水来算,按照农户打药的习惯,一般能打七八分地,有的走得快的,可以打一亩地,而无人机打一亩地的用水量也就是1公斤左右,也就是2斤水,用药量,同样是打一亩地,在晴朗无风的天气,无人机的用药量是喷雾器的1/2或者2/3,用药量至少减少了1/3。但是其也面临着许多缺点和不足,如无人机打药容易漂移、打不透、整体费用高、操作比较复杂等。

在信息化的时代下,"互联网+"作为新的经济形态,是产业发展的大趋势,茶叶产业为顺应经济发展潮流,打破发展困境,主动寻求"互联网+"下的新路径。"互联网+茶叶"已是大势所趋。"互联网+"对于茶叶企业来说既是机遇又是挑战。所谓机遇,"互联网+"为茶叶企业的发展开辟新路径,改变了传统茶叶企业的销售理念与方式,推翻了以生产企业为主导的传统思维模式,优化了茶叶品牌建设的环境。根据调研,我对茶企提出以下建议:首先,应当有效提升品牌辨识度,公司"茶园+茶庄"模式正很好地印证了这句话,茶企应当在提升品牌优势上多花功夫、下大力气!其次,企业当线上和线下双管齐下,线上的优势在于"拉新"能力比较强,因为其覆盖面广,更新速度也快;线下则具有区域性优势,看似劣势也可转换为优势,茶企可对该区域进行精准定位,即"线上用于拉新,线下做数据承接"。最后,要重视人才培养与挖掘,正如该茶业有限公司董事长胡小妹所说,农业领域最缺的是可以做实事的人才,吸引优秀人才不仅需要茶企提供舒适的工作环境,还需要茶企提供好的资源与支持!

茶企真的带动周边农户就业了吗?答案是肯定的,提升叶子的"含金量",做强做大茶产业,使其成为推动乡村振兴的支柱产业成为当前该茶业有限公司的当务之急,同时,不忘社会责任与使命,不断前行,砥砺奋斗,成为一家真正为"民"、爱"民"、帮"民"的好企业!

小富茶业有限公司公司创始人胡小妹,是江西农业大学的"一村一名大学生"。她生于农村,长于农村,是一个地道的农家子弟,在外打过工,做过小生意,承包过食堂,开过饭馆,但心中一直有一个愿望,那就是成为一名新时代的新农人。2017年,为响应国家乡村振兴战略的号召,带领家乡农户脱贫致富,她毅然放弃原来的事业,回到家乡投资6000万开垦荒山种植高品质茶树。目前公司已种植安吉白茶420亩,黄金叶和黄金芽3800亩。2021年实现茶叶销售收入460万元,创净利200万元,解决当地260位农民的长期就业问题,聘请临时工1500人,其中雇佣困难户480人,长期雇佣困难户47人,年人均增加劳动收入2万元。小富茶业有限公司秉承"诚信天下"的经营准则,遵循"一心做好茶"的经营理念,深入实施品牌引领、绿色生产、技术支撑、托管服务、三产融合的策略,取得了良好的经济效益、社会效益及生态效益,具有较强的示范性和地区影响力。

作为江西农业大学"一村一大"的大学生,小富茶业有限公司董事长胡小妹让我对新型茶园有一个更深刻的认识,她说:"茶园首先尤其要搞好农旅结合,要打造网红打卡地,吸引游客前来打卡游玩,在茶园管理方面,目标'万亩茶园免费送',要集中统一管理,更多普惠农民。"同时她还强调:"农业从来不缺天时地利人和,缺少的是人才,缺少将农产品变成商品的过程。"我尤其赞同后面这句话,作为农林经济管理专业的大学生,我们要做的不就是学会如何将农产品转变为商品,使更多农民获益吗?

第五部分　农企感悟

2023年3月12日上午,为响应乡村振兴战略的号召,践行"厚德博学,抱朴守真"的校训,培养具有"三农"情怀的青年知识分子,在学院的安排下,曹大宇、陈江华、李秋生三位老师带领2021级农林经济管理系全体学生和农村发展2021级部分硕士研究生共130余人前往全国农业社会化服务典型——江西省绿能农业发展有限公司参观学习。

安义县鼎湖镇江西绿能农业发展有限公司(以下简称"绿能")公司董事长凌继河和总经理宁江热情欢迎江农经管学院师生一行的到来。宁江总经理在公司行政楼大厅向我们介绍了绿能公司的发展历程、典型经验与取得的辉煌成就。据悉,绿能公司通过流转农田不断扩大粮食种植规模,实施纵向一体化战略,经营范围向大米加工、品牌建设与市场营销方面深入拓展,农业生产机械水平非常高,还提供农业生产托管服务,帮助小农与现代农业有机衔接,为建设农业强国提供了"绿能方案"。与此同时,绿能公司与村集体形成了有效的利益分享机制,推动村集体收益分配向贫困户倾斜,有力地带动了当地贫困户脱贫与增收。为此,绿能公司在2021年获得"农业产业化国家重点龙头企业""全国脱贫攻坚先进集体"等重要荣誉。

据公司相关人员介绍,农业依然是充满自然风险与市场风险的产业,为保障公司行稳致远,在当地政府的支持下,绿能公司通过推进高标准农田建设,引进先进品种,购买农业保险等手段有效控制了农业经营风险,降低了公司运营过程中可能遭受的损失。

此次参观学习活动是构建"学校+社会"育人模式的重要举措,通过深入基地与农业企业,使农业经济管理专业的大学生对研究对象有更深入和更直观的认识,帮助学生能够更好地将所学理论与实践相结合,并了解现代农业企业经营管理知识,提高学院人才培养水平。此次活动的开展具有重要意义,有助于在大学生心中厚植知农爱农情怀,为乡村振兴提供人才支撑。

绿能模式科学有效,良种繁育未来可期
——参观绿能公司有感

曾霞(农林经济管理2101)

早春三月,春风和煦,春暖花开。为了让同学们深入了解农林经济管理专业,将课本所学知识学以致用,2023年3月12日上午,在学院的安排下,曹大宇、李秋生和陈江华三位老师带领2021级农林经济管理3个班和农村发展2021级部分硕士生赴江西省绿能农业发展有限公司(以下简称"绿能公司")参观学习。绿能公司董事长凌继河和总经理宁江陪同参观。

江西省绿能农业发展有限公司组建于2010年,坐落于江西省安义县鼎湖镇,公司拥有土地流转、机械服务、水稻种植、统防统治、蔬菜种植等6个农民专业合作社和7个家庭农场。公司以农业生产托管服务为纽带,创新农业经营机制和服务方式,实现耕地经营规模化、粮食生产优质化、生产服务社会化、稻米产业品牌化。2022年公司加工稻米6.25万吨,年销售额达3.6亿元。

一下车,曹大宇主任强调了此次调研的重要意义,叮嘱我们要认真学习。之后,由总经理宁江带领我们参观了展览厅、农业机械存放厅、水稻工厂化育秧中心等。在宁江总经理的介绍下,我们了解农业生产独特的"江西绿能模式"。

创新发展经营模式,进行土地适度规模经营。发展现代农业,适度规模经营是基础。绿能农业公司目前有三种经营模式:一是针对小农户家庭,开展全托管和半托管服务;二是针对农民合作社,开展委托经营服务;三是针对村集体,整村整组流转从而做大企业规模自营。绿能公司把流转的农田切块,交给生产小队管理,确定基本亩产后,平时按月给生产小队发放工资,年底则根据超额完成的产量发放年终奖。年初定任务,年终发奖金,绩效考核提高了农户种粮积极性。2022年,绿能公司流转的农田面积达5.1万亩,由27个生产队负责管理。每个生产队由4对夫妻组成,负责农田面积约1600亩,平均每对夫妻年收入可达15万元左右。流转有租金、种田有薪金、社员有股金、超产有奖金。截至目前,绿能公司与1.38万户农民建立了紧密的利益联结机制,粮食种植面积达31.8万亩。

借助现代化科技支撑,建立专业化服务能力体系。一是目前绿能农业公司农机保有量达到430台(套),全年可完成机耕面积9万亩、机插面积1万亩、机收面积9万亩;有效仓容达到2万吨,拥有日烘干860吨、年加工大米10万吨的能力,有效满足了农户及各类经营主体的生产经营需求,服务辐射整个安义县及周边县区。二是绿能公司将物联网、大数据、云计算等智能技术运用于农机设备监测,推动传统农机领域的数字化、智能化、精准化。如2022年7月曾在央视中报道的数字农业APP,就是江西移动联合绿能农业公司运用5G、大数据、物联网等技术,开发的智慧农业社会化服务平台及数字农业APP应用。三是绿能公司充分利用江西农业大学等院校和科研机构的人才和技术优势,不仅创建了新品种示范孵化基地,以引进良种、示范、推广的形式,加强了新品种选育,提升了良种推广普及率,从源头入手推动农作物产量和质量的双重提升。在农业农村部水稻万亩高产创建示范基地平台基础上,公司建立了科技应用实验基地,以专家指导、校企合作的形式在农作物生产的关键环节进行技术攻关,促进了产学研结合,有效提高了科技成果转化率。

实践"稻稻油"模式,提高土地利用率。所谓"稻稻油"是粮食安全高产高效种植模式,具体做法是在同一块田里,先种植双季稻,完成收割后,接着再种植一季油菜,通过引进油菜毯状育苗机械化高效移栽新技术,让稻、油两种作物无缝衔接,将"农闲田"变"效益田",实现产量效益双提升。因为冬闲田很多,很多农民收割完水稻后,土地便闲置下来,等着来年再种植。自从推广稻稻油种植模式,水稻+油菜接茬轮流种植,闲田变成了油田。冬天种油菜,春天收菜籽,夏天种水稻,秋天收稻米。"稻稻油"不仅形成了耕地轮作的新模式,保障了粮食、油料等农产品的供给,而且提高了土地利用率与土地效益,增加了农民的收入,可谓一举多得。

坚持品牌化运营模式,打造农产品质量安全样板。"江西绿能模式"基本实现了农业规模化集约化经营、标准化和绿色化生产,绿能公司着力打造三好(好看、好吃、好安心)、五0(0香精、0色素、0污染、0陈米、0掺杂)标准大米产品,建立了"绿能大米""凌继河大米"两大品牌,其中"绿能大米"已通过有机食品认证,通过建立农产品质量安全追溯体系,实现"从田间到餐桌"的全程绿色发展,打造了保障农产品质量安全的样板。此外,绿能公司积极探索线上线下同步销售模式,线上与淘宝、天猫、供销e家等平台合作设立电商网站;线下设立百余家自有品牌大米经营实体店,形成了优势互补的组团发展模式。

此次参观学习,除了解"江西绿能模式"的科学有效外,最让我感动的是"绿能人"对良种的追求。国以农为本,农以种为先。2023年中央一号文件提出要深入实施种业振兴行动,习近平总书记也高度重视种业科技创新。总经理宁江介绍说,2014年之前,绿能公司考虑得更多的是追求产量,那时大多种植杂交水稻;2014年之后,绿能公司有了自己的大米加工厂,开始将方向转向追求水稻品质。董事长凌继河把一片260多亩的田改造成了"实验室",这个"实验室"在绿能公司办公楼斜对面。实验室进行着各种不同实验,绿能公司就是要通过这些试验田,掌握到水稻的种植密码,在比较中选出最佳的种植方法。凌继河董事长曾在采访中说:"每年我们先到市场上买来原种,首先就在试验田种植,看它是否适宜本地的气候、土壤等,如果产量、口感、抗倒伏都过得硬,我才敢大面积栽种。其次在实验田里,我有意地把稻种分别提前10天、7天、5天直播下去,看发芽、看长势,如果提前的能扛过低温,那么就可以将晚稻栽插提前。如果实验成功,那么,稻—稻—油的轮作模式就不成问题了,复种指数提高了,土地的利用率自然就高了,效益不言而喻。做什么都要讲科学。""我们之所以坚持选培常规优质稻原种,就是要在保证产量的同时,甄选出好吃的米,蒸煮出好吃的饭。"良种是农业生产重要的生产资料,是扩大再生产的物质基础,在农业生产方面,农作物都是靠种子繁殖,没有种子,就无法进行再生产,更谈不上扩大再生产。绿能公司寻求良种,有利于保障我国的粮食安全。

此次"学校+绿能公司"的产学结合活动,不仅开阔了同学们的视野,激发学习专业知识的兴趣与激情,还增加了同学们乡村振兴的责任感。

绿能公司：现代农业的一个缩影

高金萍（农林经济管理2101）

2023年3月，我跟随着农经系师生一同前往江西省绿能农业发展有限公司（以下简称"绿能公司"）进行参观学习，绿能公司位于江西省南昌市安义县鼎湖镇，由董事长凌继河和总经理宁江于2009年投资创立，起初作为一家偏居一隅，仅通过土地流转从事农业规模经营的新型农业经营主体，到如今集土地流转、水稻种植、粮食深加工、大米销售、品牌建设和农业生产性服务供给于一体的国家级农业龙头企业，不断践行"藏粮于地，藏粮于技"的粮食安全战略要求，为保障国家粮食安全做出了贡献，走出了一条卓有成效的"绿能模式"。2023年中央一号文件指出，必须坚持不懈地把解决好"三农"问题作为全党工作重中之重，举全党全社会之力全面推进乡村振兴，加快推进农业现代化，加快建设农业强国，建设宜居宜业和美乡村。作为江西省内现代农业的一个缩影，绿能公司的发展历程引起了我的诸多思考。

惠农政策力度不断加大，推动粮食生产规模化。为保障粮食安全，提高种粮积极性，国家提供的农业补贴对新型农业经营主体具有一定的激励作用。粮食补贴政策作为财政支农政策的重要组成部分，在我国农村农业生产效益低下、非农人口不断增加的现实背景下，其对于提高农民生产积极性、留住农户并且吸引种植大户发挥着重要作用。安义县较高的劳动力非农转移程度为绿能公司发展农业规模经营奠定了基础。原本走出农村的安义县农民——凌继河拿出外出经商积累的资本，流转了4900亩农田进行规模经营，并聘请了当地农户进行种植，在十几年的发展过程中，通过县、乡、村三级土地流转平台，绿能公司土地流转的规模不断增加，粮食种植规模达5.1万亩，逐步实现了规模化种植。

实行农业生产托管，培育职业农民。绿能公司在发展之初，通过聘请农户进行专业化生产，实行农业生产托管。自2018年起，绿能公司开始拓展农田社会化服务托管，既有只提供机耕、机收、烘干等部分生产环节的"半托管"，也有覆盖水稻种植全过程包括选种、育秧、机耕、机收、销售等环节的"全托管"，带动小农户实现节本增效、提质增效、营销增效。但发展农业托管服务离不开新型职业农民的加入。为培养公司发展所需的人才，绿能公司加强与高校和相关科研机构的合作,通过选派员工进行学习和进修,帮助员工掌握管理与生产技术,为绿能公司的持续发展提供了人才支撑。

发展农业纵向一体化经营,不断提高土地利用效率。绿能不断深入推进农业纵向一体化经营,不仅提供农机跨区服务、农资配送、实地技术指导,还对所生产的大米进行深加工,并自创品牌销售大米。为提高农田利用效率,绿能公司联合相关政府部门,利用冬闲田打造了2022年南昌市粮油作物绿色高质高效千亩示范片,以实现每亩"双千"(亩产出千斤、亩效益千元)为示范目标;全程实现机械化育插秧、机防、机收,通过施用石灰、使用机械进行深翻耕、种植绿肥——紫云英、采用测土配方技术施用配方肥等全面保护与提升耕地质量。此外,示范区绿色防控病虫害,使用耕沤灭螟,杀虫灯杀虫,性诱剂诱杀,生物防治、统防统治等。

建立农民专业合作社,带动集体经济发展。随着流转土地的不断增加,绿能公司开始与村集体合作,成立种植合作社,为吸纳更多农户入社,社员除了可领取固定租金外,每年可额外获得分红,提高了农户收入的同时,增强了农户的流转意愿。

种粮奖励与农业保险并行,稳定粮食生产。绿能公司雇佣农业工人从事水稻种植与管理,为提高农业工人生产的积极性,并增加公司农业经营收益,绿能公司实施了绩效考核制度,即超产奖励。绿能公司在年初定生产任务,年终发奖金,实行绩效考核,超产越多,奖金越高。得益于这一激励制度,每年发给农业工人的奖金不断增加。此外,农业是充满自然风险的产业,气候变化背景下频繁发生的自然灾害对农业生产造成了极大的不利影响。为应对自然风险,降低可能遭受的损失,绿能公司购买了农业保险,在政策支持下,公司只需支付30%的比例,水稻每亩最高赔付金额能达到700元。

引进先进生产技术,基本实现全程机械化。安义县于2010年按照"田成方、渠相遇、路相连、旱能灌、涝能排"的思路大规模开展高标准农田建设,为农业机械的使用奠定了基础。据绿能公司的总经理宁江介绍,在相关部门的支持下,公司投入大量资金购置了一系列农业机械,水稻生产机械化水平高达到95%,在翻耕、播种、插秧、开沟、打药、收割、烘干等生产环节以实现机械化作业。同时,公司还引用大数据、物联网、云计算等智能技术以监测农机设备,如棚内温度、湿度监测与调控。

创建大米品牌,增强市场竞争力。随着居民生活水平的提高,人们的消费体系逐步转型。绿能公司抓住市场机遇,引进绿色生产方式,降低化肥、农药使用量,开展绿色、有机认证,确保了公司所生产大米的品质。此外,绿能公司打造了"凌代表"品牌,组建了专业化的市场运营团队,并采用线上线下结合的销售渠道,大米品牌知名度不断扩大,市场规模持续扩张。

奋力开创"新三品一标",打响绿能金字品牌

施清泉(农林经济管理2101)

　　自2010年以来,江西省绿能农业发展有限公司(以下简称"绿能"),始终坚持种"安全粮",食"植心米"的经营理念,立足让利于民,有力实现了裂变式、高质量的发展。在2016年,该公司的"绿能模式"得到了习近平总书记的"点赞",目前,绿能公司已成为一家集土地流转、水稻种植技术推广、大米生产加工及销售为一体的农业产业化国家重点龙头企业。2023年3月12日上午,在曹大宇、陈江华、李秋生等三位老师的带领下,我们21级农林经济管理专业的学子有幸进到绿能公司学习,感受"新三品一标"的打造秘籍与成果。

　　实施绿色发展,促进品质提升。品质是实现农产品优质优价和消费结构升级的前提,是农业高质量发展的落脚点,只有产品品质过硬、特色鲜明,才能被消费者接受,从而建立消费者信任感和提升消费者的忠诚度。绿能公司牢牢稳住这一点,通过优化绿色农业技术推广的"供给侧",逐步适应绿色农业发展的需求,满足消费者对高品质产品的需求。他们将农作物的秸秆处理后,进行了一个秸秆储存流程,将秸秆堆积在一个特定的仓库中,为了防止秸秆湿气太重从而产生过多的螟虫、黏虫、蚜虫等,他们还将仓库的大门设置成宽敞型,以便其进行经常性的通风透气,也便于新、旧秸秆的共同储存,提高仓库空间的利用率。据了解,这些秸秆作为优质的肥料处理利用。走在成片的油菜花田边,我们可以看到间隔几十米就会出现经过机械进行粉碎后成为细碎状的秸秆,不仅可以在逐渐升温的天气下快速软化、碳化还田,改良土壤肥力,改善土壤理化性质,还持有绿色节能环保功能,在很大程度上减少了化学肥料的添加,使绿色生产比例大幅提升。同时,秸秆中含有丰富的蛋白质、纤维素、钙、磷等物质,在优化农田的基础上,增强了农作物的抗病能力,为一茬茬的油菜花长得又高又壮奠定基础,同时减少了生产的成本,增加了企业收入。除了秸秆的绿色使用,稻壳也成了公司的"绿色帮手",在水稻育秧盘中,我们可以看到承载着秧苗长大的泥土中夹杂着许多细碎的稻壳,据相关工作人员介绍,细碎的稻壳可在大棚中增强秧苗的吸热保湿作用,促进植物生长和减少寒害,同时还有吸收毒素的作用,和禽畜粪共同提供高营养、超环保的同时,还能在一定程度上减少禽畜粪的异味传播。农业绿色生产的难题不断解开,绿色农产品的品质

得到不断提升。

注重品种创新,推动品牌打造。种子是农业生产基本的生产资料,是农业发展的"芯片","芯片"的创新至关重要。绿能农业发展有限公司在面临种源创新"卡脖子"、自主创新不强的困境中勇往直前,凌继河带领着团队不断发掘优质资源、提纯复壮地方特色品种、选育高产优质突破性品种等,绿能公司以农业生产托管服务为纽带,创新农业经营机制和服务方式,实现耕地经营规模化、粮食生产优质化、生产服务社会化、稻米产业品牌化等,这些一切都是为了大米品种的创新,做好守护人们舌尖上的"田保姆",在2018年公司成功打造出"凌代表"大米,并荣获江西名牌产品称号。在大厅里,我们可以看到展示柜台上一排排品牌大米,上面标注的"凌继河大米""凌代表米,代表好米""当季新米,拒绝陈米",这些不仅仅是展现了公司对优质品种不断创新的态度,也是塑造了属于绿能公司的品牌,布满大厅的奖项表彰也是市场对"凌代表米"的认可。在参观过程中,我们还看到了许多穿着彰显绿色、标有"凌代表"字样的员工服,当问到他们关于工作服的设计时,他们谈道:工作服不仅是一种荣耀,更是一种责任,荣耀是我们共同打造出来的品牌,责任是我们的目标是用绿色的方式不断注重品种的创新,推动品牌的打造。不断推广良种,形成品种培优的良性循环,绿能公司在依靠科技提升品质的道路上行稳致远。

实施标准化生产,实现产业提档。农业标准化是促进农业结构调整和产业发展的重要技术基础,是规范农业生产、保障消费安全、促进农业经济发展的有效措施,是现代农业的重要标志。绿能公司抢抓机遇,积极申报农业项目,建设了一批"涝能排、旱能灌、机能耕"的高标准农田,大大提高了财政资金整合使用效益,同时还积极探索和实践农业供给侧结构性改革,形成了独特的"绿能模式",规范化、规模化、标准化经营,并不断优化社会化服务。在参观过程中,我们时常会看到各种各样的制度与标语,以各种各样的形式出现,比如以横幅的形式出现在楼层中,以宣传海报出现在拐角中,以宣传栏出现在道路旁,以宣传单的形式出现在大厅门口等等,这些标准化的制度出现和宣传不仅仅只停留在某个时间段,而是顺应着历史的潮流,时代的发展,我们看到"南昌市创建国家食品安全示范城市""实施乡村振兴战略的总要求、总目标是:生态宜居、乡风文明、治理有效、生活富裕""食品安全管理落实四个最严""齐心协力参与创食安城,各尽其责确保食品安全"等字眼,在每一处地方几乎可以看到摄像头,少则一处一个,多则一处五至六个,公司的标准制定既落实到位又顺应时代发展,同时也受到各方面的监督,最终一步一步、脚踏实地按着路线走出了属于绿能农业的风格,创造出属于绿能的天地。

绿能公司在传统的"三品一标"的基础上拉开属于自己的新"三品一标",即在传统上的"无公害农产品、绿色食品、有机农产品和农产品地理标志"跨越到"从生产方式导向出发,更加注重对具体生产过程进行布局、规划,全过程实施绿色发展,重点关注品种创新攻关、产品品质提升、品牌意识塑造、标准制定实施等生产过程",开拓出属于绿能公司的绿色运营模式,创造出属于绿能公司的绿色产品成果,在深入了解绿能公司的过去、现在以及未来前景的过程中,让我深切地感受到一个好的品质出现很重要,一个好的品牌打造不容易,一个好的产业影响广泛。此次的学习让我受益匪浅,收获满满,希望自己能不断地向知识的深度和广度发展,汲取更多的知识并将其学以致用。

第六部分 "双百双千"调研

为进一步深入推进学习贯彻习近平新时代中国特色社会主义思想主题教育,近期江西农大经管学院(以下简称学院)召开"学思践悟新思想,青春奋进新征程"的主题实践活动暨江西乡村振兴"双百双千"数据平台项目暑期大调研项目顺利启动,并圆满完成。实施该大调研项目,是学院脚踏实地工作作风的体现,也是践行大兴调查研究之风,深入贯彻落实二十大部署的内在要求,更是掌握江西农业农村发展现状的必然举措,有助于增强学院服务江西乡村振兴的能力,强化学院在江西乡村振兴进程中的担当与作为。

2023年6月25日上午,学院正式启动首届江西乡村振兴"双百双千"数据平台项目暑期大调研活动。在启动仪式上,院长翁贞林介绍了本次大调研活动的背景与目的,强调了开启本项目的重要性及意义,并宣布暑期首届"双百双千"大调研活动正式启动。郭锦墉教授和陈江华博士开展了问卷培训工作,廖文梅教授和农经系主任曹大宇老师强调了调研注意事项。本次大调研活动师生参与热情高涨,组建了24支队伍,由29位教师带队深入农村,120余名学生踊跃报名参加,共140余人参加了本次暑期农村调查活动。

为确保样本的代表性,本次大调研活动选择24个县(市/区)作为样本县,覆盖江西省11个地级市,所选样本县既包括南昌县、贵溪市、高安市为代表的经济强县,也涵盖了经济发展水平相对落后的县,同时也包括产粮大县和非产粮大县,还从地势角度覆盖了平原为主的县和山区为主的县。而样本乡镇则根据灯光数据进行随机抽取,将样本县的乡镇根据经济发展水平分成好中差3类,再在每类中随机选择1个乡镇,共抽取3个乡镇进行调查,然后在每个乡镇中继续采用分层随机抽样的方法进行抽样,每个乡镇调查3个样本村,每个样本村随机调查10户农户。

本次大调研活动以农户为调查对象,问卷涵盖农户家庭、个人、村庄等3个层面,内容包括产业兴旺、生态宜居、乡风文明、治理有效、生活富裕等5方面的内容,目的是为了了解农村人力资源、农村劳动力就业、宅基地改革、农业生产结构、土地流转、农业社会化服务、数字素养、家庭消费、农民养老方面的状况,可为学术与政策研究提供坚实的数据基础。

2023年7月中旬,全体调研队员共同努力,克服了语言不通、高温酷暑、舟车劳顿等重重困难,获得了约2000份真实的一手农户数据,调研活动取得圆满成功。在调研结束后,不少调研队员及时撰写了调研心得体会,总结调研经验,凝练调研成果,勾勒出一幅幅真实且多维的农业农村面貌。此次调研,不仅锻炼了学生理论联系实践的能力,培养了具有"三农"情怀的新时代高素质乡村振兴人才,还为深入推进乡村振兴战略提供了保障。

我的农村调研初体验

林卫青（农林经济管理2202）

为充分发挥乡村振兴战略智库在助力全面推进乡村振兴战略、加快农业农村现代化的智囊作用，完成"中国乡村振兴（江西）'双百双千'数据平台建设项目"年度工作计划，2023年6月26日至6月29日，陈江华老师带领本硕博学生15人前往高安市开展数据采集调研工作。我作为一个初次参与调研的"新手"，缺乏实地调研的经验，但好在老师及学长学姐们给我提供正确的指导和积极的帮助，让我顺利完成了第一次下乡调研。

一、调研前期准备——问卷培训及经验学习

2023年6月25日，学院组织了一次较大规模的问卷培训工作，郭锦墉教授和陈江华老师向我们逐一介绍了问卷逻辑，讲解了问卷难点，强调了注意事项，传授了调研经验。当日下午，带队老师陈江华再次向我们分享了调研技巧，强调我们要熟悉问卷内容，尽量用通俗的语言同农户交流，以便获得更加准确的数据信息。2023年6月26日我们抵达了高安市第一个调研乡镇——八景镇。为了充分利用有限的调研时间，高效完成调研工作，学长学姐们一下车就立即投入问卷调查工作中。鉴于我是第一次下乡调研，老师并没有要求我第一天就参与调研工作，而是要我在一旁学习有经验的学长学姐们是如何进行调研的。通过一下午的经验学习，我学到了很多调研的问话小技巧，这些小技巧让我在接下来的调研中能够更轻松地和农户进行交流。

二、调研工作进行时——与农户亲切交谈，了解农村情况

2023年6月27日至6月28日我们分别在八景镇、太阳镇以及黄沙岗镇展开了调研。夏日的骄阳令人心情烦闷，初次的调研让我紧张不已，然而村干部的热情安排、村民的积极配合，马上就让我这一切不快都烟消云散了。初次参与调研，我不太能够高效掌握提问的技巧，我一般是顺着问卷的问题依次提问，但是由于问卷的内容实在是过于丰富，依次提问耗时较多，通常提问到一半，就会有农户略显不耐烦，但是好在农户们都比较淳朴善良，没有责

怪我的不娴熟,依旧积极配合我的调研工作。乡间口音无疑也是我在完成调研工作中遇到的一大难题。虽然我与高安人民共处一市,但是方言不太相通。为了配合我的调研,农户们都尽量用普通话与我交流,有时我会听不懂他们略带口音的普通话,但是他们也不会生气,依旧不断地向我解释说明,并不断鼓励我,这让我感到十分亲切和感动。

通过这三天的调研,我发现当前中国农村存在的几个问题。一是农村人口流失比较严重。很多村子的户籍人口比较少,常住人口占总户籍人口的比重大都不超过30%。二是人口老龄问题突出。被访问的大都是年龄较大但是依旧从事农业劳动的农户,很少见到有青年人从事农业生产。在与农户亲切交谈中可知,大多数农户家里的青年主力都在外出务工,一年中少有时间能够欢聚一堂。三是老人养老及小孩上学问题压力较大。被访问的农户中,大多数老人的生活费都是靠老人自己解决,而目前大部分的老人依旧靠从事农业生产来获得经济收益,收入不稳定,老人养老得不到较好的保障。我所调研的农户中,遇到不少单亲家庭,小孩一般由乡下的爷爷奶奶照顾,父母亲则外出务工。老人养老及小孩的上学问题给农村的青年人较大的压力,可能会加剧农村人口的外流。

"没有调查就没有发言权",我们此次调研秉持着认真严谨的态度深入高安乡镇,获得了比较真实的农户信息,圆满完成了学院要求的调研任务。初次参与调研,老师以及学姐学长们都很照顾我,特别是陈江华老师,细心观察我的情绪,给了我很多工作上的帮助,让我很感动。我在此次调研中结交到一个特别可爱的朋友——钟佳宁学姐。她是我调研期间的室友,不仅在调研工作中积极帮助我,而且在生活上也特别照顾我,给我带来了很多欢乐。通过这次调研,我收获到了美好的友谊,提高了自己沟通和解决问题的能力,同时我对中国不同地区的农村的发展有了更多的了解,培养了我的"三农"情怀,日后我应不断增强本领,用自己的所学为中国的乡村振兴事业做出力所能及的贡献。

青春奋进新征程,高安乡村在振兴
——首届"双百双千"赴高安调研有感

曾霞(农林经济管理2101)

2023年6月26日至6月29日,在学院的统一领导下,我在陈江华、熊云、阮若卉3位老师的带领下赴高安市八景镇、太阳镇、黄沙岗镇参加首届江西省乡村振兴"双百双千"农村大调研活动。此次调研时间虽然不长,但是让我感悟颇多。

此次调研我们去了高安市3个镇,9个村,分别是八景镇观上村、庄头村、石头渡村;太阳镇泉港村、西阳村、宋家村;黄沙岗镇狮子村、松林村、田溪村。在每个村进行调研的时候,当地的村民、小组长、村主任甚至镇长都非常热情;在回答我们的提问时,他们也最大程度地使用普通话,尽管听起来有些口音,但都尽可能地回答真实情况。

一、当地山清水秀,生态环境好,风景优美

此次调研,我们深入田间地头,不仅看见了洁净碧蓝的天空,清澈见底的池塘,一团一团的白云,还看见了一群鸭子戏水,三两只白鹭翩翩起舞,五六头分散开来悠闲吃草的黄牛,连片连片的稻田。如此美丽的乡村风景,我们每个人都陶醉其中,有一位同学更是直呼:"好美!像画一样。"

二、当地村民积极种植双季稻,为保障粮食安全做出重要贡献

粮食安全始终是国家经济、社会稳定与发展的基础。2023年中央一号文件指出,要抓紧抓好粮食和重要农产品稳产保供,确保全国粮食产量保持在1.3万亿斤以上。种植双季稻是保障和提高粮食总产量的重要手段。我们调研发现,当地农户水稻种植积极性高,且普遍种植双季稻,为粮食安全提供有力保障;部分农户敢于尝试新事物,试种旱稻,确保干旱条件下水稻产出。我们问卷有一个问题是"2024年,您家是否愿意种双季稻",几乎所有的农户都回答"愿意"。其中有位62岁的爷爷跟我说:"双季稻肯定是要继续种的,农业是最基础的产业,如果我们连饭都吃不饱,要依靠外国,那又谈何民族复兴呢?"听了他的回答,我满怀敬

意。水稻的附加值比较低,劳动成本高,在我的老家,农民们大多种植经济作物了,而这位六十多岁的老人竟有如此高的大局观念,让我肃然起敬。

三、改善作业条件,更好发挥无人机作用

农业无人机作为一种新型农机装备,具有安全性好、适应性广、作业效率高、人工成本低等优点,在全国农业生产领域得到了快速的推广和应用,不仅提升病虫害防治效率,而且节省了大量劳动力。但是此次调研发现,有无人机作业时触碰到高压电线,导致片区停电的现象。一方面,这表明其中可能存在缺乏无人机作业技术标准或现有农村基础设施规划不太合理的问题,国家需要完善相关行业标准,使无人机在标准下进行作业,提升作业服务质量;另一方面,应继续完善基础设施建设,合理规划高压电线,为无人机使用创造条件,使无人机的应用进一步推动农业生产向机械化、规模化和集约化方向发展,为推进农业现代化发展提供强有力的装备支撑。

四、加强宣传监督,使农业保险真正为农业保驾护航

由于农业本身是典型的风险产业,易受干旱、洪涝、寒潮、冰雹及病虫害等自然灾害的影响,再加上农业基础设施脆弱,一旦发生灾害,则会严重制约农业产出的增加,进而非农产业也会受到抑制。农业保险作为风险转移和经济赔偿的重要工具,近年来发展迅速,保险覆盖范围和保障能力逐步提高。但是我们在调研过程中发现,农业保险购买对象主要是种植大户,农业保险的覆盖范围还不够广;种植大户虽然买了农业保险,但是未真正弄清农业保险的内涵与作用,对农业保险的保额、保费与类型都不甚了解。因此,应当普及农业保险宣传,挖掘新型需求潜力,采用多样化的宣传活动来提高农民对于农业保险的认知水平;强化农业保险的监督管理,使农业保险真正帮助农户将损失降到最低,发挥农业保险在保持农业稳定发展、促进农民持续增收、推进新农村建设等方面起到重要的作用。

五、协同共治,推动"高价彩礼"降温

高价彩礼近年来成为农村婚俗领域的主要矛盾之一。农村彩礼的数额持续走高,天价彩礼层出不穷,成为广大农村实现共同富裕的一个重大阻力。因此,在加快当地经济发展的同时,还应注重培育健康向上的婚俗文化。高价彩礼的出现,说到底还是和当地的经济水平与婚姻观念有关。因此,当地政府应继续促进当地的经济发展,引导民众通过劳动、创业等形式提高经济发展水平,增加居民的收入,使女方家庭不再看重通过索要婚姻彩礼来提高生活水平。同时,要加强健康婚嫁文化的传播,政府不仅要在宣传上大力提倡良好婚礼风俗的

推行,还要在实际操作中对遵守良好习俗的家庭予以表彰。

六、积极交流,促进宅基地改革向前推进

宅基地的有偿使用是"盘活农村建设用地存量和提高利用效率、改善农居条件和环境,为城乡发展和建设腾挪空间"的重要措施,有利于农村土地资源的优化配置,有利于守住耕地红线以及实现农村不同土地间的配比优化。调研发现,样本农户大多听说过宅基地改革,认为宅基地是属于国家的,村民自住房是属于自己的,但是超过规定面积的住宅收费不是必要的,希望能够无偿使用宅基地。因此,应当加强政策法律宣传,向农户廓清宅基地功能定位,在制定具体的实施方案时要积极与农户沟通,让农户知道有偿使用费的用途,使有偿使用费真正取之于民,用之于民。

2023年5月3日,习近平总书记给中国农业大学科技小院的学生回信强调,要厚植爱农情怀,练就兴农本领,在乡村振兴的大舞台上建功立业。[①] 此次高安调研,正是秉承总书记的嘱托,走进乡土中国深处,深刻理解什么是实事求是、怎么去联系群众,学会"自找苦吃",把课堂学习和乡村实践紧密结合起来,为加快推进农业农村现代化、全面建设社会主义现代化国家贡献青春力量!感谢学院提供的宝贵机会,感谢带队老师的悉心指导,感谢样本地区负责人和农户的积极配合!

[①] 习近平给中国农业大学科技小院学生的回信,http://www.cppcc.gov.cn/zxww/2023/05/04/ARTI1683161724188103.shtml? eqid=9938615e0001f37e00000006645365fa&eqid=dcf4760300008b70000000066459f4ac。

上饶广丰：以产业振兴促进乡村全面振兴

胡　霜（农业经济管理2023级博士生）

乡村振兴是实现农业高质量发展的必然要求。为贯彻落实党的二十大报告提出的农业强国战略以及全面推进乡村振兴的要求，江西农业大学经济管理学院王火根教授带领团队于2023年6月27日至7月3日进行为期一周的江西省乡村振兴"双百双千"调研实践活动。6月28日中午，湖丰镇负责人和调研组就此次调研活动安排进行整体交流部署。

一、产业振兴是乡村振兴的重中之重

6月29日，调研组来到大南镇开展乡村振兴调研。调研之余，大南镇党委书记周浩陪同调研组参观了中华木绣球博览园项目，该项目总体规划占地一千余亩，以中华木绣球为主花，搭配紫藤树、茶梅、柿子树等品种，集观赏、婚纱摄影、户外亲子、研学活动、民宿、龙虾一条街等多种经营为一体，极大促进农业一、二、三产业融合发展，实现农户在家就能就业增收。周浩介绍："文旅融合是打造农业全产业链的重要方式。接下来我们还将以'爱情'为主题，开展'爱情树'认领活动，男女双方共同认领一棵'爱情树'，并建立爱情档案，达到'栽下一棵树，收获一份情，增添一片绿'的活动目的。"通过三产融合活动，积极延伸和拓展农业产业链，提升产业链韧性和安全水平，培育发展农村新产业新业态，不断拓宽农民增收致富渠道。

二、推进乡村振兴，农业品牌建设发挥重要作用

广丰区的马家柚开启规模化、集约化、标准化发展之路，成为上饶市龙头果业、全国知名的水果品牌。马家柚的母树来自广丰区大南镇马家村小组的一棵百年柚树。2009年，种植面积仅为2.7万余亩，在政府重点扶持下，通过推广并鼓励种植马家柚，到如今马家柚已种植44.7万亩，预计产量突破50万吨，实现综合产值约60亿元，带动农民致富增收。在果树种植过程中，一方面通过推广滴灌、喷灌、无人机植保作业等数字化农业生产技术，推动建设数字技术与农业机械、农业生态、农业土肥等各方面深度融合，利用"线上+线下"经营销售

模式,拓宽销售渠道,促进产业转型升级,打造农业数字化转型创新新格局,以数字化赋能乡村产业发展。另一方面,重点培育扶持马家柚龙头企业、种植大户,发挥龙头企业带动作用,形成龙头引领、梯队协同、优势互补的产业集群。

三、新型农业经营主体是推进乡村振兴的"主力军",家庭农场是农家致富的好榜样

2023年7月1日,调研组来到沙溪镇兴旺家庭农场,了解到兴旺家庭农场的创办者徐小兴是十里八乡闻名的能人,身残志坚。13岁的一个意外让他截肢只剩下左手手肘和右手两根指头,但凭借过人的努力,他练就一身本领,油漆装饰、种养殖、创办农场,样样干得过别人。调研组对于徐小兴的事迹纷纷表示震惊,大受鼓舞。徐小兴说:"人的潜力是无限的。"2015年创办兴旺家庭农村,目前农村规模达约200亩,是一个涉及种植、养殖、休闲三大区域的新业态,种植区涵盖葡萄、马家柚、西瓜等,为游客提供亲子自助采摘活动,游客不仅可以体验采摘带来的新鲜乐趣,还可以接受农业知识科普,体验农耕文化。养殖区为客户提供喂鸭、鹅、羊等体验项目,休闲区提供垂钓、农家乐等娱乐项目,三个区域结合走出一条生态有机循环的经营新路子。

四、保障粮食安全是推进乡村振兴的重要基础

2023年7月3日王火根教授在湖丰镇在党委理论中心组学习扩大会上作了一场关于《世界经济与粮食安全》的主题讲座,就习近平总书记关于国家粮食安全论述进行了详细的解读。会后,湖丰镇周家炉书记就如何做好农村基层工作,严守耕地红线,加快农业数字化转型来保障粮食增产增效,以产业发展带动农业增收、农民致富给同学们进行了分享。

广丰区以党的二十大精神为指引,挑稳农业"金扁担",在严守耕地红线、守牢粮食安全底线的基础上,利用数字化赋能乡村振兴,培育发展农村新产业新业态,构建多元化产业发展格局,打造特色优势产业,培育发展新型农业经营主体,加快农业农村数字化转型,积极延伸和拓展农业全产业链,推动乡村产业提质增效,拓宽农民增收致富渠道,为农业农村发展增动力、添活力。

培育新型农业经营主体，促进乡村产业发展

肖 新（农村发展2022级硕士）

为了贯彻落实乡村振兴战略，江西农业大学启动江西省乡村振兴"双百双千"调研活动，由江西农业大学经济管理学院老师带队分别在江西各个县/区深入农村展开调研。我所在的队伍是由经济管理学院博士生导师王火根教授带领，来到上饶市广丰区的三镇九村进行调研。在调研前，江西农业大学经济管理学院组织了大型调研培训会，让我们对农户问卷调查表和调研目的更加清晰。

在广丰区的调研农户中，大部分农户家都是老人在家种地，年轻人外出打工，小孩在家读书。所有支出基本花费在吃住和小孩教育上，家庭娱乐消费较少，这也是我国小农经济一直存在的问题，如家庭经营规模小、地块分散，农村劳动力老龄化增加、劳动力转移严重，小农户自身经济能力有限，总体收入不高等。因此，党的二十大报告在实施乡村振兴战略的基础上进一步提出建设农业强国，促进农村经济发展和农民增收。

要实施乡村振兴，产业振兴是基础。广丰区大南镇的周浩书记先后带我们参观了马家柚基地和中华木绣球博览园。大家都说"一棵柚子树带来村庄巨变"，的确，马家柚是由一株母本树发生，由一而十，由百而万，成为广丰发展的又一优势产业和地方推广品牌，是当地农民增收致富的重要途径。木绣球博览园是江西首个农商一体、文旅融合、学研基地项目，木绣球博览园的发展拓宽了当地村民在家门口就能就业的渠道。通过实地参观乡镇产业，亲耳听到这里的发展故事，让我更加明白乡村产业发展的重要性，它不但壮大集体经济和增加农民收入，而且是在外务工的游子回到家乡最好的理由。让我们看到了在乡村振兴的道路上，农村农业农民都充满了希望。

家庭农场是现代农业发展的重要因素之一，培育和发展家庭农场对我国实现农业现代化有着强劲的助推作用。在王火根教授的带领下，我们先后来到了五丰农场和兴旺家庭农场，体验了果树修剪的哲学、蔬果现摘现吃的乐趣，品尝了有机食品的香甜。在五丰农场中，我们学习如何修剪果树，一是需要把每根多余的树枝剪掉，保证每根主要枝干能汲取养分和阳光。二是各个主枝干被修剪后的朝向大致为一上一下，这样可以等到树枝长大后相互有

空间发展。如同我们在规划自己的人生一样,需要有大局观,站在更高维度去思考问题,有自己大的方向和目标,再分成一个一个小段目标加以努力,以不断的量变实现质变。五丰农场负责人王俊武还给我们介绍了该农场运用了水肥一体化和种养结合等现代农业绿色生产技术和方式,他表示智能化技术应用正在筹划当中,如智能化管理、监控、控制等,这将大大提高家庭农场的生产效率。我作为一名学农人,在实践中看到了我国现代化农业有序推进,让我感到欣慰和希望,更加坚定和相信我国传统农业能升级转型成功。

兴旺家庭农场的发展史如同一个从书本里走出来的励志故事。农场主是一位残疾人,双手只有两个手指头,却凭自己的想法和毅力承包了农地,打造了一个集游玩采摘于一体的农场。该农场主还成立了残疾人合作社,带动残疾人自力更生,提高他们的自我发展能力,靠自己的双手脱贫致富,这也是实现巩固拓展脱贫攻坚成果同乡村振兴有效衔接的重要内容。

在此次调研期间,通过身处农村、与农户一对一访问、和政府工作人员交流以及参观当地产业发展和家庭农场等,让我更了解农村现状,深刻体会到了乡村振兴战略的意义。这是我第一次参与到乡村振兴社会实践中,对我来说是一个很宝贵的实践经历,让我学习到了很多书本上没有的知识、锻炼了我的思维,同时带给了我对"三农"很多新的思考。

以农业特色产业发展促进乡村振兴的"永丰经验"

谢 强(农村发展2022级硕士)

为深入贯彻落实党的二十大精神,聚焦国家及江西省乡村振兴重大战略需求,进一步了解江西省农业农村发展现状,2023年6月27日至7月4日,由江西农业大学经济管理学院曹大宇副教授和郑艳老师带领本硕9位学生赴江西省吉安市永丰县开展江西乡村振兴"双百双千"数据平台项目暑期大调研活动及暑期"三下乡"社会实践活动。本次调研活动地点包括龙冈畲族乡、沙溪镇和佐龙乡,在当地农业农村局和乡政府相关领导带领下,通过实地调研及与农户交流,发现永丰县有许多农业特色产业,这些特色产业的发展带动了当地的农业经济发展,助推了永丰县乡村振兴,成为独具特色的"永丰经验"。

一、白莲变"金莲",拓宽永丰人民致富路

永丰南部山区具有发展白莲产业得天独厚的土壤气候条件,永丰县优化白莲品种,配套示范推广"良种+良法"生产技术,推广"白莲+"种植新模式,白莲已成了沙溪、上固、龙冈、君埠等山区群众的"致富莲"。行走在龙冈畲族乡毛蓝村白莲产业示范基地,沿线荷香扑鼻而来,调研发现白莲种植投入低、见效快、效益高,经济效益是种植的水稻的3倍。永丰政府着力引导南部地区乡镇发展集中连片规模生产基地,优化农工贸一体化的经营体系,打造"永丰白莲"品牌,让百姓在莲中生银、莲里掘宝。

二、油茶产业为永丰乡村振兴"加油"

永丰县把油茶产业作为实施乡村振兴、实现产业兴旺的一项支柱产业来抓,加大资金扶持,加强技术服务,强化龙头带动,推动全县油茶产业高质量发展,助力山区群众增收致富。调研团队本次参观的是沙溪镇的油茶基地,据了解,永丰县对新造油茶林且连续抚育3年验收合格的,省、县财政每亩补助1700元资金,对低改油茶林且连续抚育3年验收合格的,省、县财政每亩补助800元资金。永丰县成立了油茶技术服务队,由油茶技术服务队挂点对应片区乡镇,开展产前、产中、产后技术跟踪服务,并推行覆盖了油茶从种植、生产到销售等各

环节的全流程地方特色农业保险。依托现有油茶种植大户,按照"合作社+大户+农户""合作社+大户+脱贫户"模式,沙溪镇村民创办了油茶专业合作社,林农、脱贫户以油茶山入股分红等形式参与合作社。全县油茶林面积32.77万亩,年产值达10亿元以上。

三、大力发展中药材产业,让"青山"变"金山"

龙冈畲族乡万功山中药材基地种植面积约350亩,采用"党建+协会+基地+农户"模式,主要种植三叶青、粉防己、百部、海金沙等中药材,基地以林下中药材种植为主,把生态优势转化为产业发展优势,突出品种的培育,让"青山"变"金山",吸纳附近农民到基地务农,带动农村劳动力就业,实现规模化经营、现代化管理。

四、小小食用菌,撑起永丰产业兴旺"致富伞"

据了解,永丰主要发展的是竹荪菇和羊肚菌等食用菌产业。2023年7月1日调研团队来到龙冈畲族乡万功山村,村民们忙着采摘、烘焙竹荪菇,基地一派忙碌景象。竹荪菇以木屑、竹屑、稻草等为栽培原料,营养丰富,滋味鲜美。经当地村干部介绍,竹荪菇采摘时间短,在菌群下垂、开张度最大时应立即采摘,否则会降低品质,影响产品价值。小小竹荪菇撑起"致富伞",竹荪菇产业盘活了万功山闲置土地,促进村集体的发展,拓宽了村民增收渠道。全县竹荪菇种植约2000亩,产量约40万斤,产值约7000万元,成为巩固脱贫攻坚成果助推乡村振兴一大特色产业。

五、大力发展蔬菜产业,打造特色富民产业

永丰县佐龙乡建立了江西首家县级蔬菜种质资源保护和繁育中心,并依托江西农业大学、省农科院等高校及科研机构,开展蔬菜新品种新技术引进及集约化育苗等工作,促进蔬菜产业扩面提质。永丰地方特色蔬菜品种主要包括:永丰藤田辣椒、永丰空心菜、永丰山药、永丰香芹和永丰扁萝卜。永丰县积极探索"龙头企业+示范基地+乡村振兴学院+新型职业菜农"发展模式,打造"龙头引领、基地示范、科技支撑"的新型职业菜农培养平台,培养一批观念新、懂技术、会经营的新型职业菜农。永丰县蔬菜产业发展中心编制了《永丰县2022—2025年设施蔬菜产业发展规划》,在全县每个蔬菜示范基地都开设了培训班,2022年已培训约500人次。为全方位提升服务,蔬菜中心14名工作人员组成3支技术小分队,联合乡镇农技人员,为全县职业菜农提供常态化服务。2022年永丰蔬菜的蔬菜种植面积达16万亩,总产量35万吨,年产值达20亿元,培育了一批独具地方特色、效益明显、规模种植的优势品种,并形成"一村一品"区域特色分布。

六、结语

　　产业振兴是乡村振兴的重中之重。永丰县政府对多种农业产业有相应的扶持政策,发展多种而不是一种农业特色产业的做法可以一定程度上减少农业风险,农户种植多种而非单一的农产品也具有更高的"试错率",这样政府也能更好地管理发展农业,永丰县坚持以产业赋能乡村振兴,乡村产业的高质量发展助推乡村振兴,通过产业带动就业和创业,给当地农民带来更多就业岗位,拉动更多的农户参与到农业生产中,农户可以通过入股的方式获得分红,形成了以多种农业特色产业为基础的、巩固拓展脱贫攻坚成果同乡村振兴衔接的模式,能够有效防止返贫现象发生。目前,永丰县发挥联农带农作用的经营主体531个,村级扶持产业基地156个,全县特色农业产业面积达85万亩、年产值35亿元,成为永丰乡村振兴的主引擎。综上所述,永丰县发展农业特色产业的做法促进农民增收、助推乡村振兴,"永丰经验"值得其他地方学习借鉴。

致知力行赴乡野,踵事增华再出发
——"双百双千"新建区调研取得圆满成功

唐文艺(农林经济管理2203)

党的二十大对建设农业强国做出了战略部署,同学们应志存高远、脚踏实地,把课堂学习和乡村实践紧密结合起来,厚植爱农情怀,练就兴农本领,在乡村振兴的大舞台上建功立业。为响应党和国家的号召,2023年6月26日至6月28日,由江西农业大学经济管理学院邱海兰老师带领五名本科生赴江西省南昌市新建区开展了江西乡村振兴"双百双千"数据平台项目暑期大调研活动。

在正式开展调研活动前,全体成员于2023年6月25日上午8:30在经世楼207参加了"学思政悟新思想,青春奋进新征程"主题实践活动暨中国乡村振兴江西"双百双千"数据平台项目暑期大调研启动仪式。经济管理学院院长翁贞林发表讲话,强调了此次调研活动的重要性及意义,而后由郭锦墉教授和陈江华老师进行问卷培训工作,廖文梅教授和农经系主任曹大宇老师强调调研注意事项。培训结束后,邱海兰老师也再次叮嘱团队成员外出调研要注意人身财物安全,对村干部及村民们保持礼貌,友好交流。

正式调研期间,在新建区农业农村局和当地镇村两级干部的大力支持下,团队一行六人在溪霞镇白果村、石咀村、乌石村、象山镇头横村、槎溪村、永丰村、松湖镇港西村、潢坊村、铁湖村开展了实地调研活动。调研过程中团队成员努力克服语言不通、天气炎热、路途遥远等因素的影响,认真、细致、耐心地将问卷内容向农户解释清楚,以期获得真实、可靠的数据。

当地百姓的热情大方在无形中化解了我们初次参加调研活动的紧张与不安,记得在第一天的调研活动中,我们最后去的一个村是溪霞镇的乌石村,在我们从石咀村赶往乌石村的途中,恰遇当地道路施工,所以一路上大多是泥泞的道路并伴有许多大石头,难以开车通行,不过好在司机师傅驾驶技术很好,让我们顺利地到达了乌石村。在乌石村开展调研的过程中,当地的村干部和村民们也是十分配合,有位村干部说他参加了"一村一名大学生工程",有幸进入了江西农业大学学习,所以在得知我们到访后,十分热情地配合我们的调研工作,让我们得以顺利地完成了第一天的调研任务,在我们准备启程返回南昌之际,还热情地欢迎我们以后继续来访。第二天所调研的象山镇槎溪村的村干部们还热情地留我们吃了午饭，饭桌上大家一起讨论近年来该村高标准农田的建设效果及村庄的发展。午饭过后，村干部又为我们找来了几户种田大户让我们进行采访，炎热的中午，有些农户还是从农田里赶来的，此次调研活动的圆满完成真的离不开村干部和村民们的大力配合。

在此次调研中，我发现农村地区有两大问题较为严峻：

一是农村老龄化问题严重。无论到哪个村庄，看到的大多是上了年纪的老人，年轻的劳动力几乎都外出务工了，我曾问过农户们其中的原因，他们告诉我村里资源少，为了更好地生活，不得不外出务工。当地政府可以为青年们提供良好的营商环境，从而鼓励他们回乡创业，进而在当地建立起相关的产业体系，并不断完善壮大，渐渐吸引更多的人回乡。人多了的话村里撂荒的土地、闲置的宅基地也会更少，交通等基础设施也会随着人口的增加而不断完善，基础设施的完善又有利于农村电商的发展，搭上互联网的快车道，反过来会助推农村的发展。加强新型农业经营主体培育，解决老龄化背景下谁来种地的问题，要大力发展农业社会化服务，以应对农村劳动力转移导致农业劳动力弱质化的问题，帮助小农与现代农业有机衔接。

二是农户绿色生产技术应用不足。当问到农户是否在粮食生产过程中采用了诸如水肥一体化技术、病虫害绿色防控技术等绿色生产技术时，农户们大多摇摇头，从中也看出绿色生产的意识在农村地区还是比较薄弱。应加大绿色生产技术宣传，鼓励农户采纳绿色生产技术，并提供相关技术培训，有助于加快我国农业的绿色转型进程。

生逢盛世，肩负重任，征途漫漫，唯有奋斗。通过此次"双百双千"调研活动，让我明白了面向未来，新时代的青年要在乡村振兴的大舞台上挺膺担当、奋发有为，以昂扬的姿态追逐青春梦想，为加快推进农业农村现代化、全面建设社会主义现代化国家贡献青春力量。

行而不辍,履践致远
——赴新建区调研感想

冯茗睿(农林经济管理2203)

农为邦本,本固邦宁。脱贫攻坚取得胜利后,"三农"工作重心转向全面推进乡村振兴和建设农业强国。2023年6月26日至6月28日,在学院的组织安排下,邱海兰老师带领本科生5人赴南昌市新建区开展为期3天的数据采集工作。

在正式展开调研之前,学院于2023年6月25日上午举行了"双百双千"大调研活动的启动大会,对调研成员进行了专门的问卷讲解与培训。郭锦墉教授和陈江华老师为我们梳理了问卷逻辑并对问卷中的农业名词进行了解释。培训结束后,邱老师再次向团队成员叮嘱了一些注意事项,传授了问卷询问技巧以及调研经验。

一、心系"三农"赴"新"乡

团队此次赴新建区共调研了溪霞镇、象山镇、松湖镇3个镇,其中包括白果村、石咀村、乌石村、槎溪村、永丰村、头横村、港西村、潢坊村、铁湖村等9个行政村。在出发之前,团队就与当地村干部取得联系,大致了解了村居情况后确定了各村具体调研时间,为后续调研的顺利开展奠定了良好基础。

6月26日上午,团队一行6人由东南门出发前往本次调研的第一个目的地——白果村。半小时车程后,我们顺利抵达了白果村,很快便迎来了第一批待调研的农户。正所谓知易行难,实际的调研过程远没有预想中轻松,由于缺少调研经验,我们的提问方式略显生涩,名词解释不够通俗易懂,导致在第一个村原定2小时左右的调研时长延长至4小时。好在农户们大多耐心且包容,即使语言沟通上存在困难也愿意积极配合,并进行答复,让我们得到了真实有效的问卷数据,顺利结束了第一个村的调研工作。

汲取上午的调研经验,我们掌握了不少提问技巧,渐渐缩小提问之间的停隙,也学着顺应农户的回复,顺延至同类问题。当天下午的调研进度明显加快,效率得到提高,第一天的调研任务得以顺利完成。6月27日至28日,我们分别调研了象山镇和松湖镇。经过前一天的调研,团队成员们有了更多经验,在调研工作中更加地得心应手。在问卷调研的过程中,大多数农户都很热情友善,交谈的时候常是面带微笑,无形中化解了我们作为调研新人的紧张不安,也使我们对之后的调研工作更有信心。随着成员们对提问流程越来越熟练,调研工作也进展得越来越顺利,尽管也会遇到农户着急赶去农业打工或是转向与其他农户聊天,而对问卷调研稍显不耐烦的情况,但在成员们耐心的沟通下,接受调研的农户们基本上都能认真作答,友善配合问卷工作。

二、躬行实践寻"新"知

纸上得来终觉浅,不自己去看、去问、去调研,难以真正了解不断进步中的乡村,难以知晓农户们的心声与诉求。

在几天的实地调研中,我们透过不同农户的视角了解到这几年来新建区的乡村发展,勾勒出乡村振兴战略在这里的轨迹。我能够明显感觉到这里的乡村已然换了新颜。

乡村人居环境得到了显著改善。大多数农户对本村的卫生条件和生态环境表示满意,垃圾多、废弃杂物乱堆乱放等问题已经得到了有效整治。值得一提的是,在此次调研的9个行政村中,旱厕已经被全面拆除,是推进生态宜居美丽乡村建设的一大步。

农村居民幸福感得到了提升。除了村容村貌的改善外,农户幸福感的提升还得益于可支配收入的提高。我们能看到福利政策在乡村落地生根后结出的丰硕果实。令我印象最深的是一位在年轻时就因病致贫的奶奶。在被问到关于幸福感的问题时,她扬起笑颜说"我感觉很幸福"。她告诉我政府发放了无息贷款资助她买牛,让她从几年前的贫困户变成了现在村里的养殖大户。在调研的最后,这位奶奶还兴奋地告诉我自己很快就能还上这笔贷款了。

农机社会化服务推广成效显著。在我们所访问到的实际耕田的农户中,超九成的农户都表示自家采用了农机社会化服务,且大部分农户对农机社会化服务感到满意,而对于一些种田大户来说,更是在水稻种植的全环节均采用了农机社会化服务。

同时,在此次调研中,我们也能发现当地乡村建设中存在的一些问题。

高标准农田项目建设与大多农户的预期有差距。许多农户反映高标准农田建设质量不佳,以高标准农田建设来确保粮食产量和粮食安全、提升农田等级的期望打了折扣。这也表明高标准农田建设提质升级的必要性。

农村空心化严重。我们在此次调研中很少能见到40岁以下的农民,城市化进程的发展以及农村劳动力的非农转移使村里的年轻劳动力绝大多数流向了城市。这导致大部分农村住房闲置,而受访者表示这部分闲置的宅基地和房屋大部分没有得到有效盘活,造成了农村土地资源利用效率较低。此外,很多村庄缺少地方特色产业支撑。在我们调研的9个行政村中,仅有一个行政村中的两个自然村拥有自身的土特产品,缺乏特色产业可能不利于乡村可持续发展。

回顾此次的调研实践,我收获了宝贵的问卷调研经验,增强了自身的沟通能力。同时,我也切身感受到了乡村的变化和发展,进一步认识到了乡村振兴是一项综合性的系统工程,需要凝聚多元力量,多方协作,才能行稳致远。山积而高,泽积而长,我在接下来的学习生活中应不断增强本领,发挥专业优势,为乡村振兴贡献自己的一份力量。

青春实践出真知,"自找苦吃"蕴气神
——"双百双千"彭泽调研有感

池熠铭(农林经济管理2203)

"民族要复兴,乡村必振兴",乡村振兴战略是解决"三农"问题的重要方针,也是关乎国计民生的大事。2023年7月2日至5日,江西农业大学经济管理学院乡村振兴班6位同学在贺亚琴老师的带领下前往九江市彭泽县进行调研,深入农村,调查农户生产生活等方面的实际情况。本次调研活动地点包括芙蓉墩镇、黄花镇、浩山乡等3镇9村,在各村村干部的帮助下,大家通过与农户交流,发现问题,提出问题,感悟乡村振兴的必要性,提高认知并拓展眼界。

通过这次调研,我也有了很深的感悟:

了解了农村的现状。现在农村普遍以老年人为常住人口,青壮年多在外务工。这些老人学历普遍不高,而身体状况较差,主要依靠子女赡养的老人生活便相对困苦。而大多数青壮年学历不高,大专以上学历较少,因而在外务工收入不稳定,生活负担重。少数学历高的年轻人,生活水平就相对更富足。因此,越了解乡村的一些情况,我们就越明白乡村振兴的重要性与必要性,更需要提升自己的本领为以后服务社会打好基础。

国家大力发展乡村振兴战略,宅基地改革、发展乡村旅游等是实现乡村振兴的重要手段。在发展乡村经济的过程中,要深挖乡村文化资源,讲好乡村故事,形成文化产业。如湖西村许氏父子翰林的故事,可以将文化融入乡村发展中,助力乡村发展。同时乡村振兴战略的实现,离不开人才的培养,而现阶段的问题是乡村难以留住人才,农村电商发展缺乏人才支撑。年轻人更应积极响应国家号召回乡创业,逐步引导人才回乡,将乡村年轻化,乡村振兴才会进展更顺利。

近年来电子商务发展迅猛,将电子商务与乡村振兴相结合,能有效加速乡村振兴。而农村老龄化现象使得相当一部分人不会使用智能手机。年轻人少,造成电子商务发展缓慢,乡村经济发展未达预期。这更需要引导年轻人回乡,用知识回馈家乡,乡村振兴的发展才能加速,乡村建设才会更繁荣。调研结束后,调研队伍在芙蓉墩镇湖西村驻村,了解了湖西村电

商发展情况以及现阶段的困难。我们与当地负责人认真沟通、相互交流,提出新建设性意见,助力湖西村电子商务发展。

　　此次调研活动让我深入农村,体验乡村生活,了解当今农村的部分问题,实践所学知识,深刻认识到城乡之间依然存在较大差距,从而更深刻地了解到乡村振兴的意义所在。只有亲身下到乡村,方知所行之志。乡村生活大多艰苦,我们富足的生活离不开每一位耕耘者辛勤劳作。乡村生活相对城镇生活较为艰苦,我们也当知美好生活来之不易,培养吃苦耐劳的精神,涵养"自找苦吃"的精气神,不忘来时路,助力乡村全面振兴!

发展水稻产业，需要多措并举
——2023年暑期调研心得

刘瑾鸿，徐欣（金融学2101）

粮食安全，国之大者。习近平总书记多次强调："中国人的饭碗任何时候都要牢牢端在自己手中，饭碗主要装中国粮"[①]。在实施乡村振兴战略、加快推进农业农村现代化的进程中，江西稳定水稻生产，巩固粮食主产区地位，责无旁贷。稳定水稻生产，关键在于如何破解水稻"增产不增收""优质不优价"的现实困境，实现粮食增产与农民增收目标相容。为此，2023年暑假我参加了学院组织的"双百双千"乡村振兴项目和优质稻生产经营项目，先后赴贵溪、玉山、新建、崇仁、瑞昌、修水等地调研，对当前农业生产尤其是职业粮农的水稻生产感受颇深。

一、发展水稻生产的关键在于机械化

职业粮农的农机拥有情况，也是本次调研重要关注的。在访谈农户的过程中我感受到了农民对农机的迫切需求，有位农民对我说，农业只有通过机械化才能取得大的发展。同时，我们也在田间地头看到了收割机的效率，让我更加坚信了"农业的根本出路在于机械化"的著名论断。农业机械化可以改善农业生产经营条件，节省劳动时间、节省劳动力、减轻劳动强度、提高劳动生产效率、提高粮食产量、降低农业生产成本及增强克服自然灾害的能力，促进粮食增产增收，提高经济效益。

二、水稻生产需要更多年轻人的加盟

在调研中，我们发现大多数的职业粮农都是50岁以上的中老年人，职业粮农在20~40岁出现了较为严重的断层。年轻人对新的技术和理念接受能力强、积极性高，更多年轻人的加入有利于农业生产新技术、新理念的推广。同时，在调研中，我发现有很多粮农自己未购

---

① 习近平给中国农业大学科技小院学生的回信，http://www.cppcc.gov.cn/zxww/2023/05/04/AR-TI1683161724188103.shtml? eqid=9938615e0001f37e00000000664536tfa&eqid=dcf4760300008b70000000066459f4ac。

买农机的重要原因之一是对农机不懂、不会操作农机,年轻人对农机的使用更加熟练,可以更好地推动机械化。年轻人更具有开拓的勇气,更有冲劲,能为农业的发展提供巨大的发展动力。所以,要激发新农人从事农业生产的热情,特别是不断增强年轻人对农民职业身份的认同感、自豪感、荣誉感,让更多人的年轻人加入到农业中来。

三、水稻产业应让利于农民

在调研中我们发现农民没法提升农业盈利,仅有科技企业能够提升农业盈利和生产率,这是一个必须面对也是实实在在存在的问题。如今的农业更多的利润是在农业产业链的前端和后端,中端也就是农民取得的利润相对较低,所以应该多让利于农民,让农民取得农业利润的大头。发展水稻生产的微观主体是农民,只有让农民取得更多的利润、更多地让利于农民,才能提高农民种粮的积极性、才能让更多的年轻人加入农业中。

四、水稻产业要有更多的创新

农业创新是引领农业发展的第一动力,没有尝试和创新就不可能取得新的发展。在此次调研中,我深深感受到了粮食产业创新的重要性,如发展优质稻就是一种创新,常规稻中的优质稻,高秆易倒伏,通过育种手段,发展杂交优质稻,稻米口感好,优质优价,提高粮农的收入;还有生产环节的托管服务、销售环节的订单服务等环节的经营创新,让粮食生产有利可图。所以,只有通过不断的尝试和创新,才能取得更大的胜利,农业的发展需要继承,也需要尝试与创新。

此次调研,我了解了更多的农情,听到了农民的呼声,感受到了务农者的辛苦,肩负起了"强农兴农"的使命。

助力乡村振兴,描绘和美宜居乡村新画卷

闫 婕(农村发展2022级硕士) 杨可琪(农村发展2022级硕士)

社会实践是大学生思想政治教育的一个重要组成部分,它对大学生了解社会、了解国情、增长才干、贡献社会、锻炼毅力、培养品格、增强社会责任感都有着无可替代的影响。2023年7月1日—7月5日,我随翁贞林教授和谌洁老师一行10人,赴上饶市玉山县开展乡村振兴"双百双千"调研活动,感受颇深。

为了提高工作效率,谌洁老师对每个乡镇调研工作都作了精心安排。本次调研采取"一行政村五村小组"的走访调研方法,完成近45个村小组走访调研。虽然我们刚开始的调研遇到了一些困难,例如一些方言听不懂,出现过一些年龄大的受访者对我们所提出的问题"张冠李戴""答非所问"的现象,但通过我们再三解释和求证,确保了问卷的真实有效。在后期开展调研中,调研组的成员及时讨论调整调研方法,改善询问方式,调研进度加快。

乡村要振兴,生态宜居是关键。在调查过程中,我们走乡入户,走进农村生活,发现农民吃、住、行与过去相比有了很大的改善,处处是新房,村容村貌有了改观。绝大多数农户对于村庄的生态环境和卫生状况表示非常满意,维护村庄的整洁和环境卫生变成了村民的行动自觉。我们与农户交流时发现他们所表达的幸福感来自多个维度,既有物质方面的,如家庭收入的不断提高,也有精神方面的,如对于自己子女学业有成或者就业创业的自豪感等等,还有易于获取的农机社会化服务,让种地更加省心和轻松。

"没有调查就没有发言权"。通过这次调研实践活动,我们目睹了农民劳动的艰辛和他们对家园的热爱,发现了乡村振兴中亟待要解决的问题。例如,农村空心化严重,务农老年化日趋明显,60岁以上农民成为当前农业生产的主力军。农业生产尚未根本改变"靠天吃饭"的局面,易遭受水灾旱灾,种粮效益低且不稳定,农户水稻种植的积极性下降。愿意种粮的农户,由于缺乏技术和稻谷价格的不稳定,对扩大水稻种植面积望而却步。调研中我们还发现,农民合作社没有发挥出应有的作用,农户参与合作社的积极性不高。农户宅基地"祖业观"普遍,闲置住宅和闲置宅基地即"两闲资源"退出比较困难。

针对以上问题，我们认为应从以下几处推进乡村振兴，需要因地制宜、精准施策：一是千方百计促产业发展，在稳定粮食生产的同时，发展农村特色产业，以产业带动就业，促进农民增收；二是因势利导发展农民合作社，发挥合作社在农资采购、技术服务和产品销售方面的规模优势，维护农业经营者权益；三是完善农业保险政策，化解农业经营风险，让农业成为有利可图的产业；四是加大宅改政策宣传，构建农村宅基地有偿退出机制，盘活"两闲资源"，赋能乡村振兴。

通过本次调研，我们加深了对乡村振兴战略实施的必要性和紧迫性的认识，强化了当代农业高校学生强农兴农的使命担当，我们将努力学习、勇于实践，为建设农业强国、加快农业农村现代化贡献自己的一份力量！

小荷才露尖尖角,乡村振兴尤可期
——江西东大门玉山调研有感

朱玉蓉(农业经济管理2021级硕士生)　魏天知(农村发展2022级硕士生)

为了厚植大学生"三农"情怀,暑期经济管理学院开展了乡村振兴"双百双千"数据平台项目大调研活动。在导师翁贞林教授的带领下,我们调研组师生一行10人于2023年7月1日前往江西东大门、拥有世界文化遗产三清山、"中国博士县"的玉山县调研。调研前期,我们专题调研了乡村振兴之重点粮食生产情况,7月3日,在谌洁老师的带领下,我们接续在玉山县横街镇(其中1个行政村划入冰溪街道)、紫湖镇、怀玉乡3个乡镇9个行政村,围绕乡村振兴的20字方针,进行为期4天的调研,所见所闻,感受颇深。

一、产业之基夯实

粮食安全,国之大者。粮食安全是产业振兴的重点,近几年玉山县落实"藏粮于地""藏粮于技"战略,扎实推进高标准农田建设,调研七佳粮食专业合作社时,受访12户专业大户反映,通过高标农田建设,水稻种植环节便于农机社会化服务,种田更省心了。

产业融合促农民增收。调研紫湖镇时发现,该镇邻近AAAAA级景区——道教名山三清山,当地依山傍水、山清水秀,拥有得天独厚的自然环境与文化底蕴。该镇因地制宜,依托三清山发展旅游经济,打造传统古村落,发展特色民宿与农家乐,不仅壮大了集体经济,农民的钱袋子也鼓起来了。

二、农村环境变美

生态宜居是乡村振兴的重要目标。近些年玉山县人居环境整治全面铺开,村村道路畅通,出行便利;户户垃圾回收处理,环境整洁;90%以上的农户均使用自来水和煤气做饭,80%以上农户均安装宽带;多数村庄还有快递站点,快递直通乡村,除淘宝、京东等综合网购大平台,"多多买菜"等生活平台的服务也接入乡村,乡村生活便利、秩序井然。

三、淳朴乡风回归

家在故林吴楚间,冰为溪水玉为山。玉山文化底蕴深厚,清代考棚、怀玉书院、胡氏宗祠等,闻名遐迩,民风淳朴,吃苦耐劳,勤劳奋进。正如横街镇年满60岁的杨叔叔自豪地说:"所有能种土地都种上了,没有一分浪费的。"村民环保意识强烈,秉持生态文明、绿色发展的种植理念,少用农药、化肥,支持物理防治,施用有机肥、低毒农药;农药包装也绝不乱扔,均带回扔到垃圾桶。走亲访友时,礼金更秉持"礼轻情意重"的原则,婚事新办、丧事简办、孝老爱亲、勤俭节约等文明风尚日渐浓厚。

四、乡村治理活力更足

党建引领促进乡村治理。调研中发现,选优配强村支部书记、发挥其"头雁效应"在调研的样本村得到了体现,惠农政策落地生效,农村治理能力提升了。各村均建立微信群快速沟通村内事务;每村办公场所集中,办事流程清晰,让村民办事少跑路,一次便到位;在宅基地改革工作推进中,"一户一宅"政策深入人心,旧房危房、乱搭乱建均已拆除,建筑垃圾清理到位,新建房审批、公示切实落实。极度偏僻、交通生活不便的居民完成集体搬迁,改善落后区域村民的生活质量。基层工作人员熟知村内各种情况,大到产业,小到农户家庭情况,他们尽职敬业,事必躬亲,忠心为人民服务,农户们对基层工作人员的工作也是好评连连。

五、村民钱袋子更鼓

发展产业带动就业,调研中发现村民普遍满意现在的生活。近些年农民收入增长减缓,但农户家庭收入与10年前相比有较大的增长,部分农户家庭年收入可达15万元以上,多数家庭有购买小汽车。对于因家庭变故突然困难的农户,政府给予及时的支持,脱贫监测户和边缘户的帮扶措施到位。如怀玉乡的一位农妇,丈夫去世,村里便安排她做村庄的保洁工作。

六、乡村振兴,路远且阻

玉山县乡村振兴扎实推进,成效初显,但实现乡村全面振兴目标,任重道远。调研中发现:产业振兴难度不小,务农老龄化问题严重,在家种田的主力仍然为60岁以上的老年男性。土地规模化经营困难不小,农户承包地面积小而分散,每户为5~6处。农村公共服务发展滞后,村民普遍反映村内医疗服务仅能满足基本需求,稍生大病便需赶路进县、市区医院;村中娱乐活动较少,教育也仅能满足中小学;留守村庄的都是中老年人和妇女儿童,高中学生大都到县、市中学住校;部分村庄农户女性多留家照料上小学的孩童,基本不务农,男青年则外出谋生,50岁以上的中老年人成为山村田野的"守望者"。乡村振兴要依靠产业兴旺,产业兴旺不仅需要资金支持,更需要优质充裕的劳动力。这些问题仍然需要社会各界的关注,需要在推进乡村振兴进程中逐步解决。

振兴乡村的道路,任重道远。当代青年学生,应担当强农兴农使命,努力学习练就本领,勇于社会实践,为乡村建设贡献力量。

学思想，重实践
——乡村振兴"双百双千"之安远县调研心得

王万华（会计 2022 级硕士生）

"调查研究是谋事之基，成事之道，获得真知灼见的源头活水"。为贯彻落实党的二十大报告提出的乡村振兴战略，充分实施乡村振兴战略的 20 字方针，江西农业大学课题组张春美教授、吴文军教授、郑瑞强教授等一行 13 人于 2023 年 6 月 26 日至 6 月 30 日前往安远县开展课程调研工作。课题组此次调研重点了解安远县做大做强特色产业的做法、成效以及实践中遇到的问题和困难，并听取农民、农业企业管理者、农村基层干部在推进农业高质量发展方面的建议和要求。6 月 26 日下午课题组抵达安远县，并与安远县农业农村局相关人士开展了小型座谈会，重点了解了农民收入的状况以及关于脐橙、蔬菜、富硒产品、肉鸡养殖等农产品在种植、养殖、销售、储存等方面存在的优势以及所面临的困境。

生活富裕是实现乡村振兴的保证。为此，我们必须深入田间地头，了解农民收入状况及制约因素，寻找促进农民增收良策。为了"身入"实际、"心至"群众、看最真实的现场，10 名研究生分组前往安远县的三百山乡镇、欣山乡镇、蔡坊乡镇的 9 个村落，实地调查 90 名农户的生活情况，并填写相关的问卷。从我们收获的问卷来看，目前农民主要面临两大难题：一是农产品收益低，但是相关的费用过高，两者之间的矛盾导致农民的收入只减不增。二是农村"空心化"严重。在经济高速发展的今天，城市的高薪就业机会让许多农村青年选择背井离乡。因此，提高农民收入，让农民变得更富裕，让青年返乡建设家乡，乡村振兴才变得可能。

产业兴旺是实现乡村振兴的基石。通过产品、技术、制度、组织和管理创新，推进农业、农产品加工业的转型升级，为农民创造更多的就业和收入机会。为了解安远县的产业支柱的发展现状，我们首先参观了生产场地"江西王品农业科技开发有限公司"，调研王品万亩脐橙园、数字化果园建设情况。其次，我们实地考察了供应基地"江西果然食品有限公司"，了解公司具备的技术优势以及发展瓶颈。随后，我们前往了销售链"鹤子镇电商产业基地"，了解该镇电商产业的现状。通过调研，调研组重点了解了脐橙产业数字化、数字乡村建设、智能工厂建设、智慧交通、智慧旅游、电子商务等方面的进展情况,对安远县农业、工业、第三产业的数字经济发展和应用活动情况有了基本认识,对项目单位应用数字化产品、技术和资源,以及提供数字化服务、参与数字化基础设施建设等方面的内容有了较为客观的了解。最后,我们走访了老好富硒大米基地,秀美丰饶的赣南大地,富硒土壤分布广泛,硒元素含量丰富,资源禀赋得天独厚,为落实好习近平总书记"一定要把富硒这个品牌打好"的重要指示精神,赣南十分重视硒产品的发展,高质量推进富硒产业的升级,让宝贵的产品"优鲜出海",让致富增收的"硒"望一步一步变成现实。要让农民腰包鼓起,产业振兴是重中之重,让农民变得富裕,乡村振兴才能变得更现实。

经过为期四天的实地考察,我们深刻认识到乡村振兴存在的一些问题:一是缺少专业人才。要实现乡村振兴和经济发展,需要充分利用和发挥人才的作用。因此,必须将人才视为第一资源,尊重人才,完善人才队伍建设,营造良好的氛围吸引人才,为乡村振兴培养一支高素质的"主力军"。二是乡村交通落后。农村多处于多山地带,地处偏僻,这是实现乡村振兴的绊脚石。三是农产品收益低。从问卷来看,农产品价格低、成本高是普遍矛盾的问题,要振兴乡村,必须解决农产品收益问题。四是投入资金有缺口。食品公司虽然首创使用相关保鲜榨汁技术,但是该技术需要投入大量的资金,调研乡镇虽然目前拥有先进的物流配套基础,但是在这些配套基础的维护与建设上需要花费大量的资金。

"调查研究的过程,是既受苦又受累的过程,也是体验调查员生活、体察百姓冷暖的过程"。振兴乡村是共同富裕的必经之路,要振兴乡村,我们既要倾听农民的心声,亲身感受他们的诉求,又要集中力量发展优势产业提高农户的收入水平,这样才能为农民谋福利、为百姓谋幸福。

探访百千村户，擘画振兴蓝图
——"双百双千"之高安调研感想

胡苗苗（行政管理 2022 级硕士生）

民族要复兴，乡村必振兴，我们唯有深入农村调查，才能感受到乡村振兴前进的步伐。为此，我参加了 2023 年经济管理学院暑期的乡村振兴"双百双千"数据平台项目大调研活动。在陈江华、熊云、阮若卉老师的带领下，赴高安市八景镇、太阳镇、黄沙岗镇开展了为期 4 天的调研活动，虽然此次调研的时间不长，但是感悟颇多。

人口流失严重，村里的常住人口数大都不超过户籍人口数的 1/3，并且从事农业的人口老龄化很严重，60 岁以上还从事农业劳动的农户占大多数。我们通过询问农户得知，由于从事农业劳动成本高，获得的收入却比较低，而且经常面临市场波动、气候灾害等不稳定性，大多数青年人都会选择外出务工或者外出求学，少见到有青年人从事农业生产。从事农业生产获得的低收入还导致部分农户除了从事农业劳动外，还会选择兼职务工赚取补贴。正是如此，很多村干部表示农户的水稻种植意愿偏低，这与人口流失、农业劳动人口老龄化严重密不可分，年龄较大的农户有心无力，勉强种够自己的"口粮"，年轻人又无心种植。

受访的农户多数对于秸秆还田利大于弊的观点表示不赞同。有一位种植水稻的农民伯伯和我们说道："秸秆禁烧以后，秸秆放置田中导致多了很多病虫害，打药的次数比以前多了，成本也高了，并且影响作物扎根。"如果能够焚烧秸秆的话，不仅能烧死秸秆中残存的虫卵和活虫，而且烧成的灰还是很好的肥料。这也与农户在后面的问卷访问中表示不愿意减少农药的使用有关。受访农户认为，病害、虫害越来越多，减少农药使用会增大农作物受灾的风险，进而导致减产，导致农民亏本。我查阅相关资料后发现，秸秆还田有相应的操作规范，比如粉碎度、深翻度、适宜的温度和湿度、适量施加氮肥进行催化腐熟等。但可能由于农户缺乏科学知识、种植成本、秸秆数量大增等多重因素制约，应粉碎、深翻、耙实、适时浇水、适量施加氮肥的还田操作，出现操作简化或者操作不当的情况，导致秸秆还田副作用凸显。

在农户宅基地改革方面，我们了解到很多农户对超面积住宅或宅基地收费表示不是很愿意，能接受的超面积住宅有偿使用费用在 10～50 元/米^2 之间；在关于宅基地用地是否考虑有必要堆放农具这个问题时,大部分农户都表示:"有必要!"并且很多农户闲置的宅基地的用途也是用来堆放农具、农机、杂物,因而不愿意流转、退出自己闲置的宅基地。

  此次调研活动,让我不仅感受到从事农业生产的艰辛,育秧、整地、栽插、灌溉、施肥、喷药、收割、晾晒,这些都需要付出很多辛勤的汗水,还深刻认识到了自己作为农大学子的责任和使命。我们需用脚步丈量乡村野径,用眼睛发现乡村变化,用耳朵倾听农民心声。越靠近泥土,越有生命力,不负青春、不负韶华,把文章写在祖国大地上。乡村振兴,任重而道远!

稻花田里说丰年，聆听一片幸福音
——"双百双千"高安调研有感

钟子晴（行政管理2022级硕士生）

2023年6月26日—6月29日，陈江华老师带领本硕博学生一行15人前往宜春高安开展了为期3天的调研活动，调研通过在村委会与农户一对一交流进行问卷填写，共调研了样本县的3个乡镇。

6月26日下午我们直接驱车入村，到达后便立刻对农户进行访问，由于之前没有参加过实地调研，所以下车之后我跟随博士师姐熊云观摩学习如何与农户交流。学习之后，我对整个问卷有了更详细的了解，如何与农户交流也能做到心中有数。第二天一早，调研组到达八景镇庄头村开始了与农户的交流，进入我首次调研的实战阶段。最开始我与农户交流可能有些困难，越到后期越是驾轻就熟，整体都很顺利，从中发现普遍存在的现象。

第一，土地流转主要是以熟人为主，几个样本镇村里村民关系较好，彼此信任。土地流转面积较小多以口头合同为主，而面积较大的流转则会签订书面合同。

第二，农村消费支出相对较低。农村虽然收入不高，但是生活压力也不大，因为每年花费相对不多，在衣着支出和食物支出方面基本较少，在娱乐方面支出一致都是回答无。农户大部分都养了鸡鸭供自家消费，基本不需要购买禽肉。但问及购买肉类品种，发现相对富裕家庭肉买得更多且品种更丰富，相对不富裕的家庭肉买得少且只买猪肉。

第三，养儿防老的观点受到普遍认同，但重男轻女的思想有所改善。之所以认同养儿防老，是因为觉得儿子可以在身边更好地照顾自己，女儿出嫁以后生活重心主要在丈夫的家庭，较少顾及娘家。虽然赞同养儿防老，但大部分农户还是觉得生男生女一个样，表明重男轻女的思想观念相对以前有一定的改善。

第四，机械化程度较高，在整地与收割环节，种植水稻的农民普遍会使用机械来代替人力，很大程度上节省了人力。

第五，高标准农田建设效果较好，农田利用率和农户种水稻的积极性都较高，水田肥力较好，基本没有荒废的农田，农户自己种植的积极性都很高，使粮食生产成为家庭口粮的主要来源和增加家庭收入的重要途径。

乡村振兴背景下，农业农村发展取得了较好成绩的同时，也存在以下问题：

第一，农村劳动力转移程度高且老龄化严重。年轻人多外出务工，较少从事农业生产，被访问的农户年龄普遍较大并且仍然从事收入较低的农业生产。

第二，村干部群众基础较好，但村里的规章制度仍需完善。农户对于村干部的工作是基本满意的，农户普遍提到私搭私建已全部拆除，人居环境经过整治得到了很大改观，体现了乡村振兴治理有效的内在要求，但是村里的规章制度仍然需要完善。

第三，农户及其子女受教育水平较低。农户普遍学历不高，其子女学历稍高但也总体较低，所以子女外出多从事工资不高的工作，少有在家务农。

第四，与农户交流注意技巧，应用他们常用的语言去沟通。在问及农户自己提供数额的费用时，例如，"有机肥代替部分化肥提供补贴给您应该多少钱每亩？""您能接受的超面积住宅有偿使用费为多少？"有部分农户称这个需要政府规定无法提供具体数额，经过多次引导才说出具体数额。包括问及高标准农田建设，有些农户回答无，但问及园田化则回答有。

第五，农业保险覆盖面不够，农业保险真正发挥作用任重道远。调研发现2022年的旱灾对于水稻的产量有很大的负面影响，产量减产最严重的直接减半，而一旦遭受灾害而未购买保险则会导致收入急剧下降甚至亏本。农业靠天吃饭，农作物种植付出和回报不一定成正比，遭遇灾害或种植不善的时候农户可能会血本无归，对于家庭状况本不够富裕的农民来说更是沉重的打击。

此次调研充实又快乐，收获很多，非常感谢学校提供的平台，也感谢陈江华老师在调研过程中给予大家指导。我更加意识到只有深入田间地头才能够真正了解到农业农村的发展现状。绿油油的稻田配上蓝天白云，乡村的风景是不可替代的美丽，虽然爷爷奶奶曾经是农民，但是我从小在城市长大，接触乡村不多，和农民打交道就更少，这几天每天都和农民交谈，让我对于农业农村有了更深的了解。也发现自己身为农业大学的学生对于农业农村方面的知识还非常欠缺，对于农业农村的了解多浮于纸面而没有落在实处。例如，如果农户种植的是双季稻，相对种植一季，其水稻播种面积以及农药和化肥的使用面积都应该翻倍，这一点我在调研的开始没有注意到。农户们都是朴实善良的，我记得有一次是从村里调研完返程的路上，那是中午最炎热的时候，仍然有农民在地里辛勤耕作。看见朴实勤劳的他们，更加激励自己要努力认真学习。给我印象深刻的是，每次在问到"您觉得自己幸福吗？"都会笑着回答我"挺幸福的"，他们脸上质朴又真诚的笑容格外动人。岁月和烈日在他们脸上留下的痕迹反倒有一种质朴的魅力，虽然他们面朝黄土背朝天，但物质欲望却不高，和常年生活在城市里的我们相比，幸福感高了许多，如果拿着同样的问题去问城市居民，想必答案会恰恰相反。我第一次参加调研，经验不足，下次调研一定要及时发现问题，并且带着问题去交流，以后我还应该多参与这类调研活动，去亲眼看看中国乡村的发展，去看看乡村振兴的成果和延续。

夏天的风吹向乡村田野

彭安琪（农林经济管理202103）

为贯彻落实乡村振兴战略，江西农业大学启动江西省乡村振兴"双百双千"调研活动，由江西农业大学经济管理学院老师带队分别在江西省各个县/区深入农村展开调研。我作为农大学子，非常渴望深入了解一番。2023年6月26日，我有幸在李领营老师和胡伦老师的带领下来到南昌市南昌县和进贤县开始了充实的5天调研之旅。调研前，团队全体人员参加了学院统一组织的调研培训、听取了调研注意事项。通过此次调研，我感到无论在农业知识还是经验方法上都有了进步。夏天虽热，但有老师、同学们的关心和照顾，一路的风声和村民们朴实的话语与热情的招呼仿佛还在耳边……

调研中各个乡镇的领导干部和村民的积极配合和耐心回答，使我们的问卷得到充分完善，提高了调研效率，激发了大家的干劲。调研人员和村民采取一对一的询问和回答，尽管有方言的差异，但我们通过反复询问，确定村民的本意，保证每个村民的疑问得到及时的解答，调查数据真实可靠。一路上，美丽的乡村风景令人难忘，街道干净整洁，道路通畅，一排排碧绿的大树，倒映着蓝天的池塘，粉色的荷花和嬉戏于荷叶间的小鱼，地里圆圆的西瓜，数不胜数的稻田，我们感慨农民辛苦，同时也为他们的丰收开心。

本次大调研活动以农户为调查对象，问卷涵盖农户家庭、个人、村庄等3个层面，内容包括产业兴旺、生态宜居、乡风文明、治理有效、生活富裕等5方面的内容，通过此次调研，我看到了农民的日子越来越好，也发现一些需要注意的问题：

"宅改"工作成效显著，"一户一宅"成为共识，减少了乱搭乱建现象，村里环境得到了很大的提升。但仍然存在少数闲置的住房，由于现在农村的人口少，人口老龄化严重，这些闲置的住房无法出租，住房资源得不到充分利用。

"移风易俗"工作得到了认可，村民观念得到很大改变，但高价彩礼仍然在很多地方流行。几乎每个村都有两到三个35岁以上的"单身汉"，当问及难娶老婆的原因时，彩礼重成了大家一致的答案。农民对收入的满意度提高了，但水稻种植积极性不高，在外务工收入占大头。

农民种植水稻意愿低的原因有多个方面：①低收益。水稻种植的利润相对较低，农民投入大量的人力和物力，而且管理成本高，但最终的收益有限。与此相比，一些农民选择务工或种植其他经济作物能够获得更高的收益。②气候风险。水稻种植受到天气的影响较大，一场暴雨或干旱可能会导致农作物的损失。这种不确定性增加了农民的风险，使他们不愿意全力投入水稻种植。③农药和化肥价格上涨。水稻种植过程中需要使用农药和化肥，但这些产品的价格不断上涨，增加了农民的成本负担。④劳动力短缺。随着农村劳动力外出务工的增加，农村地区面临着劳动力短缺的问题。水稻种植需要大量的人工操作，但缺乏足够的劳动力使得农民难以顺利完成种植工作。年纪大的农户谈到自己已经种了三四十年的水稻，但是身体不行，所以已经没有继续种田的意愿，而青壮年则是认为种田收入太少，太辛苦，粮食的收购价太低，付出与收入不成正比。

土地流转受欢迎，种田大户增加，农业规模化机械化水平有所提升，大多数在外务工的青壮年和年纪大的老人都将自己的田地流转给种田大户，获得一年200~300元/亩的流转收入。

子女教育质量不断提升，一代比一代强，但养育成本也高了，农村目前对于三孩政策反应平淡。总的来说，乡村振兴使农村教育水平、农民收入得到显著提高，环境越来越好，积极解决农村问题，减少城乡差距，振兴乡村，一直在路上！

2023年6月30日，在老师、各级领导、样本农户和调研团队的共同努力下，此次"双百双千"南昌调研活动圆满结束。参与此次调研给我带来了很多收获和启发：通过与农户的交流，我深刻体会到了农村发展面临的困难和挑战，也更加了解了农民的需求和期望。我要感谢农户和相关部门对我们调研工作的支持和配合，也感谢学校和老师为我们提供了这样一个实践机会，我要珍惜这次经历，会继续努力学习和成长，为农村的发展贡献自己的力量，希望问卷调研的成果能够得到有效的应用，为农村的振兴和发展做出贡献。

做永远在学习路上的实践者

陆颖琪（农林经济管理2103）

党的二十大报告强调坚持农业农村优先发展，对全面推进乡村振兴作出重要部署，提出加快建设农业强国，明确了新时代新征程上推进农业农村现代化的重大任务，为我们走好新时代乡村振兴路指明了方向。2023年7月，在贺亚琴老师的带领下，我们乡村振兴实验班6位同学前往九江市彭泽县芙蓉墩镇、黄花镇和长山乡开展问卷调研与驻村活动。

燃激情，深入乡野田间。在4天的调研里，我们前往彭泽县的3个乡镇共9个行政村进行农户问卷调研，虽然调研行程紧锣密鼓，但我们热情高涨，激情不减。由于被访农户大多年龄在60岁以上，多数难以用普通话顺畅沟通，因此，起初的调研过程并非十分顺利，但是通过每晚小组复盘，我掌握了许多交流技巧，在后续沟通中能快速获取正确的信息。这让我认识到从观察实践到交流学习再到实践运用的重要性，这个过程一定要踏实仔细。

兴产业，参与战略实施。在4天调研结束后，我们在彭泽县芙蓉墩镇湖西村许家坝又进行了为期4天的驻村学习实践。芙蓉墩镇党委书记、经管院2001级学长刘静兵书记与我们亲切交流。他强调，青春正当时、年轻无极限，鼓励同学们运用所学为彭泽发展提出建议，欢迎同学们加入彭泽的发展建设。在湖西村，通过与当地创客空间负责人韩结华座谈交流，我们了解了湖西村电子商务的发展现状和当下所面临的困境。同学们结合所学，与韩大哥交流了我们的想法与建议。

广学习，对话振兴样板。我们前往九江凯瑞生态农业开发有限公司进行参观学习，凯瑞农业所使用的"塘长制"（龙头企业+专业合作社+农户+脱贫户）生态管理模式有效地实现了经济效益与社会效益双赢，带动贫困户890户脱贫、帮助3600户增收，是乡村振兴进程中带动农民致富的又一典型案例。

在这段日子里，踏实、细致、沉淀是我学习感悟的关键词。踏实，脚踩红土地要用心体悟；细致，对问题细致地解释也许会影响问卷的结果，对微小事物的发掘也许会成为乡村振兴发展的亮点工程；沉淀，在自我反思中再成长，在结果中找问题。首先，要做好调研的准备，不论是物质上还是心理上的准备，熟悉好问卷相关内容。其次，在调查过程中要随机应变,根据团队情况及时调整好调研方案,认真对待问卷录入,做好调研每一步,用好调研相关数据,让调研更有意义。最后,调研学习使我在书本之外,切身感受到农业政策对"三农"发展的影响,更深刻地理解了知行合一的意义。

行程虽短,感悟颇多,受益匪浅。我们在实践中学真知、增见识、长本领,在解决实际问题的过程中掌握新的理论和方法,希望以青春之力助推乡村全面振兴。

不访农桑,怎知夏景如许

彭慧瑜(农林经济管理2103)

作为江西农业大学经管院的学子,这个夏天我有幸能在李领营、胡伦老师的带领下和组员们一起走出象牙塔,去看一看那些距离南昌城区最多不过几十公里却超乎我想象的风景与人情。

不访农桑,怎知农村发展脚步之迅猛?也许是因为受南昌的辐射带动,进贤、南昌两县所辖村镇发展水平明显提高。我看见许多漂亮精致的别墅,不远处风吹起农田层层绿浪。走在村里哪怕是土路都不见一点牲畜的粪便,因为很少有人需要耕牛,鸡鸭都是圈养。村民的整体样貌也不再是面朝黄土背朝天的"泥腿子",他们有的领着工资,有的自己做点小生意,更多是儿女赡养不再向土地谋求生计的老人。而这些儿女不常在旁的老人,你也很难再将他们划归至十几年前媒体常常报道的"留守"状态,他们很多配了智能手机,提到经常打来电话的子女,他们不约而同地展现骄傲而幸福的笑容。尽管谈不上很富裕,但他们都认为自己过得不错。例如,一位黄爷爷说道:"我这么大年纪,生了大病路都不好走",但在医保政策的支持与村干部的照顾下能够乐天知命、养老无忧,"去年看病没花多少钱,住院都有的报销"。这恰恰体现了农村社会保障体系在不断完善,为百姓生存权提供了有力的保障,反映了国家经济发展成果真正惠及广大人民。

不访农桑,怎知农业创业的苦与甜?调研任务完成后,老师还带我们到附近知名的果园学习。到下车的那一刻,迎面扑来40℃的热浪,果园的主人热心地为我们讲解她的创业之路:曾经亏空一百多万,受到鸟掠食、高温害、滞销难等重重困难的阻碍,稍有不慎就是心血白费。目前农业保险的种类尚不足以覆盖她面临的风险,只能在各个环节都不断应用先进技术与改善经营。我真的很佩服她一家,在无花果滞销时,她丈夫学习酿酒,让那一年的苦与甜再经过岁月洗礼,沉淀出更具附加值、更抗风险的特色农产品。如今农业的生产者,真能囊括成"小农"一词吗?第二天我们又去了一个葡萄园,农场主已引进源自日本的"阳光玫瑰"这一品种,亲眼见证它从几百元的天价走向寻常百姓家。自我们到访起主人的手机就没离过身——他不光要接待我们,更要照顾好正在观看直播的"家人们"。在新时代的浪潮下,众多农业从业者投资额高、敢担风险,创新意识、品牌意识强烈,他们的创业精神放在其他产业相信也是熠熠生辉。

不访农桑,怎知夏景如许?初次参与调研,这五天好像每天都是崭新的。第一次问卷由于缺乏经验,我全心投入,却在过多解释力求精度中失去了效率,一份问卷问了两三个小时。好在后来在老师的指点下和与组员的交流中,我习得了更加贴近村民习惯的表达技巧,对问卷结构更清晰了,最后能顺利完成调研任务。作为一个社恐人士,我很久都没在这么短时间和一个陌生人说这么多话了,问完那么多问题,我感到似乎与他们相识已久。村民向我展现了他们的坚韧与达观,这深深地感染了我。我永远都会记得有位党员坚持不要误工费挥手就走的豪气,一位大娘送我们自己种的小西瓜非常甜,还有村民爽朗的笑声。其间还有很多有趣的事,最搞笑的莫过于有的组员居然能用自家方言实现与村民的交流,甚至能把对方带出湖南口音。在最后一天,我们大清早卖起了空心菜和玉米,没出摊全靠搭讪,力证"有人的地方就有市场"这一真理。

行笔至此不知如何结尾,因为这份经历,我的内心充满感激,也更加意识到自身不足与努力的方向,或许就让这个夏天永远不要结束,我将一直在路上!

纸上得来终觉浅，乡村振兴要躬行
——赴芦溪县调研有感

吴湘琪（农林经济管理2101）

2023年6月26日至6月30日，在徐磊老师的带领下，一支涵盖本科生、硕士生和博士生的12人队伍赴江西省萍乡市芦溪县长丰乡、新泉乡、麻田镇、源南乡开展"中国乡村振兴（江西）双百双千数据平台建设项目"暑期调研活动。没有调查就没有发言权，为实地了解江西省农村发展情况，成员们深入芦溪县农村，走访农户，在实地交流中上好大学生与现实相结合的"大思政课"，在社会课堂中受教育、长才干、作贡献，提高自身的实践能力和社会责任感。

在此次问卷调查和亲身与农户交流的过程中，大家虽然遇到了一些困难，但在每天的现场检查、成员互查以及经验交流共享中都得到解决，极大地提高了效率与准确性，也加深了我们对"三农"问题的理解，在一次次交流中我深受启发，也收获颇多，其中绿色生产、农村劳动力转移、基层治理这三方面最使我印象深刻。

一、未建立健全农业生产保障体系

农户化肥减量成效较低。此次调查的总共92户农户中有种田农户79户，问卷调查中，选择"比较愿意""非常愿意"减少化肥、农药施用的农户分别有47户、49户，约占种田农户的59%、62%，而问其2022年实际减少化肥施用的比例时，有53位农户的回答为0，约占种田农户的67%，在问到为什么不愿意减少施用，他们说道："没施那么多肥料产量就低了，不打农药病虫害就多，所以不能少。"

农户绿色技术采纳程度较低。采用测土配方施肥技术的农户有5户，约占种田农户的6%，未采用任何绿色生产技术的农户有53户，约占种田农户的67%，这说明采用测土配方施肥技术、绿色生产技术的农户很少，农民很大程度上都依据自己的经验施用化肥及农药，缺乏一整套的科学施肥、施药的管理体系，农民在生产过程中不能精准施肥。

农户有机肥施用比例低。施用有机肥的农户有31户，约占种田农户的39%，问及农户为什么不施用有机肥时,他们回答说:"有机肥不能提供土壤所需的养分。"有机肥中无机含量太低,其主要作用是改良土壤而非为作物提供养分,所以,给予农民补贴使部分有机肥代替化肥或者其他方法提高有机肥还田量是否有效可行,还需实践。相关部门要重点突破,促进施肥精准化、智能化、绿色化、专业化,上下联动、协同推进,在保障农户利益的同时,带动科学施肥水平稳步提升。

(二)劳动力外流严重,农业劳动力老龄化加剧

随着农村劳动力人口结构改变,很多年轻人外出务工、求学,老年农户耕种土地面积减少,农业收入微薄。我们所调查的四个乡镇中10671个户籍人口中有6326个常住人口,即有4345人外出求学、务工,约占户籍人口的41%,实际耕种农田的户数中在家种田年龄60岁及以上劳动力有1200个,约占常住人口的19%,常住人口剔除未达到劳动年龄以及不务农者,这个比例将会更高,农业劳动力老龄化非常严重,如何正确认识这一现象,应从培养新型职业农民、提高农民社会保障水平、促进土地流转等方面寻找突破口,进行有效应对。

乡村振兴道阻且长,发现问题才能解决问题,找出关键所在,直击痛点,乡村发展才能行稳致远。调查过程中组员们惊喜地发现泸溪县基层治理能力体现现代化模式,农户的主动性、积极性高涨。

(三)基层治理效果显著,农户主人翁意识增强

在4个乡镇的92户农户中,对村干部总体情况打6分及以上(总分10分)的有82户,约占总体的89%,对村支书情况打6分及以上(总分10分)的有87户,约占总体的95%,农户对村干部的基层工作满意度高,基层治理工作得到农户的认同;80%以上的农户觉得本村的生态环境和卫生状况是比较好的,乡村面貌较之前有很大提升;有近60%的农户愿意为村庄污水处理装置支付一定的费用,近63%的农户家庭愿意支付一定的垃圾处理费用,近74%的农户愿意拆除私搭乱建来提升村容村貌,这些说明了多年来农户为了村容村貌以及村庄的可持续发展,奉献意识增强,大局观、整体观念得到提升,这离不开基层组织对乡村治理做出的贡献。

通过此次"双百双千"调研活动,我明白了农村发展未来的挑战无处不在,如何应对乡村振兴中出现的问题,不仅是农大学子今后的永恒课题,而且要深刻体悟蕴含其中的精髓要义和理念方法,转化运用到加快推进乡村全面振兴上来。纸上得来终觉浅,乡村振兴要躬行,深入农村,踔厉奋发,阔步向前!

用脚步丈量乡村,用青春助力振兴
——赴芦溪县调研有感

李超群(农林经济管理2201)

农村稳则天下安,农业兴则基础牢,农民富则国家盛。习近平总书记在党的二十大报告中强调:"加快建设农业强国,扎实推动乡村产业、人才、文化、生态、组织振兴。"[①]为积极响应国家号召,发挥农业院校光热,厚植学子爱农情怀,2023年6月26日至29日,江西农业大学经济管理学院乡村振兴实验班乡风文明组在徐磊老师的带领下,赴江西省萍乡市芦溪县开展"双百双千"调研活动。调研组通过实地参观,了解乡村真实面貌;寻根问底,和村干部交流讨论;深入沟通,与村民进行一对一问答等调研方式,顺利完成了调研内容。

通过这次调研,我对乡村振兴战略有了更深的认识。乡村振兴战略是以习近平同志为核心的党中央为顺应亿万农民对美好生活的向往做出的重大决策。而走中国特色社会主义乡村振兴道路,需要不断推进农业农村现代化,需要以实现共同富裕为目标凝聚最广泛的发展共识和动力。

绝大多数村庄都在政府的扶持下开展了农村基础设施建设和人居环境整治工作。调研路上我们随处可见整齐有序的砖瓦房屋取代了破旧危险的泥巴房,硬化设施完善的农村道路覆盖了坑坑洼洼的泥泞小路,节能低耗的太阳能路灯驱散了村庄夜里路边的黑暗……现代化的生活设施和干净卫生的人居环境都在表明:在政府的推动带领下,凝聚资源形成整合力、脱贫攻坚战取得胜利成果、基层驻村干部实绩突出,以及新型乡村正走向全面振兴之路。

在感悟农村发生翻天覆地之变化的同时,通过分析调研结果,我也发现了这些村庄在发展中存在的问题。据调研数据显示,村民在处理生活污水的方式上,80%是选择排到自家的污水处理设施(污水桶、污水池、化粪池、渗坑等),其余是随地排放、渗到地上或流入河流湖泊。由此可见,虽然农村开展了人居环境整治项目并取得一定成效,但是在农村生活污水处

---

① 《高举中国特色社会主义伟大旗帜 为全面建设社会主义现代化国家而团结奋斗——在中国共产党第二十次全国代表大会上的报告》,https://www.gov.cn/gongbao/content/2022/content_5722378.htm?eqid=81878f4f00047db600000006647d3897。

理方面仍处于落后阶段。

农村生活污水主要是指农村居民生活活动所产生的污水,主要包括冲厕、洗涤、洗浴和厨房等排水。如若不经有效处理直接排放至外环境,不仅会破坏生态,还会破坏生产生活环境,并威胁到人体健康。所以生活污水的未经处理和随意排放,已经成为影响农村人居环境和制约推进美丽乡村建设的短板。

2018年1月发布的《中共中央国务院关于实施乡村振兴战略的意见》指出,乡村振兴,生态宜居是关键,良好的生态环境是促进农村发展的最大优势和宝贵财富。治理农村生活污水,是实施乡村振兴战略的重要任务,是建设美丽乡村和生态宜居建设的重要抓手。因此,要持续改善农村人居环境,把农村建设成为干净绿色的美丽家园,亟须积极探索农村生活污水治理难题的破解之道。

因地制宜,完善农村污水治理系统。气候地理条件是影响农村生活污水治理的技术模式选取、建设运行成本等的重要因素。因此,因地制宜在农村生活污水治理方面至关重要,要根据地形地貌、自然气候、生态环境敏感程度等,分类完善治理模式,科学合理建设农村生活污水收集和处理设施。同时也要在综合考虑生态保护、环境治理、资源利用、乡村振兴、区域发展的基础上,统筹考虑农村总体布局、供排水系统建设和农村厕所改造等,合理规划农村生活污水治理方案。

"长治久清",加强农村黑臭水体治理。生活污水和工业废水形成的农村黑臭水体直接影响到广大农民群众最关心、最直接、最现实的农村人居环境问题。据统计,全国约有8000处农村黑臭水体,量大面广,治理任务十分繁重。在进行黑臭水体的治理过程中,要统筹谋划、扎实推进,在农村黑臭水体"查、治、管"上下功夫、求实效,坚持治标和治本相结合,建立长效机制,避免出现返黑返臭现象。

发挥农民主体作用和基层组织作用。充分发挥农村基层党组织领导作用和党员先锋模范作用,以及妇联等群团组织贴近农村的优势,组织群众积极参与农村生活污水治理,引导农民群众形成良好的用水习惯,减少农村生活污水乱排乱倒行为,不断提高广大农民群众的生态文明意识和主人翁意识,形成共建共治共享格局。

习近平总书记指出:"时代总是把历史责任赋予青年。新时代的中国青年,生逢其时、重任在肩,施展才干的舞台无比广阔,实现梦想的前景无比光明。"[①]作为新时代青年,我们肩上自然承担着国家命运的一部分,更别提我们与农民、农村息息相关,我们应当担起农业院校学子的责任,走入农村中去,厚植爱农情怀,用青春助力乡村振兴。

[①] 《习近平在庆祝中国共产主义青年团成立100周年大会上的讲话》,https://baijiahao.baidu.com/s?id=1732530529529253848&wfr=spider&for=pc。

乡村振兴步履铿锵,青年学子任重道远
——"双百双千"之芦溪调研心得体会

蒋文慧(国际经济与贸易2202)

"农,天下大业也!"为了深刻领会把握习近平总书记关于"三农"工作重要指示精神,江西农业大学经济管理学院开展了江西省乡村振兴"双百双千"暑期调研活动,让学生有机会走向田间地头,走近农户,了解农村发展。我有幸能有机会跟随徐磊老师与调研组的其他伙伴们,于2023年6月26日下午共同前往江西省萍乡市芦溪县进行调研,调研时间共计四天,调研前的晚上,徐磊老师强调了调研相关注意事项,为后续调研活动的顺利开展打下了良好的基础。调研组前往芦溪县的长丰乡、新泉乡、麻田镇、源南乡,共计四个乡镇九个行政村开展调研活动。大家近距离走近农户,了解真正的农村现状,调研过程中,我感触最深的是乡村振兴踏新程,农村面貌日日新。

一、乡村治理有效,基础设施较为完备,农村环境逐渐改善

乡村振兴是新时期解决"三农"问题的重大创新战略,也是实现共同富裕的必经之路,党的二十大报告进一步指出要全面推进乡村振兴,统筹乡村基础设施和公共服务布局。农村基础设施是产业兴旺的先行资本和生活富裕的重要保障,其发展对乡村振兴具有深远的影响,同时农村的环境也与村民的生活紧密联系。近些年来,各地政府加大力度落实农村建设相关政策,现在农村的基础设施越来越完备,在我们调研的数据中,有83%的农户表明,村中已有村庄规划,且多数人对村庄规划表示满意,有83%的农户对于村庄中的卫生及生态环境都较为满意。村民对于农村环境的认知,一定程度上反映了村民在农村生活的幸福度,而干净整洁的农村环境则有利于提升村民生活的幸福度。在我们所调研的九个行政村中,村村都有村规民约,据受访者所说,村规民约在村庄的管理中也起到了一定的作用,村庄的有效治理离不开村干部们的辛勤管理,村干部配备齐全,能有效地管理好村庄事务,村中出现问题,类似于宅基地改革问题,也能向村委会进行有效的反馈。众人拾柴火焰高,村干部的有效治理,将村民们凝聚在一起,将有利于进一步推动乡村的发展。

二、重视农村未成年人教育,传统旧观念逐渐淡化

农村对未成年人教育的认可度越来越高,在过去,更多的农村人会认为,如果孩子考不上高中,就应该步入社会去打工,挣钱谋生活。而现在,根据我们所调研的数据结果显示,95%的农户认为若家里孩子考不上高中,则希望孩子可以去读职业高中或中职继续学习。他们将考大学当成低成本改变人生命运的方式,部分农村家长贷款在县城买房只为孩子教育问题,孩子也不再只是由爷爷奶奶管教,而是更多由父母进行教育督促。此外,农村的一些旧观念逐渐弱化。比如,重男轻女的思想观念已然弱化,生儿生女一个样逐步成了农村的主流观念。对教育的重视程度加强,对陈旧观念的摒弃,有利于农村人口素质的提高,将有助于推动农村经济的发展。

三、农村存在亟待解决的问题

1. 农村地理位置偏远,乡村产业发展受限

调研的第一个目的地,我们来到了长丰乡羊田村,羊田村地理位置偏远,远离县城且山路崎岖,难以拉动融资发展乡村经济,导致村庄经济条件相对落后。在调研过程中我们了解到,村中有特色产品——蜂蜜,但迫于交通地理位置等问题,未能将特色产品带出深山,带到公众的视野下,从而带动农村经济的发展。

2. 农村人口老龄化程度严重,农村产业发展缺少活力

据所调查的农户特征,大多为50岁以上老人留村务农,村中年轻人口少,年轻人大多在外务工,农村人口缺乏活力。老年人对于务农的态度更多是务农以维持基本生活,不求额外经济利益,出于年龄的因素,对于农业生产有些力不从心,无力去积极探索新的现代农业生产技术。

3. 农村养老医疗问题凸显,农村老人数字鸿沟较大

本组调研数据显示,39名受访者(约42%的受访者)家中老人居住模式为独居或单独与配偶同住,空巢老人占比42%,近一半的农村老人独自居住。养老观念依旧落后,"养儿防老"是在我国农村地区长期得到广泛认同的养老观念。城镇化的加速推进、经济发展迅速等情况使得这种观念有所弱化,但农村中家庭养老仍然是农村老年人养老的主流,对农村福利院环境和服务的不认同和"入院不孝"观念是农村老年人不去福利院的两个主要原因。多数老年人对上门医疗的需求较大,但现实情况是,上门医疗服务并不完善,无法满足老年人的看病需求。对此,应健全农村养老保障体系,完善相关养老政策,改善农村养老环境,让农村老年人老有所依,安享晚年。此外,仅有28名受访者表示家中65岁以上老人会使用智能手

机,这意味着绝大多数农村老年人是不会使用智能手机的,老年人与数字化之间的巨大鸿沟依然存在。

4. 数字化技术缺乏,生产观念滞后

在调研中发现,农户在水稻种植的过程中,大多为传统的耕种技术,机械化生产在整个水稻种植过程中所占比例较小,部分农户不能熟练使用智能手机甚至也有完全不会使用智能手机的情况,他们很少在网上采购农业生产资料、了解相关农业生产知识,在农业生产中大多是依靠与其他农户交流或根据自身经验判断。在农业发展中数字化的推动,还需要很大的努力,需要经常对农户进行农业技术培训、绿色生产知识培训,电商培训,帮助农户进行农业生产活动,同时可以通过电商的形式,将农产品与数字化技术深度融合,解决农产品出售难无销路等问题。

5. 宅基地改革正兴,农户观念仍旧

关于宅基地改革问题,我们所调研的乡村都并非宅改试点村,但村民对于宅基地改革政策都有一定程度上的了解。84%的受访农户都知道有关一户一宅的规定,但大多数农户认为超过规定面积的住宅收费不合理,在调研过程中,有农户表示,有些村民忙活半辈子只为在农村建起一栋房子,建房还需要考虑农具堆放等问题,导致建房超出面积,本就是东拼西凑建起的房子还因超出面积而收费实为有些个合理。虽然大多数农户还是会关注宅改的相关政策,但仅仅只是浅层的了解。在 92 名受访者中,有 40 名受访者认为宅基地属于国家,但依旧有 52 名受访者认为宅基地归私人所有。

习近平总书记在中国共产党第二十次全国代表大会上的报告中提到:"坚持农业农村优先发展,坚持城乡融合发展,畅通城乡要素流动。加快建设农业强国,扎实推动乡村产业、人才、文化、生态、组织振兴。全方位夯实粮食安全根基,全面落实粮食安全党政同责,牢牢守住十八亿亩耕地红线,逐步把永久基本农田全部建成高标准农田,深入实施种业振兴行动,强化农业科技和装备支撑,健全种粮农民收益保障机制和主产区利益补偿机制,确保中国人的饭碗牢牢端在自己手中。"[①]乡村振兴这项大工程依旧在路上。

通过此次调研,我切实地感受到了农村的变化所在以及务农生活的不易。作为农业高校的学子,理应担当强农兴农的使命,厚植"三农"情怀,为乡村振兴贡献自己的一份力量。乡村振兴步履铿锵,而青年学子大有可为。

---

① 摘录自习近平:《高举中国特色社会主义伟大旗帜 为全面建设社会主义现代化国家而团结奋斗——在中国共产党第二十次全国代表大会上的报告》,https://www.gov.cn/gongbao/content/2022/content_5722378.htm? eqid=81878f4f00047db600000006647d3897。

第七部分 其他农村调研活动感想

　　学院鼓励学生多参与社会实践活动,通过参加农村调研以加深对农业农村的认识,增强学生理论联系实际的能力,为更好地理解书本知识与开展学术研究奠定基础。学生除了参加学院组织的"一村一名大学生"电话调研、"百村千户"调研、"双百双千"调研、"乡村振兴实验班驻村调研"等社会实践活动之外,还积极参加了其他高校组织的农村社会调查活动,以及本校教师单独组织的课题调研活动。参与的外单位组织的调研活动主要是北京大学中国社会科学调查中心主持的中国健康与养老追踪调查(China Health and Retirement Longitudinal Survey,CHARLS)和兰州大学管理学院开展的"合理利用撂荒地战略研究"调研活动。调研活动区域主要以江西的农村为主,但为了掌握省际的差异,拓宽研究视野,部分教师带领学生远赴广东的乡村开展调研活动,了解广东的农户在水稻种植行为选择方面的现状,掌握两省农户在水稻生产决策方面的异同。在调研结束后,鼓励学生积极撰写调研心得体会,将调研过程中的见闻与所思所想以文字的方式记录,和广大读者分享。

赣粤山水两相依，稻花迤逦一路香

朱玉蓉（农业经济管理2021级硕士生）

广东省与江西省毗邻，地貌类型复杂多样，属东亚季风区，光、热和水资源丰富，与江西省相比，一为粮食主销区，另一为粮食主产区，两地水稻种植在品种选育、种植规模、稻作制度等方面均有鲜明差异。2023年7月19日到7月26日，江西农业大学经济管理学院师生职业粮农课题研究团队在广东省四市六个县区，对各地水稻规模种植情况进行实地走访与问卷调研，以期对比粮食主产区与主销区的水稻种植差异，探寻粮食安全保障路径。

一、广东省水稻种植之观察

1. 粤北——韶关市、清远市

韶关市始兴县和南雄市、清远市地处五岭山脉，为广东偏远丘陵地带，土地多无偿流转或地租较低，农户种稻规模以中小为主，耕种过程中仅耕地和收割机械化程度较高，抛秧、施肥、打药和晾晒几乎均为人工。普遍稻烟轮作、稻菜轮作，南雄市更有"中国黄烟之乡"的称号。稻种以马坝油黏米、象牙黏等长粒香型常规优质稻为主，品质优，亩产干谷可达425千克及以上，多采用初级销售订单，收购方或提供或规定稻种，届时按约定价或市价以干谷收购，综合测算，黄烟每亩纯收入约1000元，水稻每亩纯收入约700元。

清远市连山县为壮族瑶族自治县，位于粤、湘、桂三省接合部，古有"九山半水半分田"之称。受山丘地理条件及低温气候影响，雨水充沛、虫害严重，水田以中稻为主且不轮作，种稻规模小而分散，耕田、收割以机械为主但费用偏高，其余环节以人工为主。连山县同样多采用初级销售订单，主要种植象牙黏等长粒香型常规优质稻，亩产干谷约375千克，2022年每亩纯收入约660元。

2. 粤西——阳江市

阳江市地处广东西南沿海，其地貌以低山丘陵为主，为全国降雨量最高地区之一，该地中部沿江河两岸及南部沿海区域排灌条件好，利于水稻生产，为粮食生产基地。该地水稻种植机械化利用也仅限于耕地和收割，抛秧、施肥、打药和晾晒基本均为人工。销售以干谷为主,多为收购商上门收购,少见订单种植。品种较多,以长粒香型常规优质稻为主,少见杂交稻。从稻作制度来看:阳东区雅韶镇双季稻种植占比高达80%,亩产干谷均约500千克,但晚稻价格远高于早稻,2022年晚稻干谷售价约4.0元/千克,早稻仅2.8~3.0元/千克;江城区双捷镇单季稻种植超过80%,部分地区亩产低,整体收益较差。

3. 粤南——江门市

江门市台山市是全国商品粮基地之一。该地百亩以上种稻大户较多,种稻机械化程度高且服务费用较低,较拥有大型的现代化农机专业合作社,大力推进耕种、施肥打药、收割、烘干等水稻种植全程高标准机械化。以海宴镇三兴村为例,该村7000多亩耕地,高标准农田完成3000多亩,流转6500亩以上,流转租金700~800元/亩,以双季稻为主,早晚稻亩产基本一致,约500千克干谷。稻种仍以象牙黏等长粒香型常规优质稻为主,部分有订单种植。2022年早稻干谷约3.6元/千克,亩均纯收入约550元;晚稻约4元/千克,亩均纯收入约700元。

二、赣粤职业粮农种植行为差异之思考

江西广东两地相邻,而江西为典型的农业区,是粮食主产区;广东为典型的工业区,是粮食主销区,两地水稻种植差异巨大。从种稻规模上来看,江西种稻规模更大,百亩以上大户及千亩大户较多。从稻种选择上来看,江西重产量,多种杂交优质稻,广东则重质量,多种长粒香型常规优质稻。从稻作制度上来看,江西多种双季稻、再生稻以及稻油轮作,广东则以单季稻和双季稻为主,未见再生稻种植。从种植过程上来看,江西直播、抛秧、插秧均较多,而广东偏好抛秧,江西施肥多3次,广东施肥多2次,但肥料用量基本一致。从机械利用上来看,江西机械化普遍较高,耕作、收割、插秧、施肥打药、烘干全程机械化普及较广,广东仅耕作、收割机械化较高,局部地区全程机械化。从稻谷销售上来看,江西喜售卖湿谷,广东多售卖干谷,直接与市场对接。从销售价格上来看,两地谷价差异巨大,折算湿谷价格,广东谷价比江西高出0.8~1.2元/千克。此外,江西少见订单种植、以国库粮企收购为主,而广东订单种植较多,粮农更具市场导向性。

粮食安全乃国之大者。国家粮食安全既需要粮食主产区的努力,更需要粮食主销区的支持。主产区在水稻种植上具有明显的优势,但缺乏对市场的敏感度,长期的低价也将降低稻农种植的积极性。须借助粮食主销区的力量,依托主销区市场需求,与主产区搭建订单农业,建立良性的粮食市场,使粮食生产—销售以市场为导向得到良性循环,促进国家粮食安全可持续发展。

粮食安全需要粮食增产与粮农增收双重目标兼容
——江农华农两课题团队联袂调研优质稻生产有感

欧阳思敏（农村发展2022级硕士生）

"仓廪实，天下安""国以民为本，民以食为天"是亘古不变的道理。粮食，作为人类赖以生存的根本，历来都是国泰民安的基石。粮食主产区、粮食主销区共同肩负粮食安全的责任。为了解粮食主产区与粮食主销区优质稻发展现状与农户种植行为，江西农业大学经济管理学院优质稻经营行为研究课题团队于2023年7月上中旬在江西省13个水稻主产大县进行了种粮大户调研，7月19日，江西农业大学经济管理学院课题团队赴广东，联合华南农业大学经管学院课题团队一行15人在广东韶关、清远、阳江、江门4县市10乡镇开展了为期一周的调研。

广东调研的乡镇以粤北、粤西、粤南等为代表性区域，通过调研发现，赣粤两省粮食生产外部环境和微观主体存在一些相同特点和趋势，无论是主产区，还是主销区，地方政府都自觉扛起粮食安全责任，落实藏粮于地、藏粮于技"两藏"战略，在土地资源保护、高标准农田建设和农业技术推广转化等方面都落实落细相关政策，水稻生产出现规模化、优质化趋势。赣粤两地机耕机收程度高，高效机械施肥施药技术也有不同程度的普及，如机械施肥、无人机打药等，飞防作业技术在提升自动化程度的同时也提高了生产安全性，托管服务得到种植户的普遍认同，但优质粮食生产方面，例如种植制度、订单农业、优质稻品种选择、地租价格等存在着区域差异，且两省间的省际差异更大。

一、相同处境：种地老龄化，生产成本高

通过将近一个月两省17个县市的实地调研，团队发现赣粤两省种植户都反映种植水稻的收益低且不稳定，粮食生产面临的形势和挑战具有相似性。一是种地人口老龄化、雇工难、工价高等问题普遍存在，种地者大多是50岁以上群体，农忙季节雇工难，男工多数在每天200元以上；二是尚未根本改变靠天吃饭的局面，广东台风、江西水灾、旱灾交替出现，两地虫灾频繁出现；三是化肥、农药价格上涨过猛，与2019年相比上涨60%以上。两地种植户

反映,如何提高种粮利润,让种粮年轻化,成为当前水稻种植的关键问题。

二、区域差异:地理环境差异大,市场发育程度不同

省情农情的差异,导致赣粤两省的水稻种植差异比较大。一是江西北部较为平坦,拥有国内最大的淡水湖——鄱阳湖,东、西、南部三面环山,环鄱阳湖区域38县以平原为主,适合大型机械化作业,而江西二、三产业的欠发达,农村富余劳动力省外打工,引致土地流转率高,种粮大户经营面积大,所调研的乡镇60%土地流转给大户,种植面积500亩大户比较多,而广东粤北地区、粤西地区以丘陵山区为主,种粮大户以中小规模为主,大户多数在100亩以下;二是广东种植户的市场意识浓,所调研的农户都能轻松回答种植的优质品种及各生产环节的成本,常规优质稻几个品种,例如象牙香黏、美香黏等稻谷价格高且稳定,种植户采用订单农业,多以干谷形式出售给经销户。从种植模式来看,广东的种粮大户,注重轮作,例如稻烟轮作和稻菜轮作,比较重视地力保护。而江西种植大户,虽然愿意种植优质稻,但多数是产量导向的杂交优质稻,种植面积比重大,种植品种多,受访者对种植品种准确回答比较难,以销售湿谷为主,折合干谷销售价格低两成以上。

粮食安全关键在粮食生产,稳定粮食生产的核心是保障粮食生产者的合理的利润,因此发展粮食生产,需要多措并举,达到粮食增产与粮农增收目标兼容。

博学之者,行之愈巧;行之愈巧,博学愈精。产业振兴任重道远,粮食安全是产业振兴的重点,我将秉持着对乡村的热爱与坚定,知行合一,勇于担当,努力学习、潜心研究,为农业强国作出应有贡献。

走进农机跨区服务群体,聆听跨区服务的故事

曾 霞(农林经济管理2101班)

2023年10月20日,在江西农业大学经济管理学院陈江华老师的带领下,我来到江西省宜春市上高县新界埠镇开展实地调研,在中午休息时偶遇了来自安徽省蚌埠市怀远县的收割机车队。出于好奇,我在陈老师的带领下与车队开展了面对面访谈。经过一个多小时的访谈,我基本了解了他们从事农机跨区服务的模式、成本收益与生活状况,结合查阅的资料,对农机跨区服务有了更深刻的认识。

一、农机跨区作业服务的定义

农机跨区作业服务是指利用中国幅员辽阔、地区间气候差异大的特点以及农作物种植、生长、成熟期的时间差,组织农业机械跨越县级以上行政区域,以解决小规模农户经营和农业大生产之间的矛盾所进行的有偿流动农机作业服务模式。农机跨区作业始于1996年,经历了由小到大、由夏到秋、由省内到省外、由试点到全面推广的过程,为农机社会化服务开辟了一条新途径。农机跨区服务有效地提高了机械利用率、缩短了农收周期。

二、农机跨区服务的重要性

随着中国新型城镇化的不断推进,农业劳动力大量转移到非农产业,不少地区农业劳动力老龄化严重,而粮食生产过程对生产时间有严格要求,一旦不能及时播种、收割,就会发生粮食减产,保障粮食安全的压力明显加大。在这样的背景下,截至2022年,中国粮食产量仍然实现了"十九连丰",全国粮食总产量达13731亿斤(68653万吨),其中一个重要原因是农业机械化的不断发展。2022年底,中国农业机械总动力达110408万千瓦时,农业机械化的发展实现了机器对劳动力的部分替代。一方面,在劳动力成本不断上升的背景下,更多的劳动力能够从农业生产中释放出来去从事非农产业;另一方面,机械化生产填补了农忙时期对劳动力的大量需求,这对稳定粮食产量和保障粮食安全具有重要意义。

科学技术是第一生产力,张露和罗必良的研究表明:目前中国农业机械化发展的重要模

式之一是农机跨区作业,其通过区域流动在不同地区示范、传播先进粮食生产技术,并与当地农机服务组织相互竞争,从而产生技术溢出效应。事实确实如此。改革开放以来,我国农村实行以家庭承包经营为基础、统分结合的双层经营体制,人均耕地不足1.4亩,户均耕地只有7.6亩左右,不及欧盟国家的1/40、美国的1/400,在资源禀赋不足的条件下,中国粮食生产能否实现可持续增长,关键在于提高粮食生产技术效率。而中国地域辽阔,地区间资源禀赋条件存在显著差异,在技术扩散过程中,中国省域间的粮食生产技术效率存在显著的空间收敛现象。因此,跨越不同经纬度和地势的农机跨区作业是农业生产技术扩散的重要媒介,化解了小规模农户与大功率机械间的矛盾,实现了区域间技术外溢和农业内部分工,成为连接传统小农户和现代农业之间的重要纽带和工具。

三、农机跨区服务

我们这次调研的是来自安徽省和江苏省的两支车队,访问到的主要是安徽省车队。车队由三辆拖车、三辆收割机、三家人组成,都来自安徽省蚌埠市怀远县,安徽车队成员属于亲朋关系,结伴而行来到江西。

1. 从事农机跨区服务的原因

据车队人员介绍,他们家有3个小孩,其中2个都在读大学,1个刚大学毕业,而农业靠天吃饭,风险大且收益较低,单纯从事农业生产并不能支付高昂的学费与生活费,于是在别人的带领下一起从事农机跨区服务。据大哥介绍,他们的老家怀远县是"皖北粮仓,糯米之乡",他们一般只种两季粮食作物,一季为冬小麦,一季为糯米。每年10月底到11月初播种冬小麦,来年6月初收割;收割后立马种植糯米,10月底收割。大哥还跟我们补充说,一般来说,冬小麦的亩产约1000斤,但在同一块田种植冬小麦与糯米,冬小麦的产量会降低200斤到300斤。他们种的糯米一般都是卖给工厂进行精深加工,做成膨化食品、汤圆等。

2. 从事农机跨区服务的渠道及时间安排

跨区农机手通常都是结群流动,一般都是亲戚邻居朋友等一起结伴而行,每年沿着固定的作业路线和时间连续作业。到达地点之后,这些跨区农机手既可以选择分散作业,各自找生意,但如果有大量农机服务需求时,又可以马上联合起来共同作业。据车队人员介绍,他们一般是接到老客户的电话才赶过去开展作业,电话是他们和客户联系最主要的桥梁,老客户也是他们主要的客户群体。6月20日左右广东的早稻成熟,于是大部分农机手从广东省开始作业,其后途经江西省、安徽省、浙江省、上海市,甚至一路北上东北三省作业,能够持续半年时间都有活干。

3. 从事农机跨区服务的收费标准

跨区农机手制定的收费标准会受到很多因素影响,但是主要存在两个固定标准,一是本地农机服务市场价格;二是收割的作物面积。据车队人员介绍,在江西省,收割一般小户的稻田价格一般为每亩80元,在收割种植大户的稻田时则为每亩60元,对于出现倒伏的稻田,则要依据倒伏的程度、稻田的干湿程度定价,一般每亩要100多元。车队人员买的收割机与配套的运输车加起来要30多万元(贷款购买),从安徽到江西的油费要1500元左右,一天能收70~80亩稻谷,收割机每亩田要30多元的柴油费,正常情况下,算下来每亩田大概能有一半的利润,一年外出5个月到6个月,两夫妻出来提供收割服务一年的净利润能达15万元,远高于其农业种植收入,是家庭收入的主要来源。但是高收入背后与跨区农机手的时空利用程度密不可分。为了争取最大的作业量和收入最大化,跨区农机手基本上是常年在外流动作业,根据作物成熟时间进行快速赶场,生活条件也很艰苦。

4. 农机跨区服务新变化

市场秩序规范。过去,跨区作业市场秩序不规范,受地方保护主义的影响,农机手的利益得不到保证;现在随着扫黑除恶的深入开展,那些私自拦机强收过路费的事情已经很少见了。农民的机械化意识提高。过去,农民不知道如何配合收割机工作,比如不知道要提前放水,导致收割机一下田就陷住动不了,使得很多农民情愿人工收割也不用收割机;现在,由于农村劳动力转移,农民老龄化严重,农民更倾向于使用机械收割水稻。收割机技术不断进步,收割单价不断提高。过去,进口机器的收割效率高,国产机器效率低,农机手更倾向于用进口机械;现在,国产机器如沃得等品牌的技术水平不断提高,国产机械也被很多人所选择,但由于购机成本提高导致国产收割机的收割服务费用也从过去的每亩五六十元上涨到现在的每亩七八十元。农机售后服务能力不断增强,农机维修更加便捷。一旦农机出现故障,农机手可通过品牌农机遍布全国的售后网点获得维修服务(三大件质保两年,其他质保一年)。如果去不了,农机手还可以打电话给售后人员,他们会上门维修。

总之,农机跨区服务不仅降低了农业生产的投入成本,保障了粮食安全,减轻了农民的劳作压力与劳动强度,解放了劳动力,有力地促进了农村劳动力转移和农民增收,而且加快了农机新技术和新机具推广,提高了中国农业机械化发展水平。地方政府部门要更积极支持农机跨区服务行业的发展,为其生产生活提供便利,让其在乡村振兴的进程中发挥更大的作用!

农业规模经营深入发展,农业保险任重道远①

曾 霞(农林经济管理2101)

2022年10月4日至10月6日,在陈江华老师的组织下,江西农业大学经济管理学院乡村振兴实验班生活富裕组一行14人前往九江市德安县丰林镇开展农村调研活动,本次调研活动得到德安县丰林镇政府的大力支持。此次活动是暑期调研活动的延续,主要围绕高标准农田建设、农业生产结构、水稻生产的投入产出等方面内容进行。在为期三天的调研中,我们通过实地走访,与村民一对一交流来填写问卷,基本了解了丰林镇各村的农业发展现状和存在的问题,为我们开展学术研究提供了坚实的基础。于我个人而言,此次调研锻炼了我实地调研的能力,增强了我与人沟通的技巧,并加深了我对"三农"问题的认识,帮助我将理论知识与实践融合,做到学以致用。此次调研我主要从以下方面进行了思考。

农业规模经营深入发展,但存在区域差异。我们暑假去了高安市相城镇矿山村调研,矿山村人均农田面积2亩,家庭农田承包面积相对较大,因而大多数家庭仍在从事农业生产。因此,矿山村的农田主要由散户经营,规模化程度相对较低。此外,矿山村距离镇中心相对较远,交通较不方便,非农就业机会少。正因为如此,矿山村的农业雇工价格也更便宜,请一个男工平均一天需要150元,女工仅需110元。而此次在德安县丰林镇的调研发现,丰林镇的各村组离镇中心距离较近,镇域范围内就有高速入口,交通较为方便。丰林镇还有多家纺织厂并建有高新技术产业园区,经济相对发达,非农就业机会较多,雇工价格更贵,请一个男工平均一天需要200元,女工需要150元。因此,丰林镇的务农机会成本更高,老龄化严重,当地村民务农的比例极低。加之丰林镇人均农田面积少,人均农田承包面积只有几分,因而农业对于当地农户的重要性极低,使得绝大部分农户将农田流转给大户经营,农业规模化程度较高。

在农村劳动力转移的背景下,农业劳动力老龄化问题越来越严重,将土地经营权租赁给大户、家庭农场、农民合作社、农业企业等新型经营主体,不仅可获得土地租金收入,而且避

---

① 本次调研依托国家自然科学基金项目"农业社会化服务对农户双季稻种植行为的影响机理与支持政策研究——基于江西的调查"(72263018)。

免了农业生产所存在的自然风险与市场风险,甚至可到新型农业经营主体的基地去提供农业生产性服务,获得工资收入,并为农业规模经营的发展提供支撑。

承包地分配方式与土地流转模式存在地区差异。高安矿山村的承包地已分到各家各户,农户明确自家承包地的具体地块数量、面积与所处位置,但德安丰林镇大多数村组只给农户保留一点自留地,其他的农田都统一流转给了大户,只明确农户拥有的承包地面积,并不明确具体的地块,且矿山村的土地流转大多由农民自发进行。丰林镇的大多数村庄颁发了土地承包经营权证,但采取的"确权确股不确地"的做法,有效地抑制了农田抛荒问题。

培育新型农业经营主体,大力支持服务规模经营发展。丰林镇紫荆村有位大户在本地流转了400亩农田从事农业规模经营,并购置了一批各类农机专门提供农业生产性服务,以获得农机服务收入。农机服务的发展促进了农业机械化水平的提升,适应了农村劳动力缺乏的趋势,有效化解了农业劳动力老龄化的问题,解决了"如何种地"的难题,提高了农业生产效率。政府部门应大力支持各类农业生产性服务的发展,促进小农与现代农业有机衔接,不断提高现代农业发展水平。

制约农业保险发展的主要因素是灾后定损难。发生自然灾害后,定损不仅需要耗费大量时间和精力,定损的精确性也得不到保障,具有较强的主观性,这无疑会降低投保人的信心,不利于农业保险的发展。因此,完善农业保险刻不容缓。要扩大新型农业保险的市场规模,提高承保能力;建立新型保险体系,完善新型保险服务平台,积极强化新型农业保险在农村的覆盖程度,尽量做到一村一点,专派工作人员;创新保险形式,为农村客户提供方便的一站式服务,切实保障保险服务能让利于民;健全相关法律法规,提高农业保险质量,促进农业健康发展。

继续大力推进高标准农田建设。高标准农田是指在划定的基本农田保护区范围内,建成集中连片、设施配套、高产稳产、生态良好、抗灾能力强、与现代农业生产和经营方式相适应的高标准基本农田。其属于"田成方、土成型、渠成网、路相通、沟相连、土壤肥、旱能灌、涝能排、无污染、产量高"的稳定保量的粮田。

我们在调研中发现,建设高标准农田的技术要求较高,成本也相对高昂,需要先将耕作层取出来,平整土地后再将耕作层放在表层,这样才不会使土壤肥力急剧下降。然而实际上,这种做法在现实中往往很难实行。高标准农田建设前1~2年,农田难于耕作,租金稍低,一亩田200元/年,而建设2年以上的高标准农田,由于土壤肥力逐渐恢复,一亩田的租金能达到270~300元/年。因此,刚建设高标准农田时,耕地质量不佳,农民耕种意愿不强,而当后期土壤肥力恢复,耕作条件更佳,成片的高标准农田价值提高,吸引越来越多的新型农业经营主体进入,进而推高了土地流转租金。

不少农民极力反对秸秆禁止焚烧的政策。关于秸秆处理的问题其实不在本次调查的范围内，但很多农民向我们反映秸秆禁焚对农业生产造成很大的不利影响。秸秆禁焚导致秸秆只能还田，一方面，导致农田被秸秆覆盖，使直播的种子或抛秧的秧苗浮在秸秆表面，无法下土壤深处扎根，水稻长高后易倒伏；另一方面，大量虫卵寄生在秸秆中，不焚烧就杀不死虫卵，反而导致虫灾会更严重。但焚烧秸秆又会向大气排放大量温室气体，成为全球气候变暖的帮凶，因而处理秸秆面临两难的处境。要进一步探索秸秆资源化利用的多种方式，提升秸秆价值，促进秸秆资源市场化交易，真正解决秸秆处理难题。

这是我第二次参与实地调研，也是我第一次采访农业大户。在采访农业大户时，我特别紧张，因为农业大户的数据比较有代表性，具有参考价值，一定不能出错，但还是有很多细节出了问题。例如：该承包大户是外省人，而承包地面积一开始写的却是他在当地租赁的土地总亩数，在老师的及时提醒下才更改过来。另外还有一个是一直以来都忽视的问题——询问早稻、晚稻或者中稻亩产时是干稻谷的重量而非湿稻谷，一些农户是直接将湿稻谷卖给加工厂，导致农户说的重量与实际重量有偏差。做研究不仅需要热爱，更需要严谨，要强大心理素质，摸透问卷设计的逻辑结构以及问题的定义，注重细节。我应该珍惜实践机会，以严谨的作风在实践中积累经验，在实践中成长，将书本知识更好地学以致用。

尽管这次调研时间不长，但我仍收获满满，感谢学院搭建平台，感谢老师给的宝贵机会！

橘农视角下的南丰蜜橘发展现状、问题与对策建议[①]

陈　静（农林经济管理2003）　陈江华（博士、农经系讲师）

2023年1月18日，习近平总书记连线看望慰问基层干部群众时的讲话强调"新时代的乡村振兴，要把特色农产品和乡村旅游搞好"[②]。各地因地制宜打造特色产业是当地村民稳定就业、增加收入的重要保障，对于全面推进乡村振兴、加快推进农业农村现代化具有深远意义。为了进一步探索特色农产品在乡村振兴中的作用，把握乡村产业发展的脉搏，江西农业大学乡村振兴战略研究院团队一行于2023年2月6日来到享有"蜜橘之乡"美誉的南丰县开展为期三天的调研活动。

江西抚州南丰县凭借当地特色蜜橘品种享誉古今中外。"贡橘藏南丰，香甜飘中华"，在唐朝开元以前就有种植并成为皇室贡品，直至今日，南丰蜜橘仍具有较强的市场竞争力，以其"食之悦口、视之悦目、闻之悦鼻、誉之悦耳"而深受消费者喜爱，直接或间接销往东南亚等100多个国家或地区。2010年获得国家农业部农产品地理标志登记保护，并于2021年4月入选2021年第一批全国名特优新农产品名录。

南丰蜜橘有着约1700年的栽培史，2021年，南丰蜜橘品牌价值达197.07亿元，2022年种植面积达43万亩，年均产量达13亿公斤，综合产值突破120亿元。正是有了南丰蜜橘的支撑，南丰农村人均可支配收入才能长期跻身江西各县前列，成为当地百姓名副其实的"致富果"。但近几年来，南丰蜜橘产业发展遇到难题。随着种植规模的扩大，橘农经营管理的难度增加，品质保障难度加大，出现产能过剩和产品滞销的现象，挫伤了橘农的生产积极性和致富信心。面对旱涝冻害以及两广地区砂糖橘的强势挑战，橘农要想经受住市场的考验，必须采取积极有效的措施，提高南丰蜜橘的竞争力，使其继续赢得消费者的喜爱。

[①] 本次调研依托国家自然科学基金项目"农业社会化服务对农户双季稻种植行为的影响机理与支持政策研究——基于江西的调查"（72263018）。

[②] 出自2023年1月18日习近平总书记通过视频连线看望慰问基层干部群众时的讲话，https://www.gov.cn/xinwen/2023-01/20/content_5738114.htm。

调研队伍选取南丰县某镇部分行政村的农户作为调研对象。为期三天的调研活动,我们向农民朋友们虚心请教农业生产中的智慧,通过访问部分农户可以了解当地农业发展的全貌,真正地明白了产业兴旺对于农民增收的重要性,也真切体会到农业生产过程中的艰辛和不易。近几年发生的极端气候灾害造成橘树减产,甚至冻死、枯死,给橘农带来了难以承受的损失,这无疑打击了橘农橘树生产的积极性和信心。

调研过程中,采访到了一位种植1000棵橘树的果农,他向我们介绍了种植橘树幼苗到挂果采摘需要付出的成本以及所需承担的自然灾害和市场价格波动风险。从橘树生产周期来看,一棵橘树从幼苗到挂果采摘需要培育4~5年,如果要结出比较饱满的果实则需要培育8~9年。从投入的成本来看,1棵幼苗的价格大概是4元,那么1000棵的植株成本需要4000元(如果是中途投入的较大的植株需要7元/株);蜜橘幼树1年大概需要施4次肥料,平均每棵树约2~3斤化肥,能结果的蜜橘树1年大概需要施3次肥料,平均每棵树约5~6斤化肥(去年的化肥价格每百斤约为260元),此外还需要增施有机肥以保证橘树的品质;蜜橘采摘还需雇工,当地男性劳动力雇工价格为200元/天,女性劳动力雇工价格为130~150元/天,橘农表示2022年总用工成本约1000元。从自然灾害风险来看,近些年陆续遭受旱涝、霜冻等恶劣天气,橘农痛心地表示有一半的橘树被冻死,他特别提到,在2020年他曾尝试嫁接培育新品种,但不幸均遭受霜冻天气影响而作罢;产量高的情况下,一棵蜜橘果树可以采摘80千克,但在去年恶劣气候的影响下,平均每棵果树仅采摘了10千克。从市场价格波动风险来看,市场单价不稳定,销售旺季和淡季价格差异较大,价钱高时单价可达1.5~2元/斤,而滞销时单价下降至0.5~0.7元/斤,利润减少了一半多,甚至可能要面临亏损。橘农表示,2017年以前,自家蜜橘销售情况很好,但是在这之后,自家蜜橘销量呈现下降趋势,种植利润也随之减少。

从橘农的上述介绍可知一棵橘树从种植到挂果所需的成本,就以5年为果树成熟期来算,综合幼苗价钱、化肥农药投入以及用工成本,一棵橘树5年大约需要投入300元,并且还未加入家庭劳动力的投入成本。一半的橘树被冻死,意味着直接损失了15万元的前期投入,自然灾害导致损失惨重。正常年份,一棵蜜橘结果树一年的投入大约需要60~70元,如果采摘量可达80千克/棵,市场单价可达1元/千克的话,收益非常可观,轻松实现盈利。但2022年面临严重的旱灾,平均每棵果树采摘量仅有10千克,产地售价不足0.5元/千克,多数农户要面临亏本。为发展南丰蜜橘,橘农不仅要付出时间和精力,还时刻为可能的自然灾害、市场风险而提心吊胆,不得不说农民真的不容易。

有位种了40亩蜜橘的果农向我们透露了他家的蜜橘经营情况,去年他只挑了个头大的蜜橘采摘,平均售价0.7元/千克,销售总收入1.3万元,但成本却高达1.9万元,出现严重亏损。另一位种了 10 亩蜜橘的果农向我们介绍，2022 年，他家 10 亩蜜橘园的蜜橘卖了 2 万元，但各项开支达到 1 万元，其中化肥投入 4400 元，鸡粪 11 包共 3300 元，获得 1 万元的利润，亩均利润 1000 元。由于受到干旱的严重影响，蜜橘个头普遍偏小，导致蜜橘销售行情更加困难，只能挑个头大的卖。个头小的只能卖 0.25 元/千克左右，个头大的可以卖到 1 元/千克，各类蜜橘平均售价 0.6 元/千克。

通过查找文献，并结合实际调查资料，我们归纳了南丰蜜橘产业面临的问题如下。

一是农户生产技术水平低，抵御自然灾害的能力弱。劳动力转移背景下，农业劳动力呈现老龄化趋势，文化程度低，绝大部分农户也未参加过农业技术培训，蜜橘种植主要依靠传统经验，不利于南丰蜜橘市场竞争提升。橘农抵御自然灾害的能力低，种植橘树仍然难以挣脱"靠天吃饭"的传统，尤其在极端气候频发的背景下，近几年多次出现干旱、霜冻等极端气候，使橘农受到自然环境的影响越来越大。

二是橘农树种更新不快，蜜橘品质还需提升。确保品质，不断改良品种是促进南丰蜜橘持续繁荣发展的关键。但是大多数农户的橘树树龄较长，没有及时更新树种，影响了蜜橘品质。此外，由于市场行情不佳，人工成本高昂，农资价格又快速上涨，导致橘农投入积极性下降，从而对南丰蜜橘品质产生不利影响。有橘农会购买 300 元/包的鸡粪作为有机肥给蜜橘树施肥，以改良土壤，实现提升蜜橘品质的目的，但在目前的情况下，很多橘农表示对蜜橘园不愿过多投入，大都采取粗放管理方式。

三是橘类替代品涌现，市场竞争加剧。南丰蜜橘替代产品竞相抢占市场，其中具有代表性的当数两广地区的砂糖橘，因其口感细腻、鲜美、润甜而深受消费者喜爱，其市场占有率越来越高。不仅如此，南丰周边县市也在纷纷种植蜜橘，使南丰蜜橘面临激烈的市场竞争。

四是销售渠道不畅，产业融合发展程度不高。调研发现极少数橘农会采用互联网进行农产品销售，大部分农户还是被动地采用中间商上门收购或者前往集市摆摊出售的方式，缺乏主动开辟蜜橘销售渠道的能力。蜜橘加工程度低，冷藏保鲜设施不足，更是鲜有橘农利用橘园发展采摘、观光等休闲农业，蜜橘产业融合发展程度不高，产品附加值有待提升。

五是橘农组织化程度低，市场谈判能力弱。调研发现，样本村还未成立蜜橘类农民合作社，也未有橘农参加农民合作社。突出表明，在家庭承包分散经营制度下，农户依然是单打独斗地面对市场，并没有联合起来通过抱团的方式增强自身市场优势，以缓解小生产和大市场的矛盾。

针对调研过程中发现的问题，为促进南丰蜜橘产业高质量发展，我尝试提出以下对策建议：

第一，不断改良蜜橘品种，提升南丰蜜橘品质。发挥南丰蜜橘科技小院和现代柑橘产业科技示范园等科创平台优势,主动对接高校和科研机构,加大与其他农业高校的合作,支持农业龙头企业科技创新,不断推进南丰蜜橘品质改良与更新,持续提升南丰蜜橘品质,增强南丰蜜橘市场竞争力。

第二,加大橘农培训力度,提高橘农生产技术水平。创建橘农生产技术问题答疑微信群,安排专家在群中实时解答,或以政府购买服务的形式组织专家通过集中讲授、实地讲解等形式帮助橘农掌握蜜橘栽培技术要点,提高橘农蜜橘生产技术水平。同时,引导农户加大土壤改良力度,增施有机肥,促进蜜橘品质提升。

第三,提高蜜橘深加工水平,推动蜜橘产业融合发展。引进农业龙头企业,推进南丰蜜橘产业深加工,延长南丰蜜橘产业链,促进橘农增收;推进精品橘园建设,打造产业融合示范园区,将特色农产品和乡村旅游结合起来,发展休闲农业,为消费者打造独特的采摘体验。

第四,加强品牌建设与保护,大力拓展销售市场。加大南丰蜜橘品牌区域公共管理,建立健全南丰蜜橘品牌使用门槛制度,应用数字技术实施蜜橘可追溯机制,缓解南丰蜜橘品牌"搭便车"现象,不断提升南丰蜜橘品牌的知名度与美誉度。推动"品牌效应+文化效应"相交融,宣传橘园文化,增强地区特色。鼓励橘农学习互联网知识,拓宽农产品销售渠道,借助朋友圈、拼多多或者抖音等平台,打开蜜橘销路,缓解滞销困境。

第五,创建农民合作组织,提高橘农组织化程度。引导农业龙头企业、家庭农场、大户、村干部等创建蜜橘专业合作社,提高橘农组织化程度,增强橘农市场谈判能力,通过统一购买农资,统一销售农产品,缓解小生产与大市场矛盾。同时,要加大农民合作社支持力度,强化农民合作社为社员服务的能力,促进农民合作社规范发展。此外,应创新农民合作社运作机制,在满足"民办、民管、民受益"的基础上探索要素贡献的实现形式,以破解集体行动困境,促进农民合作社健康持续发展。

深入蜜橘之乡追踪中国农业农村发展动态[①]

刘思雨(农林经济管理2003)

产业振兴是乡村振兴的重中之重。习近平总书记指出:"产业是发展的根基,产业兴旺,乡亲们收入才能稳定增长。"[②]2023年2月6日至2月9日,江西农业大学经济管理学院本科生、硕士生、博士生一行6人在陈江华博士的带领下,来到了蜜橘之乡——南丰县桑田镇调研。

南丰具有"中国蜜橘之乡"的美誉,蜜橘是其传统地方特色产业,迄今已有约1300年的栽培历史,因其果品色泽金黄、皮薄、少核、肉嫩无渣、甜酸爽口、清香独特而享誉海内外。

在桑田镇党委、政府的支持下,调研组先后深入樟坑村、西源村、曾家丰村、根竹村等4个行政村,通过走访农户,实地查看农业生产状况,对南丰农业农村发展现状有了较好的把握。

我们走进正在奋力振兴与充满希望的乡村,走访那些懂技术、善经营、会管理的"新农人"。南丰农业规模经营发展势头良好,涌现各类新型农业经营主体,他们有的流转了约400亩农田从事粮食生产,有的种植约2000棵橘树,有的投资大棚种植蔬菜,还有的通过养殖甲鱼实现发家致富。这些新农人来自农村、留在农村,热爱农业,怀揣梦想,用汗水和努力浇灌这片土地,凝聚起强大的乡村振兴力量。

桑田镇部分村庄的农田这两年开始推进高标准农田建设,在2022年江西旱情严重的情况下,多数农户选择抽水来应对旱灾,但由于长时间的干旱导致灌溉水源不足,使部分农户的粮食减产。干旱导致橘树减产更为严重,因为橘树基本种植在旱地或者山上,灌溉更困难,主要靠天降水。在这种情况下,蜜橘普遍个头小,卖不出价钱。我们调研时看到树上还挂着橘子,村民说是因为只摘了个头大的橘子去卖,剩下的只能烂在树上,个头大的能卖到

[①] 本次调研依托国家自然科学基金项目"农业社会化服务对农户双季稻种植行为的影响机理与支持政策研究——基于江西的调查"(72263018)。

[②] 习近平在内蒙古考察并指导开展"不忘初心、牢记使命"主题教育时的讲话,http://www.cppcc.gov.cn/zxww/2019/07/17/ARTI1563320837687103.shtml? eqid=ab72a7a4000c50eb00000003648fad88。

0.5元/千克,而个头小的只能卖0.25元/千克。在人工成本与农资价格不断上涨的背景下,橘农普遍亏损,对蜜橘投入的积极性降低。橘园投入不足,蜜橘品质下降,市场价格更低,从而陷入恶性循环。

  农业依然充满风险,但农户们对农业保险知之甚少,大多数人没有购买农业保险,对保险理赔也不抱希望。而农业保险是帮助农户应对自然风险、降低损失的重要途径,应加强政策性农业保险的宣传,让农民了解保险,帮助农民利用保险来规避风险,同时也要规范农业保险,强化灾害发生后的理赔监管,使农民对农业保险有信心。此外,南丰蜜橘不仅面临周边县市扩大蜜橘种植面积的挑战,还持续受到砂糖橘等其他品类橘子的冲击,要果断推进产业转型升级,促进南丰蜜橘果树品种更新,加大南丰蜜橘品牌建设与保护,实现南丰蜜橘持续发展,使之成为支撑乡村振兴的富民产业。

  本次调研之行,有助于培养农业经济管理学生理论联系实际的能力,帮助我们深入了解南丰农业农村经济发展现状,为助力江西乡村振兴奠定了基础。

实践求真知,深处看中国
——探访乡土中国,记录乡村变化,助力乡村振兴

刘子琦（农林经济管理1902）

在脱贫攻坚取得全面胜利后,中央一号文件提出全面推进乡村振兴、产业振兴、人才振兴、文化振兴、生态振兴、组织振兴。这是人与自然和谐共生的中国乡村。从靠土生活到乡村振兴,中国乡村发生了怎样的变化？作为农林经济管理专业的学生,江西农业大学经济管理学院第一届乡村振兴实验班的成员,我想从更多的视角理解中国基层的情况,用脚步丈量中国。乡村振兴实验班班主任翁贞林教授经常和我们说要刻苦学习,多参加调研实践,积极参加科研活动。我了解到北京大学中国健康与养老追踪调查项目后觉得这就是很有意义的调研活动,接着和曾经参加过这个项目的张梦琪学姐聊天,进一步加深了解,也询问了实验班曹大宇老师和产业兴旺组汤晋老师的意见,认识到参加这个项目是十分有意义的。于是我报名了2021年北京大学中国健康与养老追踪调查,经过一系列严格的筛选和为期数月的培训,其间也遭遇了一些挫折,好几次想放弃,但还好最后坚持下来了,成功被选为访员,参加了2021年北京大学中国健康与养老追踪调查第五轮全国调查,暑假期间实地调研37天,访问了2个区县、6个样本地,一共收集了280多个样本。在这次田野调查中我受益匪浅,不仅增强了与基层工作人员和受访者交际的能力,并且提高了我的调研实践能力与科研能力。接下来,我想从这个项目的概述、报名和培训、调研时的心路历程以及收集数据后的一些思考这四个方面总结分享这次调研之旅。

一、项目概述

中国健康与养老追踪调查项目是由北京大学国家发展研究院主持、北京大学中国社会科学调查中心执行的大型数据收集项目。本项目样本覆盖在全国随机抽取的150个县区,450个村居,10000多户居民,18000个左右45岁及以上的个人。项目受访者遍布全国城乡各地,对中国中老年群体有很好的代表性。这个项目提供的高质量微观数据,将极大地推动有关人口老龄化与健康问题的跨学科研究,为我国社会保障政策的制定、修正和完善提供科

学的数据基础。

截至 2021 年 3 月 1 日,项目平台用户数已经达到 48389 人。其中国内用户占 90%,海外用户超过 4000 人。本项目数据取得了重大的应用成果,数据用户利用本项目数据开展了大量的研究工作,取得了丰硕的研究成果。

据不完全统计,截止到 2021 年 3 月,中国健康与养老追踪调查项目数据的用户发表超过 2500 篇,中文期刊论文 899 篇,英文期刊论文 1145 篇,中英文学位论文 381 篇。中国健康与养老追踪调查项目全国样本从 2011 年开始第一轮调查,到 2021 年将要开展第五轮调查。十年间,收集并建立了代表中国 45 岁以上居民丰富的微观数据库,见证了祖国大地上人居环境和百姓生活的变化。

二、报名和培训

一定要充分了解项目的内容再谨慎报名。因为中国健康与养老追踪调查的内容包括医保、社保、体检、金融、各类疾病等多方面全方位的知识体系,只有充分了解这些相关知识并且通过培训才能成为一个合格的访员。通过筛选之后,就通过了第一轮审核,接下来就是培训过程。培训包含两部分:线上(部分线下练习)培训、实地前的集中培训和实地模拟。线上培训包含问卷、访问技巧和实地必备的知识技能等方面;实地前的集中培训包含实地模拟、问卷强化、问卷模拟练习等方面,申请者只有通过全部培训考核后,才能获得实地访问资格。考核内容涉及整个培训过程:包含日常考勤、课堂表现、问卷测试、实地模拟、期末考试。

访员培训模式很丰富,培训期间,采取访员自学—考核、滚动培训—小班课互动的方式进行。通过一系列的培训并且通过考核就正式成为访员了,每个人都会发放访员证,我的访员证有效期是 2021 年 7 月 12 日到 2021 年 9 月 15 日,在此期间开展第五轮常规调查。

三、实地调研心路历程

通过了报名和培训之后,我就正式成为北京大学中国健康与养老追踪调查的访员,真正意义上开启了这场健康田野调查之旅。调研的受访者是来自全国各个地区的,所以要先将访员分队,我所报名的区县是江西地区,于是我被分到了江西四队,和江西四队的 12 名伙伴一起开启这场健康田野调查之旅。本项目调查是追踪调查,是在前辈访问的基础上对受访者(是 45 岁以上的中老年人)进行追踪访问。2021 年的访问又是大型访问,包括问卷访问、体格测试、生物样本检测和血液检测,这四大板块内容全部由我们访员完成。因此我们不仅仅是要做问卷,还要进行体检、血检和生物样本检测,这对我们来说无疑是充满了挑战。虽然我们经过了很长时间的培训,但是真正下实地调研的时候还是会有些担忧。当然,最后我们江西四队顺利完成了访问工作,在此我也想分享一些实地调研时的想法。

(一)思索:社科项目的意义究竟是什么

2021年8月17日我们江西四队的队员"出征了",我们第一个要访问的区县是一个城中村,还记得刚结束实地模拟的时候,在模拟社区感受到了来自协调群众的热情和受访者的温暖。我分到的第一户调研对象是单人户,前访员留下的联系记录中什么注意事项也没有。有时候我们过度思索一个宏伟的学术研究的意义的时候,就很难掌握它的本质。我们调查的中国老年人的健康与养老数据,学术研究者利用这些数据做研究,政府以后出台的相关政策离不开所有的这些受访者、所有的访员以及背后的工作人员。也许如此庞大的学术研究的意义在一朝一夕之中难以融入我们的生活,但是我想我们做的事情总是有意义的,我相信能看到知识的力量在中国基层大地生根发芽的一天,我愿意见到社会学研究的成果普及中国最广大的群体。

(二)实践:田野调查的多种形式及社会调查的技巧

中国健康与养老追踪调查是健康学的田野调查,我们采取访谈和问卷的形式对受访者的数据进行收集。我也参加过江西乡村振兴"二十字方针"实施情况的调研活动,是实地调研的一种形式,产业兴旺组在汤晋老师的带队下前往赣州于都,了解该地区特色的乡村振兴模式和红色文化,同时还在5个村居进行纸质问卷调查,每份问卷完成大概需要1小时,这种调研方法是参观+访问,可以全方面帮助同学们了解乡村振兴背景下农村的风貌。我们的调研则是通过深入访谈的模式,做一户完整问卷大概需要4小时,其中涵盖各个方面的问题,通过这样细致深入的访谈可以全方面了解受访者的生活情况,数据收集更微观更全面,但是4小时的访谈难免会使受访者产生厌倦疲惫的心理,这就需要结合一些访谈技巧。在分享一些访谈技巧前我想先谈谈社会调查中的伦理道德问题,贝尔蒙报告规范了对受访对象的伦理道德规范三大原则:有利原则、公平原则、尊重原则。有利原则要求研究的社会效益要大于对受试者的伤害,这是对研究设计者的要求:要科学合理,不要让受试者面临不必要的风险。公平原则保证了风险和收益分配主要是要保证研究的受益群体要能够适用所有人,包括城乡、少数民族、妇女、儿童。尊重原则是保护受访者的知情同意和尊重个体的自主性,不能以权力、暴力胁迫或者欺骗受访者使其参与调查,不能用利益诱引受访者。在基于伦理道德问题的前提下,一些有用的访谈技巧可以加快问卷的完成,也可以提高问卷质量。了解沟通将谈及的话题;要了解沟通的对象、性别、年龄、职务职责、工作方式、习惯、受教育程度、在当地的声望与风评等;了解这次沟通要实现什么目的。然后尊重受访者的生理需求、安全需求、社交需求、尊重需求和自我实现需求。生理需求要求我们在访谈时,选择恰当时机,控制访问时长,不要跟人的生理需求作对。社交需求需要做到理解拒访和说谎,我们的访谈需要透露隐私,触及创伤激发受访者的社交动机:在访谈时,不是生硬的问答,而是交流表达亲密、关切和理解。尊重需求包括自我尊重、信心、成就、对他人尊重、被他人尊重。综上,事先向受访对象说清调查内容以及隐私问题,不会造成受访对象退出,也不会造成数据质量问题,反而有利于减少受访者的尴尬和失望。

四、对数据的思考

在调研的过程中,我们访问的受访者有的在城市,有的在农村。作为乡村振兴实验班的学生,我对农村样本观察得更敏感,也会对当下的一些热点结合调研数据产生思考。第一个引发我思考的是农村的土地流转问题。在我访问的区县,农村的老年人受访者已经摆脱了贫困,但是他们的生活质量不算太好。在农业经济学的课上我们学过了土地流转的相关内容,这些内容作用在真实的农村又会有什么具体影响呢?我会思考土地流转对农村老年人口生活质量的影响。查阅资料可知土地流转政策的实施目的是通过土地的重新配置,将农业生产要素(土地、资金、技术、劳动)合理流动并优化组合,实现土地规模化经营,优化土地资源配置,提升土地利用率和农业生产率,为农村居民养老夯实一定的经济基础。土地对农村的老人有养老保障功能,同时也具有与子女连接的功能,代表了代际间的责任。我国土地流转相关制度尚不完善,而且农村养老保障制度尚不健全,这些阻碍了土地流转的实施效果,尤其是土地流转如何提高老年人的生活质量问题。"养儿防老"和"以地养老"仍然是我国大部分农村老人主要的养老方式,随着土地流转制度的实施和劳动力人口的流动,"养儿防老"和"以地养老"在农村老人生活中的比重也有所转变。土地流转作为农村土地要素资源配置中的一种重要方式,对农民的收入有着至关重要的作用。家庭养老和土地养老依然是农村老人主要的养老方式。我意识到农村子女对父母的支持不仅仅是经济方面的支持,精神方面的支持同样也很重要。强化家庭保障基础,是实现农村老人家庭子女养老和土地养老可持续发展的重要方向。政府不仅应该关注农村老人的经济问题,更应该关注子女向父母提供的生活照料以及精神慰藉,在政策设计上应考虑到子女看望和照顾父母,如健全劳动休假相关制度,为子女平衡工作和家庭提供条件,保障家庭子女赡养老人的必要时间,满足老年人的精神需求,以改善农村老年人的生活状况。第二个引发我思考的是农村老年人的劳动参与率越来越高的问题。我调研的样本区县一个是城市一个是农村,可以很明显地发现农村老年人的劳动参与率远高于城市,而且农村老年人的劳动参与率越来越高。为什么农村老年人的劳动参与率越来越高呢?和队友交流的时候我发现他们的受访者也有类似的情况。农业生产收益小风险高并需要相当强度的体力付出,但是近几年国家通过乡村振兴战略及提高农村社会保障投入,农民的生活水平得以大幅度提升,理论上农村老年人应倾向于退出农业劳动生产,但事实却与之相反,原因何在?于是我查阅相关文献发现经济需要是农村老年人劳动参与的主流原因,养老金和医疗保险因对农村老年人健康具有重要保障作用,从而从根源上提升了农村老年人的劳动参与率。

五、总结

大二的暑期,我经历了37天的调研,调研2座城市、6个村居,一共收集约280个样本。我参加2021年北京大学中国健康与养老追踪调查项目最幸运的事就是认识了江西四队的一群伙伴,一群人分工明确,共同为了一个目标努力的感觉太棒了。访问调研让我感受到了田野调查的魅力,与受访者的深入交谈也让这场健康田野调查更有温度。有的受访者给我们以温暖,有的却让我们感到心累。这个项目收集到的数据不是冰冷的,而是有温度的,它是由一个个故事堆砌而成的,而我们的这些经历有利于我们理解调研的意义,对我们将来的论文写作甚至学术科研是有极大帮助的。实践求真知,深处看中国,探访乡土中国,记录乡村变化,助力乡村振兴!我们在路上!

保障粮食安全的挑战与路径

李仁婷（农林经济管理2002）

保障粮食安全是我国治国理政的头等大事，党的二十大报告明确指出，"全方位夯实粮食安全根基""确保中国人的饭碗牢牢端在自己手中""确保粮食、能源资源、重要产业链供应链安全"。① 鉴于此，2023年5月3日开始，兰州大学谢金华博士与江西农业大学5位本科生共11人组成的调查队伍在江西九江武宁县和赣州南康区开展了为期6天的实地调研，重点了解南方农村地区的粮食种植现状。调研时所见所闻引发我的思考：在南方，即使亏本也在种田的小农户和靠政策补贴"挣小钱"的种植大户等发展之路在何方？

一、保障粮食安全的背景

"对我们这样一个有着14亿人口的大国来说，农业基础地位任何时候都不能忽视和削弱，手中有粮、心中不慌在任何时候都是真理。②"习近平总书记始终重视粮食安全，他反复强调中国人的饭碗任何时候都要牢牢端在自己手中，饭碗主要装中国粮。在国际地缘冲突不断、气候变化导致自然灾害频发的背景下，国际粮食供给面临巨大压力。据联合国粮农组织发布的《2022全球粮食危机报告》，2021年有53个国家或地区约1.93亿人经历了粮食危机或粮食不安全程度进一步恶化，比2020年增加近4000万人，创历史新高。而一粒粮食能够救一个国家，也可以绊倒一个国家，在国际粮食供应恶化的条件下，保障我国粮食安全显得尤为重要。

二、保障粮食安全面临的挑战

粮食如此重要，可在实践调研过程中却发现诸多问题。无论小农户还是种植大户经营

---

① 出自《全方位夯实粮食安全根基 牢牢把握粮食安全主动权》，《人民政协报》2022年12月13日第6版，https://www.ndrc.gov.cn/xwdt/ztzl/srxxgcxjpjjsx/xjpjjsxjyqk/202303/t20230315_1351009_ext.html。

② 出自人民日报评论员：《牢牢把住粮食安全主动权——论学习贯彻中央农村工作会议精神》，https://www.gov.cn/xinwen/2021-01/01/content_5576165.htm。

的耕地,从中获取的收益都极低;随着近年来的各类农药种子化肥等农资涨价,种田成本居高不下;农村劳动力弱质化与老龄化现象严重。通过调研分析,解决粮食安全问题主要有以下难点。

（一）规模小

1978年改革开放实施家庭联产承包责任制,使农户家庭获得承包经营权,极大地促进了中国生产力的发展,解决了长期困难农村百姓的温饱问题。但随着技术进步,小规模经营的弊端也日渐显露。小农户仅种植数亩农田,生产粮食所获得的收入刨去所有成本,如农药、种子、化肥、整地、机收等支出后,即使得到政府每亩百余元的补贴,农业收入仍非常微薄。虽有少部分小农户出于食品安全考虑,更愿意自己亲自种田,"感觉吃起来更放心",但更多小农户会选择主动放弃耕地的经营权。部分农户将自己的农田流转给种田大户经营,而自己在大户经营的农田里工作,工作时间虽不长,所得工资性收入也比自己经营更划算。而即使规模近百亩的种植大户,若采用粗放型经营方式,一亩也只能挣百来元,盈利能力未达预期。

（二）价格低

调研发现,市场上稻谷价格稳定在较低水平。在其他物价上涨幅度较大的背景下,较低的谷物价格不利于保持农户种粮的积极性。因此,我所见的种田大户多为村干部,他们将荒废的农田转入。尤其是在相对偏远、机械难以进入的山区,村干部还需带领村民共同下田插秧种地。过低的粮食价格使市场难以发挥其配置资源、促进技术和管理进步等优势,同时难以依靠市场来激发其发展潜力。

（三）成本高

农户笑着说"什么都涨价,就是粮食不涨价",深刻地反映了农民这个群体的辛酸。随着城镇化与工业化的推进,农村人口持续减少,务农机会成本不断上升,不可避免地推高人工成本,虽然通过应用继续使农业生产效率提高,但农业经营成本一直在上涨。

（四）劳动力弱质化

随着城镇化的进展,为获得更高的收入,青壮年农村劳动力持续大规模进城务工,而且出于获取更好的教育、医疗等公共服务,农村常住人口越来越少,留在农村的多为老人、妇女和儿童,农业劳动力呈现明显的弱质化现象,这对先进农业技术应用与现代农业发展产生不利影响。

三、对策建议

基于粮食安全发展中存在的问题,为激发农户农业生产热情,增强粮食安全保障能力,

提出以下建议:

(一)促进产业融合发展

在小规模的基础上,以村集体为单位,村民以资源或资金入股,共同发展种养结合、立体循环的绿色农业,为村集体增加资产、为村民创收。与此同时,可通过发展第三产业提高农业种植收益,在绿色农业的基础上,与当地或附近各学校进行合作,发展定点研学观光、畅享农事劳作等特色农业活动,让村集体变富、让村民增收、让学生在实践中收获农业知识与果实等,最终实现多方共赢。

(二)适度提高粮食收购价格

粮食作为需求弹性较小的商品,可以在稳定价格的基础上适当提高粮食作物的最低价格,激发农户的生产积极性。还可进一步探索利用国际市场来稳定粮食价格,增加种粮农户收益。当国内市场粮食供给充足,可通过出口粮食来确保国内粮食供需平衡,稳定与提高国内粮食价格,增加农户收益。

(三)加快农业技术推广

只有将先进的生产技术与装备运用至农业生产中才能缓解农业生产成本上涨与劳动力弱质化的问题,应鼓励各农业院校和科研机构研发新的农业技术与装备,进一步完善科技特派员制度,提高农技推广效率,促进农业生产效率提升,降低农业生产成本,化解"如何种地"的难题。

(四)加大新型农业经营主体培育力度

大力发展新型农业经营主体,培育家庭农业、农民合作社、农业企业等新型农业经营主体,鼓励耕地向新型农业经营主体集中,发展农业适度规模经营,解决"谁来种地"的问题。

治理耕地撂荒,促进中国农业高质量发展

钟 璇(农林经济管理2201)

近年来,严守耕地红线压力增大,确保耕地质量不下降挑战增强,保障粮食安全压力仍不小。当前我国仍处于工业化、城镇化发展较快时期,城镇化建设占用了大量优质耕地,因而防止耕地撂荒愈加重要,要实现国家粮食安全的战略目标,必须保证全国耕地数量和耕地质量。如何有效遏制耕地撂荒趋势、盘活已撂荒耕地,是亟待研究和解决的重要问题。为更好地掌握耕地撂荒现状与形成原因,为政府部门解决耕地撂荒问题提供决策咨询,兰州大学管理学院开展了"合理利用撂荒地战略研究"调研,江西农业大学部分相关专业学生参加了此次课题调研活动。调研活动持续15天,主要在江西、江苏、湖南和广东等部分项目区开展,通过实地调研、访问农户、深入访谈等方式采集信息。我有幸获得本次深入农村实践的机会,与兰州大学团队一起,前往江西九江市和南康区多个村庄开展实地调研活动。在这次调研过程中,我也产生了许多的思考。

新型城镇化背景下,农村愿意耕种的人越来越少,不少农村出现撂荒现象,问及原因基本都是"种地没钱""年龄太大没办法种"等。虽然国家一直都十分重视耕地保护与粮食安全,但是城乡差距促使越来越多的农村百姓放弃耕种,前往城市谋生。之前我也一直受到这个问题的困扰,而这次通过深入农村调研启发了我寻找解决这一问题的方法。

加大耕地流转补贴力度,确保耕地不撂荒。随着城市化速度越来越快,带来的一项显著影响就是农村青壮年人口向城市加速流动,农村"空心化"日益严重,留下的基本都是老年人。考虑到老年人进行耕种有较大的限制,于是村委会开始对耕地流转进行补贴,鼓励农村老人或是外出务工的年轻人将家里的农地流转出去,避免荒废,同时给予每年一定额度的补贴。例如浮石乡罗坳村的村委会,通过与村支书以及当地农户的沟通,我了解到村委会让村民将自己难以管理的土地出租给企业,改成了葡萄基地和草莓基地,同时借助这两个水果基地发展旅游业,另建了水上乐园和钓鱼台等设施,吸引了很多游客前来参观,增加了就业岗位,带动了当地经济发展。而流转土地经营权,农民既收获了租金,又确保了耕地不会撂荒,村委会这种做法可谓一举两得。

稳定粮食播种面积与单产,提高农民种粮积极性。为了保障粮食安全,提高种粮积极性,国家实施种粮补贴政策、耕地地力保护补贴政策,鼓励农民多种粮、种好粮、好种粮,这对于留住农民、提高农民生产积极性并且鼓励种植大户起着极其重要的作用。例如我在九江武宁遇到的一位种粮大户,包括转入土地在内的约 300 亩的耕地,他每年都在种植,村委会不仅帮助其获得种粮补贴,甚至帮助其贷款购买农机。而这位种粮大户每年亩产能够达到 500 千克左右,在留足口粮后,会将剩余的稻谷进行粗加工,然后售卖。村委会在提供相应帮助的同时,鼓励种粮大户向其他村民传授经验、培育良种,推动村内种植产业更好地发展。

扎实推进土地整治工作,引导规模化经营。我国的农地整理主要是田、水、路、林、村的综合治理,土地开发整治与新农村建设密切相关。通过对基本农田的整治加强农田基础设施建设,可以有效地改善农业生产条件,提高农田的生产能力。同时方便了农民能够在一定程度上降低生产成本,提高其种粮积极性。如尧山村的村支书表示,当地的土地整治情况比较到位,除了平整土地、耕地归并之外,尧山村的灌溉与排水工程已经硬化了水渠与排水沟,这使得分散零碎的耕地集中起来,方便农用机械的使用,也使得规模化经营越加可行。同时村内的人居环境整治工程也相对完善,生活垃圾收集、生活污水处理与村庄厕所改革同时推进,很大程度上改善了本村的人居环境。

虽然政府提高了补贴力度,但农资价格上涨速度过快,导致村民认为政府补贴的金额不够。有些地方虽然进行了土地整治工作,但整治力度远远不够,调研途中依然能够看到很多耕作条件不好的农田出现撂荒。虽然很多事情不能尽善尽美,但是我始终相信,既然有了撂荒地的调查调研,绝对体现了国家对农村土地问题的重视,未来在更多调研数据结果的支撑下,一定能够推出更加完善的政策。而通过不断的学习进步,对政策的推行落实也肯定会更加到位。

土地是人类赖以生存的根本,也是农业生产最重要的生产要素。我们不能放任撂荒地的出现,加强对耕地资源的管理与保护,只有保障耕地面积,盘活撂荒地,激活土地资源,中国现代农业才能够行稳致远。

乘大兴调查研究之风,探乡村振兴发展之路
——农村普惠金融调研感想

周 卉(农林经济管理2102)

"没有调查就没有发言权",为响应党中央"大兴调查研究之风"号召,2023年7月30日至8月6日,我有幸跟随刘小春老师、李秋生老师和樊丰老师一行到赣州市信丰县开展农村普惠金融调查,所见所思所感颇多。

在走访的几个村镇中,各村镇因地制宜,产业发展各具特色。在中国脐橙发源地安西镇有较多农户种植脐橙,在赣粤边中心区域的油山镇部分村庄则依托当地的红色旅游资源发展乡村旅游等新业态,增加收入来源。当地的村干部们也起着产业发展"领头雁"作用,纷纷依托当地生态环境与丰富蜜源,带动与指导周边农户参与养蜂产业,将养蜂产业与当地旅游业融合,借助互联网等技术,让"小小蜜蜂撬动大发展";油山镇新水塘村探索乡村创业发展路,白手起家,抓住时代机遇,运用所学生猪繁殖技术,借助赊销服务等,克服资金流转等困难,实现技术变现,成功打下创业发展基础,而后创立信丰群贤汇生态农业科技有限公司,开展脐橙种植销售、农业技术推广应用等经营活动,为当地劳动力提供就业机会的同时,也为农村创业者提供经验指导,为当地农业发展提供技术支持,助推农业现代化。与此同时,走访所到之处,随处可见晾晒在门前或院中的稻谷、花生或辣椒,为平静祥和的村庄增添色彩,别有一番风味。调研期间正值农忙时节,团队在调研之余走进田间地头,与农户一同进行插秧劳动体验。我先前有幸参与过插秧劳动,再次下到田间插秧,我已得心应手。看着田间叔叔阿姨们仍在辛勤劳作;想到走访中有几位七十多岁的爷爷奶奶,在身体状况允许的情况下,仍然会选择经营田地,以此为乐;部分村民在晚上八点多钟才披星戴月回到家准备吃晚饭,不由心生崇敬。有位阿姨说,不愿意看着田地荒废,选择在家种田,但这一种下,就难脱离这片土地了。

部分村中正在进行党建引领乡村网格化治理试点工作。将村庄划分为若干网格,由村党支部成员作为包联干部对接网格长进行牵头,每个网格又由专门的网格员对接相应户数农户划分职责,进行管理,负责收集和传递信息、解决基层问题、组织村组活动等,并与上级

部门保持紧密联系,形成了多级协同的管理体系。通过党建引领乡村网格化治理,可在基层治理中发挥党员干部的先锋模范作用,提高组织的凝聚力和战斗力,使得乡村管理更加精细、高效,推动农村治理现代化、提高农村社会管理和服务水平,增强村民的获得感、幸福感与安全感。党建引领乡村网格化治理试点工作将为农村治理能力、治理水平现代化带来新的思路,也为乡村振兴战略的落实推进带来新的机遇。

此次调研的重点是农村普惠金融。开展调查前,团队一行前往中国人民保险公司(信丰)对信丰县农业保险及其发展现状等进行学习交流。通过人保、平安和恒邦三家公司负责人对农业保险业务的介绍,了解到目前推出的农业保险种类齐全,覆盖面广,既有水稻、生猪、林木等国家补贴保险,也有根据地方特色推出的大棚蔬菜、中药材、油茶、脐橙、四大家鱼、烟叶等省补保险。除此之外,各类保险公司也在进行创新探索,推出"生猪+期货""饲料+期货"等创新型保险模式,为从事相关种养业的农户提供多样风险防范选择。同时,人保、平安和恒邦等保险公司所负责的大部分险种承保规模较大,并且服务做到应赔尽赔,应赔早赔,服务满意度高达97%,各大保险公司与乡镇各相关部门协同推进农业保险宣传服务,设置营销服务部、营销服务站,征聘营销服务员为农户了解、办理农业保险提供便利,农业保险发展形势看似向好。

然而结合在中国人民保险公司(信丰)所学习到的农业保险知识和了解到的县域农业保险情况,下到乡镇进行调研时发现,虽然县内各类农业保险承保规模所占比例较高,但农业保险购买在占大多数的小农户群体中并未激起较大水花。对于大部分以"自给自足"为主、销售买卖为辅的小农户来说,种植压力增加,购买农业保险无疑会加大成本投入。对大部分小农户来说"靠天吃饭",种好自己的一亩三分地足矣,其他事情并不想考虑太多。也正因为种植规模较小、信用记录不完整等因素,部分传统小农散户难以达到个人投保条件资质,而导致无法通过投保申请。加之部分村庄所处地理区位相对优良,部分村民表示当地虽小灾发生较频繁,但大灾发生较少,部分病虫害也可通过喷洒对应农药等方式解决,以减少农业减产比例,因而对农业保险并不感兴趣。综上可知,某些农户虽然尝试过购买农业保险来降低生产风险,但效果并不理想,大部分农户秉承观望态度,对购置农业保险来抵御风险的效益存疑。

农村农业保险普及任重而道远。正如中国人民保险公司工作人员所说,目前农业保险在宣传方面仍然是一大问题,如何进行简单介绍,加强小农户对农业保险的了解与信任,使农业保险在基数相对较大的小农户群体中获得青睐仍需不断尝试探索。先前在于都、大余等县调研时,部分村庄农户反映他们的水稻保险均由村中统一购买,保费无须村民缴纳,受访农户也对村中所购水稻保险作用有所了解,表示在遭遇自然灾害,作物产量受损后,会受到保险公司的理赔。当地不少受访农户表示愿意继续购买相关水稻保险。借鉴于都县、大余县部分村镇经验,信丰县各村镇也许可根据自身条件因地制宜,配合营销服务站等,坚持问题导向,抓住痛点,最大限度促进农户对农业保险的了解,提高农户对农业保险风险防范作用的认识,提升农户对农业保险的信任程度。

通过本次调研的所闻所见,我认为深入推进乡村振兴需不断地推进产业发展、乡村治理和共同富裕,具体可从以下方面入手。

第一,完善农村普惠金融促进产业发展的运行机制。完善农村金融机构的网络布局,提高农村金融服务的覆盖范围与质量,利用互联网等技术手段拓宽金融服务渠道,拓展金融覆盖范围,解决农村金融服务的"最后一公里"问题,提高金融服务的便捷与效率,鼓励金融机构关注"三农"重点领域与薄弱环节,因地制宜,根据当地特点与发展需求制定差异化、多元化的金融产品与服务,提高农村普惠金融与农村产业发展的契合度;加大对农业和农村产业的金融支持力度,支持农民专业合作社等组织发展,扩大农村产业的规模和效益,并加强金融对农村创业者的支持,搭建农村普惠金融服务平台,为其提供创业贷款、培训和咨询等服务,降低金融服务门槛,帮助农村创业者解决"融资难、融资贵"问题,发掘并借助当地资源与自身技术优势,推进产业融合发展,打造农村产业新业态新模式,享受乡村振兴发展红利;加大对农村金融专业人才的培养和引进力度,提供培训和学习机会,壮大农村金融人才队伍,同时加强农民金融素养的培训和教育,提高农民对金融产品和金融服务的理解和使用能力。

第二,加快乡村数字化建设促进乡村有效治理。尽管网格化治理带来成效,但仍需提高乡村治理效率,加大对乡村数字化基础设施建设的投入。网络覆盖、信息化硬件设备和人才培养等方面是提高效率的重要手段,在村中建立统一的信息平台,推动信息共享和数据交流,克服村小组分散等问题,促进村干部与村民间的沟通联系,让村民办事"最多走一次",促进乡村治理高效化;优化资源配置和决策制定,促进干部与村民对接,具体落实干部责任,促进乡村治理精确化;同时,注重培养村干部和村民的数字素养,提升其使用互联网等数字技术解决实际问题的能力,提高村民办事效率,让村民办事"少走一趟",鼓励村民通过互联网等参与乡村治理政策制定、实施、监督全过程,调动村民参与乡村公共事务的积极性、主动性、创造性,提升村民在乡村治理中的话语权,促进乡村治理群众化。

第三,提高农业保险覆盖面保障农民减损增收。加大农业保险宣传力度,推进政府、农业部门、保险公司与村内的合作社组建农业保险宣传小组,联合开展广泛的宣传活动,扩大宣传辐射范围,借助农户喜闻乐见的方式,针对不同年龄段、从事不同种养业的农户制订差异化宣传方案,向农户普及农业保险的相关知识,解释保险的好处和作用,提高农户对农业保险的认知度和了解程度,同时激发农户对农业保险的兴趣,增强其对农业保险的信任;降低保险费用,考虑提供补贴或者减免部分保险费用的措施,关注并积极参与政府相关扶持政策,以降低农户购买农业保险的经济负担,增强保险的可靠性和吸引力。推广"多样化保险产品",根据每个村庄的具体情况,探索农业保险产品定制化设计,提高农业保险产品的适应性和吸引力,便于农户寻找适合自己的农业保险产品,增加对应种养业小农户的农业保险购买意愿;政府和农业部门建立完善的农业灾害监测和预警体系,及时掌握灾害情况,提前通知农户采取防灾减灾措施,有效减少农业灾害造成的损失,为农户经营保驾护航,为实现共同富裕提供保障。

如何发挥自身专业能力帮助乡村发展,把文章写在祖国大地上值得我们深思。乡村振兴不是简单几字,乡村振兴路仍需不断探索。"路虽远,行则将至,事虽难,做则必成","纸上得来终觉浅,绝知此事要躬行","乘大兴调查研究之风,探乡村振兴发展之路"。仅仅通过互联网、书本等媒介了解乡村发展远远不够,作为青年学生我们更应"眼睛向下,脚步向下,在实践中察民情、学真知、悟真谛、长本领,用脚步丈量祖国大地,用眼睛发现中国精神,用耳朵倾听人民呼声,用内心感应时代脉搏",乡村振兴正在不断推进!

第八部分　关注热点与思考

　　"厚德博学,经世济民"是江西农业大学经济管理学院的院训,我们也致力于培养具有家国情怀、胸怀天下、奉献社会的新时代"三农"人才。学院积极引导学生关注民生热点,聚焦前沿问题,将所学与国家战略相结合,为促进农业农村现代化贡献聪明才智。

　　农业农村现代化是我国全面实现现代化的短板,我国城乡收入差距依然较大。为此,党的十九大提出要实施乡村振兴战略,党的二十大进一步提出要实现农业强国的目标。要实现农业强国,促进乡村振兴,离不开人才的振兴,培养大批具有"三农"情怀与知农爱农的新型人才,引导他们到广阔的农业农村领域施展才华,为乡村振兴插上腾飞的翅膀。现实中引导学生积极关注热点,针对现实问题勤于思考,有助于培养高素质的"三农"人才。

数字农业助力乡村振兴[①]

乡村振兴实验班2021级生活富裕组

2022年3月31日,江西省赣州市上犹县东山镇元鱼村的一间智慧育秧大棚里,翠绿的秧苗从育秧盘上破土而出,最高的已有十几厘米。据介绍,棚内的秧苗从播种到长出嫩芽,用时不到一周,比传统的人工育秧方式时间缩短两倍。这相较传统育秧方式,苗种生长期缩短至20天,可有效节约80%的灌溉用水和50%的药肥,实现了高效育秧、节水减碳,大大提高了当地粮食种植的效率。

这归功于归心农业公司的数字化育秧——每个智慧育秧大棚内都安装了感应器,用来实时采集并调控育秧大棚内的温度、湿度、二氧化碳浓度以及土壤的氮磷钾浓度等各项数据,让秧苗始终在最适宜的环境中快速生长。

"五谷者,万民之命,国之重宝",经过艰苦的努力,我国以占世界9%的耕地、6%的淡水资源,养育了世界近1/5的人口,从当年4亿人吃不饱到今天14亿多人吃得好,有力地回答了"谁来养活中国"的问题。其中,新一代信息技术催生的数字农业为保障国家粮食安全提供了重要的技术支撑。不可否认,数字农业已成为落实国家粮食安全战略、推动传统农业转型升级发展的有力抓手,也是打造新农业、培育新农人的重要手段,更是实现乡村振兴的助推器。

一、数字农业的概念及其表现形式

数字农业是指将信息作为农业生产要素,利用现代信息技术对农业对象、环境和全过程进行可视化表达、数字化设计、信息化管理的现代农业。由四个部分组成,分别为农业物联网、农业大数据、精准农业和数字农业,是传统农业转型升级后的全新农业。

近年来,随着信息技术在农业生产经营中的广泛应用,农业生产效率、经营效益不断提高,农产品全链条实现了"数智赋能""云端相见"。无人旋耕机每亩地作业用时7分钟;无

[①] 作者:江西农业大学经济管理学院乡村振兴实验班生活富裕组:高金萍、帅雅萱、杨水莲、钟贺梁、郑佳颖、曾霞(按姓氏首字母),指导教师:郭锦墉、陈江华、李秋生、邱海兰。

人机播种、撒药一天就能完成几百亩;无人植保车效率比人工高20倍;水肥一体化与测墒喷灌组合能够实现远程网络控制,根据土壤墒情数据,可随时灌溉、定时灌溉,能实现施肥和施药自动化、智能化作业;带自动导航驾驶系统的拖拉机,解决了拖拉机作业"播行不直,接行不准"的难题,能够自动控制耙地、平地、起垄、施肥等作业……当下正值春耕农忙时节,智能化设备正在农田中展现科技风采。

中国移动(成都)产业研究院利用5G网络,搭载遥感监测能力的植保无人机能够有效解决农业病虫害难题。5G网联植保无人机在没有专业飞手控制的情况下,通过平台规划航线,还可以精准地对作物进行施肥、施药作业,作业效率可达每小时近100亩,是人工作业的20倍,不仅能够降低人工劳动强度,还减少了人工作业的危害性。相比人工,还可节约50%的药水量,大大降低了资源成本,能够减少对环境的污染。

二、数字农业对乡村振兴的作用与面临的挑战

(一)就农业而言,数字赋能农业的作用体现

1. 强化技术引领,打造现代农业

借助北斗卫星提前对田块打点定位,规划最优作业路径;利用摄像头实时监控作业情况,画面同步回传后台;通过无人值守气象站,实时监测空气温湿度、光照度、降水量等信息……如今,不少地方推进无人农场建设,越来越多的机械化设备在田间地头大展身手,为农业生产注入澎湃科技动力。比如在上海嘉定区外冈镇周泾村的无人化农场试验基地,通过对插秧机、自走式打药机、收割机和拖拉机等一批现有农用作业机械进行无人化改造,推动当地现代农业进程,初步实现了耕、种、管、收无人化作业。

2. 推进技术转型升级,推动产业融合发展

推进农村产业横向融合,催生农村农业新业态。推进农业与旅游、文化、康养、教育、金融等产业的深度融合,大力发展观光农业、生态农业、数字(信息)农业、休闲农业、农田景观、养生养老、综合型农业等农村新兴支柱产业。冲破小农经济思想、打破思维束缚,积极探索农产品个性化定制服务、农业众筹等新型农业形态。给农业"穿上文化的马甲",深度挖掘各地特色文化资源,以文促旅、和合共生,打造各具民俗特色乡村旅游,实现农业从生产向生态、生活的拓展,推动科技、人文等元素植入农业,满足广大城市居民对青山绿水、乡愁记忆等精神层面的产品日益增长的消费需求。

推进农村产业纵向融合,孵化农产品销售新渠道。采取"抓两头、带中间"三级推进,突出"保供、建设、改革、增收"四个关键,加快农业由生产环节向产前、产后延伸的纵向一体化推进。大力发展代耕代收、统防统治、烘干储藏、冷冻保鲜等生产性服务,持续补链、延链、强

链。推广农业物联网技术应用,提高现代信息技术应用于农业生产水平,发展现代化生物农业、设施农业和工厂化农业。给农业插上"互联网的翅膀",推进电子商务进农村全覆盖,健全农产品营销体系,推广农超、农企等多种形式的产销对接,鼓励在城市社区设立鲜活农产品直销网点,推进农产品线上线下同频共振。创新农产品流通和销售模式,推动市场流通体系与储运加工布局的有效衔接,加快"南品北上、北品南下"双向流通,拓展产地直销路径。

解放农村生产力,通过将传统农业进行数字化升级,可以精准地对农业生产产量、农业资源等等进行计算,更有力推动农业生产智能化、农业经营管理高效化和农业信息便捷化;大力发展数字农业,是进一步解放和发展农村生产力的有效途径,是实现农业现代化的必经之路。

3. 数字农业发展面临挑战

目前农村存在农产品及加工产品数量少、规模小、效益低、高端市场占有率差等问题,破题之要在于加快培育农业新型经营主体。

农业生产风险较高,限制数字农业应用。当前,自然灾害频发,农产品市场价格频繁波动,导致农业生产仍然面临较大的市场风险与自然风险,使农业经营缺乏比较优势,而数字农业应用成本较高,不利于数字农业的推广与深入应用。

(二)就农村而言,数字赋能农村的作用体现

1. 促进生态宜居,人与自然和谐共生

通过对农业对象的实时监测与管理,依托数字技术建立乡村人居环境数据预警系统,对环境发展走势实时跟踪并及时响应异常变化。同时,利用数据支撑,结合动态数据和历史数据来监测污染物排放情况、分析污染源,有利于大力推进乡村生态环境整治工作,促进农村人居环境的改善,进一步实现"生态宜居"的发展要求。

2. 促进文化引导,培育乡风文明

发展数字农业,带动乡村数字化基础设施建设,促进乡村网络文化和乡村数字化治理的发展。数字基础设施有利于将乡规民约可视化,让广大农民以微信群等便捷方式学习乡规民约,促进乡风文明的形成。可以利用数字化基础设施加强乡村网络文化引导,利用互联网宣传社会主义核心价值观、中华优秀农耕文化。

3. 提供科技支撑,促进治理有效

数字化赋能,为提升乡村治理能力提供了科技支撑,也为乡村治理现代化提供了新的方法路径,数字化助力村级事务管理流程再造,基层治理有了新思路。通过数字化能够提高基层治理的透明度和公开度。数字化赋能提高了基层乡村治理的效率,方便了农民的生活,提高农民参与乡村治理的积极性和参与度。

4. 数字赋能农村也面临挑战

现有农业数字承载能力较低,农村数字基础设施较为薄弱,无法充分利用数字监测统筹技术进行农业数字化管理,且前期投入成本较大,后期维护成本较高。农民受教育水平较低,技术学习能力较弱,且生态保护意识薄弱,在采用数字农业技术时,农户形成认知和正确理解的难度很高。

农村老龄化问题严重,限制农村数字化应用水平提升。农村劳动力外流背景下,大多农村以留守老人为主,他们大多数文化水平较低,对数字技术发展的认识非常有限。受传统生产生活方式的影响,农民信息意识呈现一定的封闭性,难以推动农民作用数字化助推农业经济发展,从而对于乡风建设也有一定的困难。

信息交流不畅。这主要体现在两个方面,一方面是信息输入受阻,主要是农村地区还存在因信息化基础设施建设成本高,无法实现网络稳定;另一方面是信息难以输出,社会对农村的整体关注程度不高,农村发声的渠道较少。

(三)就农民而言,数字赋能农民的作用体现

1. 促进农民共享福利

以往的技术更为注重高投入、高效能、高产出等大型现代化集成农业体系,但数字农业建立在"大农业"之上。新一代信息技术诸如大数据、人工智能、5G等日益深入农业生产各个环节,通过数字赋能实现发展动能转换,从而让小农户在转型中共享数字红利,促进乡村经济持续增长,在高质量发展中促进共同富裕。

2. 降低农业生产风险

数字赋能农业,推动了农业生产的集约化、规模化、工厂化、全程可追溯化与虚拟可视化,不仅改变了传统农业中单一农户难以应对自然风险的现状,还极大降低了农业生产中人为因素的不确定性,有效帮助农民减少用工成本及生产资料成本,保障农民长期增收稳定。

3. 培育"新农民"

数字农业可以为农民提供更多的学习渠道,使相关农业产业生产经营的教育培训活动的组织开展更加便捷,不受时间与空间的限制,有利于培育新型农业经营主体,助推新型农业经营体系建设。

4. 拓展增收渠道

依托于数字技术的新业态不断涌现,大型电商平台企业正在向农业的生产端延伸。伴随着农村电商发展,冷链物流、快递业等不断完善,大幅降低了农产品出村进城的成本。在数据流、资金流、物流的交互作用下,农产品优质优价市场机制加快形成,农业增产增收的市场条件更加完善,促进农民增收。

5. 数字赋能农民也面临挑战

农业系统普遍存在着互联广度不足、感知深度不够、分析和预见性欠缺等问题。

数字经济发展的同时,随之而来的也有低技能人口结构性失业、偏远地区人被边缘化、老年人"数字鸿沟"等一系列问题。

农户经济来源有限且不稳定,经济因素导致农民对数字产品与服务的价格极为敏感,直接遏制乡村数字经济发展的水平与规模。

受传统思维的影响,农民尚未充分认识到数字经济红利的巨大效益,农民对高层次、高水平、高品质数字技术与服务的有效需求严重不足,很大程度制约了数字经济赋能乡村发展的广度和深度。

三、数字农业助推乡村振兴的举措

为进一步推进数字农业发展,强化数字农业对乡村振兴的支撑作用,应从以下方面采取措施:

(1)加强政策支持。统筹各类政府资源,大幅度给予行业从业者政府资源支持。围绕重点领域、重点产业实施一批数字农业重大项目工程,加强数字农业关键技术研究与应用示范,总结经验,建立可复制、可推广的模式。

(2)完善相关补贴政策。鉴于农业的社会公益性、生态区域性、高度分散和个性化特点,推广数字农业不可能像工业那样大规模复制。建议相关部门类比农机购置补贴政策,对数字农业技术产品和应用主体给予政策性补贴,减免农村地区互联网接入费用和农民移动通信、数据传输费用,从而促进数字农业的广泛应用。

(3)加强技术标准建设。依托联盟、协会等团体和组织,快速建立包括数据标准、产品标准、市场准入标准等团体标准,并积极推动国家和行业标准的建设,建立国家和行业认可的第三方产品、技术检测平台。

(4)开放数据共享。农业数据具有散、乱、杂等特点,建议相关政府部门加强农业数据的收集和整合,并在一定范围内开放相关数据,建立共享机制。对于进入国内市场的外国企业产品,要求其提供数据接口标准。

(5)发展农村普惠金融。大力发展农村普惠金融,缓解农业经营主体在发展数字农业过程中面临的资金难题,促进数字农业快速发展。

(6)加强人才队伍建设。培养农业与信息多学科交叉的人才,建议教育机构在高校研究生课程中开设数字农业相关课程;鼓励信息领域人才进入农业领域开展相关科学研究与应用推广;积极开展技术培训,建设专业的数字农业推广队,提高农民应用数字的能力。

（7）提升农村居民数字素养。引导企业、公益组织等参与农民数字技能提升工作,推动数字服务和培训向农村地区延伸。如加强数字乡村应用场景宣传和示范,提升农村居民对数字技术的认知和意愿;通过"乡村网红"培育计划、农村电商培训项目等,搭建农村居民提升智能设备应用能力的平台等。提升农村居民数字素养,让数字技术更好助力乡村振兴,前景广阔。

"农为邦本,本固邦宁",随着新一代信息技术迅速发展,农业信息化正从传统的数字化、网络化,向智能化、智慧化的高端方向发展。数字农业以信息知识为核心,将遥感网、传感网、大数据、互联网、云计算、人工智能等现代信息技术以及智能装备、智能机器人等,深入应用到农业生产、加工、经营、管理和服务等全产业链环节,实现精准化种植、互联网化销售、智能化决策和社会化服务,从而助力农业生产提质增效,保障国家粮食安全,推动乡村振兴跑出"加速度"。

把握现代农业的发展趋势
——赴江西省农科院高安基地考察有感

薛应如（农林经济管理1903）

2020年10月23日，秋高气爽，2019级农林经济管理专业本科生一行来到高安基地开展实践活动。沿途，我们能看到连成一片的绿色田埂和金色的丰收景象。参观过程中，印象很深的是一位华侨农民介绍他园区内的无土栽培技术，以珍珠岩代替土壤作为栽培的基质或是用水分锁住养分为植物提供营养，从而减少农药的使用，便于控制微生物环境，有效隔绝了土壤病害和污染，通过严格把控室内的温度、湿度，提高光能的利用率，科学配比营养液，从而实现专业化经营。

无土栽培和大棚种植技术充分体现出了现代农业的科技化，花卉、有机蔬菜的无土栽培将会成为未来高值农业发展的趋势，被大部分农民普遍采用，进而加速农业科技成果转化，促进农业生产和经济的可持续发展，有利于实现农业现代化。

虽然说无土栽培是一种比较高效的栽培方式，能够在一定程度上缓解一定区域的土地资源紧张的问题，但想要实现大范围推广还是存在一定的困难。

农民自身的能力与科技的先进性存在不匹配问题。无土栽培的技术门槛较高，操作复杂，前期需要对农民进行一定的职业技能培训，培养一批掌握一定文化知识水平和操作技能的新型农民来适应现代化农业生产，然而大多数农民往往只注重子女教育而不重视自身教育，只重视普通文化教育而不重视职业教育，再加上受制于传统的农业生产模式思维，农民习惯于古老落后的作业方式，对现代农业缺乏较好的认识，使得他们不愿牺牲时间和精力去接受专业的职业培训。

农业现代化发展需要输入新鲜"血液"，离不开懂农业技术并且愿意扎根农村的年轻一代。青年是国家发展的中坚力量，是乡村振兴的生力军，未来的农村还需更多有志青年去建设，向农村引进资金、技术、信息、人才等，为社会主义新农村建设注入新的活力，加快社会主义新农村建设的进程。年轻人愿意回归农村，用自己所学习和掌握到的现代化技术和知识回馈土地，为当地经济发展做出贡献，促进农业现代化和产业升级，这是农村和农业发展的福音。因此要营造乡土情怀,建立众创空间,优化生态环境,增强青年参与乡村振兴的"定力"。同时鼓励年轻人在职业选择上更加多样化,而不是一味地求稳求富。虽然在农业问题上,青年与农民相比会缺乏经验、涉猎不广,但是超强的学习能力和接受能力,扎实的技术知识和管理能力,会在很大程度上弥补这一短板。

农业生产的高风险性削弱了农民生产的积极性。无土栽培技术资金投入成本高、运营成本高、耗能大,需要先进的技术设备和能源支撑,严格的光照、温度和营养液的控制,一个因素出现差错,就会产生巨大的风险,而且瓜果、花卉、蔬菜等作物的收益较低,使得大多数农民不愿冒风险。因此需要加快促进无土栽培简易化、平民化,选用装置简单、应用方便、应用效果好、投资少、成本低的无土栽培方式和配套技术,生产出更多高产量、高品质的蔬菜,使传统农业向生态高效绿色农业方向发展,减少水体污染、土壤板结、害虫产生抗药性后再度猖獗等一系列恶性循环问题,帮助农民增产增收,让更多农民从中受益。

但是,部分农民难以捕捉到技术溢出带来的好处,因而需要发挥政府的主体作用来将正外部性内部化。

首先,农业技术创新有非排他性的公共产品特征,无法保障农业技术创新者在技术使用上的垄断权及垄断利益,因此私人部门的技术创新会减少,这就需要政府加大对于数字产业的支持力度,对农业创新技术进行补贴和出台相应的激励机制,从产业政策和专项资金支持方面助推数字领域的创业活动,推动数字乡村的建设。

其次,政府要投入专项财政资金加大数字基础设施的建设,来帮助农民工应对危机带来的失业风险。因为数字基础设施具有公共物品的性质,出于其高成本的投入和农民搭便车的想法,如此高社会收益、低回报率的项目很难吸引农民去投资。

最后,部分偏远地区的农民因信息闭塞而无法及时享受到正外部性带来的好处,或者一些风险规避者和技术采纳跟进者需要时间去接受、采纳和应用数字技术,因此政府要加快农村信息化服务普及,降低应用成本,通过农业技术推广,进行试验、示范、培训和指导,向农民提供有用的技术信息,完善农村信息化服务,从而推动农业生产的发展。

高安基地的一个鲜明特点是设施化。出于其国有土地的性质,土地集中连片,避免了人为划分地界形成的土地细碎化严重的问题,四通八达的田野更加有利于农业机械的大规模使用,并通过平整土地、硬化沟渠,大大提高了灌溉效率,减少下渗。但是如果在偏远山区机械采购维修甚至农产品销售都有困难的地区,使用大规模机械生产的方法举步维艰,一是研发成本的高昂和土地租金的抬升使得机械的投资门槛高;二是当地人口外流严重,人口结构趋向女性化、老龄化,掌握机械操作技术对他们来说更是难上加难,使得机械技术应用不广泛;三是机械的沉淀成本高,因为其利用时间短,没有常年作业,造成大量时间闲置。所以需要将小农和现代农业有机衔接,通过从分散经营向规模化方向转变,加快实现农业机械化、管理规范化、标准化生产,从而加快健全农业社会化服务体系,使各类农业生产经营单位适应市场经济的需要,克服小农自身规模狭小的弊病,促进专业化分工和提高集约化服务规模效益。高安基地通过对园区优化升级,提供观光、教育、培训来发展第三产业,以第一产业推动第三产业,有效促进了一、三产业的融合,加快农村经济升级、农业发展方式转型、培育新的消费增长点、实现城乡一体化发展。

通过此次参观现代农业之行,我看到未来农业设施化、集约化、科技化发展的趋势。要优化、完善农业基础设施,降低不同地块的差异,提高土地对自然灾害的抵抗能力;要实现空间上的集中,提高灌溉的便利程度,因地制宜地推广机械使用;要依托科学技术水平,如使用无人机喷洒农药、大棚种植技术等,来提高劳动生产率。高安基地的创新之处在于发展混合农业,通过种养结合的方式,形成了一套动植物生态链循环体系,大大提高了资源利用效率,比如稻鱼、稻虾、稻鸭结合,缓解了土地有限的困境,充分利用了土地资源,值得当代农村借鉴。